# ESTUDOS SOBRE AUTONOMIAS TERRITORIAIS, INSTITUCIONAIS E CÍVICAS

JOSÉ CASALTA NABAIS
Professor da Faculdade de Direito de Coimbra

# ESTUDOS SOBRE AUTONOMIAS TERRITORIAIS, INSTITUCIONAIS E CÍVICAS

ESTUDOS SOBRE AUTONOMIAS TERRITORIAIS,
INSTITUCIONAIS E CÍVICAS

AUTOR
JOSÉ CASALTA NABAIS

EDITOR
EDIÇÕES ALMEDINA. SA
Av. Fernão Magalhães, n.º 584, 5.º Andar
3000-174 Coimbra
Tel.: 239 851 904
Fax: 239 851 901
www.almedina.net
editora@almedina.net

PRÉ-IMPRESSÃO | IMPRESSÃO | ACABAMENTO
G.C. GRÁFICA DE COIMBRA, LDA.
Palheira – Assafarge
3001-453 Coimbra
producao@graficadecoimbra.pt

Maio, 2010

DEPÓSITO LEGAL
311547/10

Os dados e as opiniões inseridos na presente publicação
são da exclusiva responsabilidade do(s) seu(s) autor(es).

Toda a reprodução desta obra, por fotocópia ou outro qualquer
processo, sem prévia autorização escrita do Editor, é ilícita
e passível de procedimento judicial contra o infractor.

---

*Biblioteca Nacional de Portugal – Catalogação na Publicação*

NABAIS, José Casalta

Estudos sobre autonomias territoriais,
institucionais e cívicas
ISBN 978-972-40-4224-4

CDU   342
        347
        35.07
        323

# NOTA PRÉVIA

Recolhemos, reunindo nesta colectânea sob o título *Estudos sobre Autonomias Territoriais, Institucionais e Cívicas*, quatro textos publicados entre 1987 e 2002, se bem que, como damos conta, todos tinham sido concluídos bastante tempo antes da respectiva publicação. Estamos perante estudos que se reportam a manifestações da ideia de autonomia comunitária que, em virtude de se encontrarem dispersos por diferentes publicações, não se apresentam de fácil acesso. Apesar do tempo decorrido desde a sua publicação, julgamos que as ideias aí sustentadas continuam actuais e, por isso, a sua leitura pode ter utilidade.

Coimbra, Abril de 2010

# REGIÃO ADMINISTRATIVA ESPECIAL DE MACAU: FEDERALISMO OU REGIONALISMO?[*]

Nesta fala breve que vou ter perante este distinto auditório, proponho-me tecer algumas considerações sobre o recorte jurídico ao mais alto nível, isto é, ao nível constitucional, da Região Administrativa Especial de Macau. Um recorte que, como logo se deduz do próprio título, pretende ser fundamentalmente uma tentativa de compreensão da organização política da Região de Macau decorrente da assunção do exercício da sua soberania por parte da República Popular da China. Para tanto vamos, naturalmente, ter em conta a Lei Básica, a qual, em termos materiais, é nada mais nada menos do que a "constituição" por que a mesma Região se vai reger nas próximas décadas.

Trata-se, como referimos, de uma fala breve, pois nem o tempo de que dispusemos para a sua preparação, nem os nossos limitados conhecimentos sobre a multifacetada realidade jurídica desta Região, nos permitiram realizar e trazer aqui um estudo suficientemente elaborado e aprofundado sobre este tema. Um estudo que, estamos profundamente convencidos, o presente tema bem merece.

Vamos, então, analisar, de uma maneira necessariamente breve e sumária, a Lei Básica, mais especificamente aquela parte que contém a disciplina jurídica constitucional da organização do poder político da Região Administrativa Especial de Macau enquanto integrada na República Popular da China. Ou seja, aquela parte em que, como bem se compreenderá, podemos encontrar as indicações que

---

[*] Texto da comunicação que apresentámos *no 1.º Seminário Internacional sobre a Lei Básica da Região Administrativa Especial de Macau,* que teve lugar nos dias 4 e 5 de Dezembro de 1998, na Universidade de Macau, publicado no *Boletim da Faculdade de Direito de Coimbra*, vol. LXXVII, 2001.

nos permitam, de algum modo, responder à pergunta que formulamos no título.

Antes, porém, de nos fixarmos neste aspecto, passemos uma rápida vista de olhos sobre a própria Lei Básica.

## 1. O quadro constitucional constante da Lei Básica

Pois bem, olhando para a relativamente extensa Lei Básica da Região Administrativa Especial de Macau, facilmente encontramos as disposições nucleares para a sua caracterização constitucional. Na verdade, lá encontramos, sem grandes dificuldades, as três constituições, ou melhor as três subconstituições, que, por via de regra, integram as constituições dos Estados contemporâneos, a saber a constituição do indivíduo que contém o estatuto constitucional do indivíduo e do cidadão, ou seja, os direitos e deveres fundamentais, a constituição da sociedade ou o recorte da organização económica da sociedade, e a constituição do Estado ou a organização do poder político[1]. Três constituições relativamente às quais é, de resto, bem visível a diversidade de autonomia de que goza a Região de Macau. Com efeito, essa autonomia é mais notória ao nível do reconhecimento e manutenção do extenso e diversificado catálogo de direitos fundamentais, por um lado, e ao nível da preservação da organização e do sistema económico existentes, por outro, do que ao nível da organização política. O que bem se compreende, já que é, fundamentalmente, ao nível da organização do poder político que se materializa a assunção do exercício da soberania por parte da República Popular da China, assunção de que a elaboração da própria Lei Básica já constituiu, a seu modo, uma importante manifestação.

---

[1] Isto deixando de lado uma quarta constituição – a chamada "constituição da constituição" – que disciplina a preservação da própria identidade da constituição e que é integrada pelas normas relativas aos poderes de revisão constitucional e à fiscalização da constitucionalidade das normas infraconstitucionais. Na Lei Básica estas normas constam do Capítulo VII com o título "Interpretação e Revisão desta Lei". Refira-se, a este propósito, que de todas as constituições que conhecemos é, sem dúvida, a actual Constituição Portuguesa aquela que segue, na sua sistematização, mais à risca e pela ordem mencionada, as referidas (sub)constituições.

Alinhemos, pois, algumas ideias sobre cada uma das referidas constituições para, de seguida, nos dedicarmos com maior vagar à organização do poder político na Região Administrativa Especial de Macau.

Quanto à constituição do indivíduo, ela encontra-se basicamente no Capítulo III que, subordinado à epígrafe "direitos e deveres fundamentais dos residentes", contém o essencial do estatuto constitucional dos residentes na Região de Macau. De salientar é, a este respeito, a preservação de um relativamente extenso e desenvolvido catálogo de direitos fundamentais, ou melhor, de direitos, liberdades e garantias fundamentais, onde se encontram previstos os três tipos de direitos que historicamente se foram consolidando na consciência comunitária internacional ou mesmo universal, ou seja: 1) os direitos de natureza pessoal, 2) os direitos de carácter político e 3) os direitos e deveres de cariz económico e social. Particularmente desenvolvido é o catálogo de direitos de natureza pessoal como a inviolabilidade da dignidade humana, do domicílio, e do sigilo dos meios de comunicação, as liberdades de deslocação, emigração e fixação, as liberdades de consciência, religião e crença, as liberdades de educação e investigação, a liberdade pessoal, as liberdades de casar, constituir família e de procriar, etc. (arts. 28.º, 30.º a 34.º, 37.º e 38.º)[2]. Mas também encontram guarida na Lei Básica os direitos de participação política, como os de eleger e ser eleito, de não ser descriminado em razão das convicções políticas e ideológicas, e de se exprimir, reunir e associar (arts. 26.º e 27.º), bem assim os direitos de natureza social, como a liberdade de escolha de profissão e emprego e o direito a benefícios sociais como o da aposentação (arts. 35.º e 39.º).

A respeito dos direitos fundamentais, é de assinalar ainda, tendo em conta o seu conteúdo ou objecto, que, sobretudo relativamente àquele primeiro grupo (os direitos de natureza pessoal), encontramos, ao lado de direitos a bens (direitos *tout court)* e de direitos à não perturbação ou interferência sobretudo dos poderes públicos na

---

[2] Sobre os direitos e liberdades dos residentes em Macau, v. Luo Weijam, «A Lei Básica – garantia importante dos direitos e liberdades fundamentais dos residentes de Macau», in *Administração – Revista da Administração Pública de Macau*, n.º 19/20, Abril de 1993, p. 103 e ss. Adverte-se que os artigos referidos daqui em diante sem indicação da sua proveniência são da Lei Básica.

esfera privada ou de autonomia dos indivíduos (os direitos de liberdade), importantes garantias para a realização de cada um e do conjunto dos direitos fundamentais. Tais garantias são, para além das garantias em matéria de direito e processo penal, previstas sobretudo nos arts. 28.º e 29.º, a garantia geral de acesso ao direito e aos tribunais para a efectivação dos direitos. Tribunais que, nos termos do art. 19.º, integram o "poder judicial independente". Uma garantia dos direitos e liberdades fundamentais cuja exacta compreensão não pode deixar de ter em consideração sobretudo o que dispõem os arts. 11.º, 83.º e 89.º, em que se prescreve, respectivamente, que "o sistema de garantia dos direitos e liberdades fundamentais" "se baseia nas disposições da Lei Básica", que "os tribunais da Região Administrativa Especial de Macau exercem independentemente a função judicial, sendo livres de qualquer interferência e estando apenas sujeitos a lei" e que "os juizes da Região Administrativa Especial de Macau exercem o poder judicial nos termos da lei, e não estão sujeitos a quaisquer ordens ou instruções".

Também no que respeita à constituição económica da Região de Macau, podemos dizer que esta dispõe de uma grande autonomia traduzida na manutenção e na preservação do essencial do sistema e políticas económicos vigentes actualmente. Na verdade, garante, de um lado, o Preâmbulo da Lei Básica "que, de harmonia com o princípio 'um país dois sistemas', não se aplicam em Macau o sistema e as políticas socialistas. As políticas fundamentais que o Estado aplica em relação a Macau são as já expostas pelo Governo Chinês na Declaração Conjunta Sino-Portuguesa". Por outro lado, assegura-se no art. 11.º que, de acordo com o artigo 31.º da Constituição da República Popular da China, os sistemas e políticas aplicados na Região Administrativa Especial de Macau, incluindo os sistemas social e económico, se baseiam na Lei Básica[3].

Uma constituição económica que encontramos concretizada e bastante desenvolvida no Capítulo V (arts. 103.º a 120.º), relativo à economia. Efectivamente, aí nos deparamos, designadamente, com

---

[3] Para uma visão mais ampla e integrada da continuidade do ordenamento jurídico de Macau, v. JORGE COSTA OLIVEIRA, «A continuidade do ordenamento jurídico de Macau na Lei Básica da futura Região Administrativa Especial», in *Revista da Administração Pública de Macau,* número cit., p. 21 e ss.

os pilares fundamentais do sistema de economia de mercado, com a garantia de uma política monetária e financeira autónoma e com a manutenção de finanças independentes na Região de Macau[4].

De acentuar é aqui a preservação da economia de mercado na Região, assegurada através de diversas disposições da Lei Básica, entre as quais podemos destacar quatro núcleos normativos. De um lado, temos as disposições constantes do art. 103.º que garantem "o direito das pessoas singulares e colectivas à aquisição, uso, disposição e sucessão por herança da propriedade" (§ 1.º), o direito à compensação do direito de propriedade, pelo valor real, convertível e pago sem demora, em caso de expropriação legal (§ 2.º), e a protecção legal do direito à propriedade das empresas e dos investimentos provenientes de fora da Região (§ 3.º). De outro lado, encontramos os arts. 109.º, 110.º e 111.º que asseguram, respectivamente, o livre fluxo de capitais, incluindo a sua entrada e saída da Região, a manutenção de Macau como um porto franco, e a adopção de uma política de comércio livre, garantindo o livre fluxo de produtos, bens corpóreos e capitais. Depois, temos o art. 115.º, que prevê a existência de uma organização de concertação social de carácter consultivo, constituída por representantes do Governo, das associações patronais e das associações de trabalhadores. Finalmente, é de mencionar o art. 118.º, onde se prescreve que "a Região Administrativa Especial de Macau define, por si própria e de harmonia com o interesse geral local, a política relativa à indústria de turismo e diversões", um aspecto extremamente relevante dada a importância deste sector na economia macaense.

## 2. A Região Administrativa Especial de Macau e o federalismo e/ou regionalismo

Mas vamos à constituição política, mais precisamente à organização política da Região Administrativa Especial de Macau nas suas relações com a República Popular da China em que a Região se

---

[4] A este aspecto das finanças independentes voltaremos já a seguir, ao caracterizarmos a Região Administrativa Especial de Macau no concernente à sua inserção política na República Popular da China.

12    *Estudos sobre Autonomias Territoriais, Institucionais e Cívicas*

integra, ou seja, ao que podemos designar, num certo sentido, por estrutura política externa[5].

Trata-se de saber se e em que medida os esquemas tradicionais conhecidos pelas designações de federalismo e/ou de regionalismo conseguem, em alguma medida, explicar a realidade política de Macau nos termos em que a mesma nos surge juridicamente recortada na Lei Básica. Para tanto temos de começar por dizer o que é que tais esquemas em geral significam. Depois, temos de inventariar e caracterizar os traços mais salientes da organização política tal como ela nos aparece na Lei Básica. Só, assim, estaremos finalmente habilitados para apurar se aqueles esquemas de organização política do Estado moderno, decantados no laboratório das ciências política e de direito constitucional, comportam alguma capacidade explicativa para a realidade de Macau. Comecemos, então, por aquele primeiro aspecto.

## 2.1. *O federalismo e o regionalismo*

Tanto o federalismo como o regionalismo são fundamentalmente manifestações de Estados compostos ou compósitos. Em ambas as situações o poder político se apresenta dividido verticalmente por diversos centos territoriais e um centro unificador colocado em nível superior. Aqueles constituem os Estados federados ou as regiões, e este o Estado federal ou o Estado *(tout court).*

No federalismo, ao menos no federalismo dito perfeito ou próprio, construído de baixo para cima ou da base para o topo[6], trata-se, por via de regra, de um processo lento e gradual[7] em que as

---

[5] Quanto à estrutura política por assim dizer interna da Região Administrativa de Macau, v., por um lado, XIAO WEIYUN, «A estrutura política da Lei Básica da Região Administrativa de Especial Macau», in *Revista da Administração Pública de Macau,* número cit., p. 61 e ss, e, por outro, PAULO CARDINAL, «O sistema político de Macau na Lei Básica – separação e supremacia do executivo face ao legislativo», in *Idem,* p. 79 e ss.

[6] De que constituem exemplos típicos os Estados Unidos da América e a República Federal da Alemanha.

[7] Um processo gradual que, não raro, passou por vicissitudes e sobressaltos. Veja-se o que aconteceu, por exemplo, nos Estados Unidos da América, em que a plena afirmação do federalismo não dispensou uma guerra civil, não tendo sido suficiente a sua defesa quase militante levada a cabo pela aplicação reiterada e constante do princípio da supremacia da

unidades existentes, os Estados, se juntam ou associam, para criar uma nova entidade estadual superior a todos eles, para a qual transferem uma série de poderes, dando assim origem a uma verdadeira pluralidade estadual. No fim do processo temos, pois, diversos Estados: os Estados federados ou Estados membros, por um lado, e o Estado federal ou a união de Estados, por outro. Apenas quando se verifica este dualismo, suporte de uma união paritária dos Estados membros, nas suas relações recíprocas, temos um federalismo perfeito ou próprio[8]. Pois, se o Estado federal não é um verdadeiro Estado, então temos uma simples confederação de Estados, em que, em rigor, não há dois centros de poder ou soberania, mas apenas um – o dos Estados[9]; se, pelo contrário, faltam autênticos Estados federados, deparamo-nos com um Estado unitário e não com uma federação de Estados.

E, porque temos diversos Estados, temos também diversas constituições: as constituições de cada um dos Estados federados, imputadas ao seu poder constituinte, e a constituição do Estado federal, imputada ao poder constituinte do Estado federal e dos Estados federados, já que a estes cabe não só aprovar a sua constituição, mas também participar na formação ou modificação, designadamente através de ratificação, da constituição federal.

---

União sobre os Estados praticada pelo *Supreme Court* sob as longas presidências dos *Chief Justice* John Marshall e Roger B. Taney.

[8] Afirmação que não esquece que a soberania dos Estados federais continua a ser discutida, havendo autores que recusam o referido dualismo ou partilha de soberania, imputando-a consequentemente *in toto* ou ao Estado federal ou aos Estados federados.

[9] Uma organização política que se aproxima, por enquanto, de uma confederação de Estados, é a da União Europeia, no que se assemelha, de algum modo, aos Estados Unidos da América entre 1789 e o fim da guerra civil. Dizemos por enquanto, porque a transferência de soberania dos Estados para a União ainda não atingiu um *point of no return*. Isto para além de, nalguns domínios como designadamente o fiscal, a União continuar a funcionar como um organização internacional e não como uma organização supranacional, já que, ao manter a regra da unanimidade, acaba por atribuir aos Estados um direito de veto em tais matérias. A este respeito, é de acrescentar, que um gradualismo, parecido ao do federalismo, foi encetado é já visível no sistema de integração política da União Europeia, muito embora, aqui continuemos, e por certo durante muito tempo ainda, perante um sistema confederal. O que nada obsta a que, *de iure condendo,* se exprima a preferência por uma federação de Estados – veja-se, a este propósito e neste preciso sentido, as considerações do saudoso Francisco Lucas Pires, *Introdução ao Direito Constituconal Europeu,* Almedina, Coimbra, 1997, p. 82 e ss (97 e ss), e *Introdução à Ciência Política,* Porto, 1998, p. 75 e ss.

Características estas que, ao fim e ao cabo, já não valem integralmente no respeitante ao chamado federalismo imperfeito. Um federalismo construído de cima para baixo ou do topo para a base, próprio daqueles Estados originariamante construídos em obediência a uma fórmula unitária ou paraunitária, mas que, devido à imensidão do seu território ou à acentuada diversidade das suas gentes ou dos seus povos, cedo se constatou a dificuldade, senão mesmo a impossibilidade prática, de a sua administração poder ser desenvolvida de uma forma adequada a partir de um centro único de autoridade. Foi isto o que se verificou basicamente no Brasil, país em que, com a Constituição republicana de 1891, se procedeu a uma descentralização política do Estado[10].

Já no regionalismo não encontramos uma verdadeira pluralidade estadual ou uma verdadeira descentralização do Estado, nos termos referenciados, pois, na verdade, aqui temos apenas um único centro estadual, um único Estado e, por conseguinte, também uma única constituição. O que temos, isso sim, é uma desconcentração política do Estado, ou melhor, das funções estaduais, mormente das funções legislativa, política e administrativa[11]. Funções estas que, assim, em vez de serem exercidas integralmente ao nível central, a nível estadual, são exercidas, em importante medida, a um nível infraestadual, ao nível regional.

Com efeito, no regionalismo, aquilo que, de algum modo, pode ser tido, pelo menos de um ponto de vista orgânico ou organizatório, como constituições regionais – os chamados estatutos regionais – são de elaboração ou de aprovação estadual, embora as regiões, quando não são elas a elaborá-los, disponham sempre de um importante poder de participação nessa mesma elaboração. Uma caracterização que, embora nos permita distinguir claramente os Estados federais

---

[10] V., sobre os Estados federais, por todos, REINHOLD ZIPPELIUS, *Teoria Geral do Estado,* 2.ª ed., Fundação Calouste Gulbenkian, Lisboa, 1984, p. 220 e ss., e JORGE MIRANDA, *Manual de Direito Constitucional,* Tomo III – *Estrutura Constitucional do Estado,* 4.ª ed., Coimbra Editora, Coimbra, 1998, p. 287 e ss.

[11] Sobre os conceitos de descentralização e de desconcentração política, v. o nosso estudo «Autonomia local. (Alguns aspectos gerais)», número especial do *Boletim da faculdade de Direito de Coimbra – Estudos em Homenagem ao Prof. Doutor Afonso Rodrigues Queiró,* vol. II, Coimbra, 1993, e em separata, Coimbra, 1990, p. 70 e ss., agora nestes *Estudos sobre Autonomia Territoriais, Institucionais e Cívicas,* p. 23 e ss.

dos Estados regionais ou regionalizados (ou dos Estados parcialmente regionalizados[12]) em abstracto, nada nos diz relativamente aos poderes correntes ou ordinários que as regiões podem ter no dia a dia, os quais, na sua concreta configuração, não raro ultrapassam os poderes correntes ou ordinários dos próprios Estados federados.

O que, de algum modo, nem surpreende, se tivermos em conta a diversidade de processos, que estão por detrás do federalismo (ao menos do perfeito ou próprio[13]) e do regionalismo. Naquele, temos um movimento ascendente ou a montante dos Estados, desencadeado num tempo de construção e de defesa do Estado (moderno) e com o objectivo, por via de regra, de obter um equilíbrio entre os Estados e o novo centro constituído pela federação ou união. No regionalismo, por seu lado, deparamo-nos com um processo descendente ou a jusante do Estado, próprio dum momento em que o Estado (moderno) revela já evidentes sinais de crise[14], e em que as estruturas regionais se revelam mais preocupadas com a conquista progressiva de parcelas do poder do Estado do que apostadas num são equilíbrio entre o Estado e as regiões. Assim, enquanto o federalismo se enquadra na construção e na luta pelo Estado moderno num momento em que o seu entendimento liberal favorecia o seu fortalecimento através de um movimento de centripetação, o regionalismo integra basicamente um processo de reivindicação de poderes de Estados formal-

---

[12] Como acontece com Portugal, que é um Estado apenas parcialmente regionalizado, pois apenas reconhece como regiões autónomas os arquipélagos dos Açores e da Madeira. Estado unitário regional o designa JORGE MIRANDA, *Manual de Direito Constitucional,* Tomo III *cit.* p. 301 e ss., uma expressão que, por inculcar a ideia de regionalização integral, não pode colher a nossa adesão.

[13] Pois que, no respeitante ao federalismo imperfeito, se verifica uma fenomenologia em certo sentido idêntica à do regionalismo.

[14] Que, num outro local, integramos no que designamos por "salamização" do Estado moderno, traduzida no progressivo corte de fatias do poder desta instituição da modernidade por parte das mais diversas estruturas territoriais e não territoriais de poder. Por isso, a "salamização" do Estado pode ser vertical a montante, como sucede na integração política de carácter supranacional, vertical a jusante, como acontece designadamente no regionalismo, e horizontal ou corporativa, como se verifica com a crescente autorregulação corporativa e institucional. V. o nosso estudo «Algumas reflexões críticas sobre os direitos fundamentais», in *Ab Uno Ad Omnes – 75 Anos da Coimbra Editora,* Coimbra Editora, Coimbra, 1998, p. 965 e ss (972 e ss).

16 *Estudos sobre Autonomias Territoriais, Institucionais e Cívicas*

mente ainda unitários num momento em que a sua compreensão e dimensão sociais favorecem os movimentos de centrifugação.

Não admira, por isso, o que se verifica em Espanha com algumas comunidades autónomas (ou, em menor medida, mesmo em Portugal com as regiões autónomas), que, através de um processo dito de "autonomia progressiva" ou, noutra versão, de "aprofundamento da autonomia", vão conseguindo do Estado (central), ao nível da legislação ordinária (ou das revisões constitucionais, como vem sucedendo e Portugal) parcelas de poder que vão, em alguns aspectos, além do que é característico dos próprios Estados federados. Ao que há ainda a acrescentar o facto de, por vezes, a instituição das regiões terem servido para tais estruturas recuperarem com êxito situações de autonomia anteriores ao próprio Estado (moderno).

Afirmação esta que podemos ilustrar, em termos muito claros, com o que se passa em Espanha no respeitante ao País Basco e a Navarra no domínio financeiro, mais precisamente em sede das receitas provenientes dos impostos, o verdadeiro ponto crucial de qualquer efectiva autonomia[15]. Pois bem, nestas regiões, através da recuperação dos regimes ditos forais anteriores à sua integração na Coroa Espanhola, bem podemos dizer que o Estado espanhol, ficou claramente com os restos das receitas fiscais nelas cobradas, com as receitas que, nos termos de específicos acordos plurianuais (designados concertos no País Basco e convénios em Navarra), tais comunidades acordarem transferir para o Estado (central)[16]. O que nos traz facilmente à memória a primeira etapa do federalismo nos Estados Unidos da América, designado por *dual federalism,* em que o grosso dos impostos cabiam aos Estados federados, ficando para a União sobretudo os impostos aduaneiros ou alfandegários e os monopólios fiscais[17].

---

[15] V, sobre o regime fiscal do País Basco e de Navarra, JUAN MARTIN QUERALT/CARMELO LOZANO SERRANO/GABRIEL CASADO OLLERO/JOSÉ M. TEJERIZO LÓPEZ, *Curso de Derecho Financiem y Tributário,* 6.ª ed., Tecnos, Madrid, 1998, p. 621 e ss.

[16] Sobre o enquadramento constitucional dos referidos acordos de concerto ou convénio, v. os nossos *Contratos Fiscais (Reflexões acerca da sua Admisssibilidade),* n.º 5 da série *Studia Iuridica,* Coimbra Editora, Coimbra, 1994, p. 135 e s.

[17] V, sobre este problema o nosso livro *O Dever Fundamental de Pagar Impostos. Contributo para a compreensão constitucional do estado fiscal contemporâneo,* Almedina, Coimbra, 1998, p. 277 e ss.

## 2.2. *A integração da Região Administrativa Especial de Macau na República Popular da China*

Passemos, porém, uma vista rápida sobre a organização política de Macau no respeitante à sua integração na República Popular da China, para assim podermos concluir se aqueles esquemas conceituais comportam ou não alguma virtualidade explicativa para a compreensão desta organização. Pois bem, olhando para a organização política da Região Administrativa Especial de Macau, tal como ela se nos apresenta na Lei Básica, facilmente encontramos alguns pontos a destacar.

Antes de mais, não se pode esquecer que a Lei Básica é, como já dissemos, a constituição política de Macau, elaborada pela Assembleia Popular Nacional da República Popular da China em aplicação da Declaração Conjunta Sino-Portuguesa, a qual concretiza, ao mais alto nível jurídico, a assunção do exercício da soberania por parte da República Popular da China. Trata-se, por conseguinte, de um processo com especificidades próprias que se não reconduzem aos processos, que vimos, serem próprios do federalismo ou do regionalismo, pois Macau, face ao Estado da República Popular da China, em que Macau se insere, não encetou qualquer processo ou movimento de natureza ascendente ou descendente. A instituição da Região Administrativa Especial de Macau passou, antes, por um movimento de natureza fundamentalmente horizontal, através do qual se concretizou uma sucessão de Estados no exercício da soberania sobre Macau.

Mas poder-se-á concluir, a partir desta radical diferença quanto ao processo que conduziu à Região Administrativa Especial de Macau, pela total inoperacionalidade ou inutilidade daqueles conceitos? Julgamos que não. Desde logo, porque pensamos que essa diferença não nos deve deslumbrar ao ponto de desprezarmos a análise de outros aspectos do problema. Depois, porque, perante uma realidade multifacetada, como esta, não nos parece ser boa metodologia enveredar por uma lógica forte e esperar uma resposta do tipo sim ou não. Sobretudo quando nós sabemos que mesmo as realidades mais simples são, em regra, avessas a automáticas subsunções conceituais. Por isso, há que prosseguir analisando outros aspectos.

Aspectos esses que nos hão-de ser fornecidos através de uma comparação das atribuições e competências que cabem ao Estado (central) – a República Popular da China – com as atribuições e competências que se mantêm no campo da autonomia da Região Administrativa Especial de Macau. E de uma tal comparação, podemos adiantar, ressaltam elementos bastante variados: uns que exprimem uma autonomia que vai para além, e muito além mesmo, do próprio federalismo; outros que são típicos do federalismo; outros que vão de algum modo no sentido do regionalismo; outros ainda, que exprimem uma vinculação da Região Administrativa Especial de Macau à República Popular da China, os quais, por serem corolário de princípios típicos dum sistema de direito socialista, extravasam claramente o que se verifica nas estruturas de carácter federal ou regional.

Expressão daquele primeiro segmento de autonomia, que está para além do próprio federalismo, temo-lo na reserva à Região do domínio da política monetária e aduaneira (arts. 107.º a 112.º), por um lado, e na manutenção de um sistema fiscal integralmente independente (arts. 104.º a 106.º), por outro. Pois é sabido como a política monetária e aduaneira constituem as expressões mais genuínas da estadualidade, sendo por isso, as primeiras atribuições a serem transferidas para as estruturas que se erguem a montante do Estado, como é reconhecidamente o Estado federal[18]. Como é igualmente sabido pertencer a parcela mais significativa do poder tributário, numa estrutura federal, ao Estado federal ou à união de Estados[19]. Ao que acresce um conjunto de atribuições e competências muito significativas no domínio dos "assuntos externos", constantes do extenso Capítulo VII (arts. 135.º a 142.º), que não tem o menor paralelo nas atribuições e competências dos Estados federados.

---

[18] O que se verifica mesmo quando não estamos perante um Estado federal, como é o que acontece na União Europeia relativamente aos Estados integrantes da União Económica e Monetária.

[19] Para a ilustração desta ideia basta lembrarmos a evolução por que passaram os Estados Unidos da América que dum *dual federalism* evoluíram para um *vertical federalism* em matéria fiscal. V. o nosso livro *O Dever Fundamentei de Pagar Impostos. Contibuto para a compreensão constitucional do estado fiscal contemporâneo*, local citado.

Típicos do federalismo, temos a atribuição ao Estado central, à República Popular da China, da política externa (com a importante limitação já referida) e da política de defesa nacional, os domínios que constituem os aspectos mais importantes da chamada soberania externa do Estado e que são os primeiros domínios de que os Estados, que enveredam por um processo de federalização, abrem mão a favor da nova entidade – a favor do Estado federal. Muito embora estas atribuições não sejam aqui acompanhadas de uma correspondente partilha de competência legislativa entre o Estado central e a Região, como é próprio duma federação de Estados.

Por sua vez, um daqueles aspectos que são característicos de um Estado regional encontramo-lo, designadamente, no facto de a Região de Macau não dispor de qualquer poder para aprovar a sua Lei Básica, cabendo esta aprovação ao Estado central, mais concretamente à Assembleia Popular Nacional. A Região tem apenas competência para participar na revisão da Lei Básica, elaborando propostas de revisão, nos termos do art. 144.º. Por maioria de razão, não dispõe a Região de qualquer poder relativamente à constituição do Estado central, uma atribuição que é, como sabemos, típica dos Estados federados.

Finalmente, quanto às vinculações da Região Administrativa Especial de Macau que extravasam claramente qualquer das expressões dos fenómenos do federalismo e do regionalismo, podemos referir a declaração da ilegalidade reforçada das leis anteriormente vigentes em Macau por desconformidade com a Lei Básica e a interpretação autêntica desta mesma Lei. Tanto a declaração da ilegalidade reforçada das leis anteriormente vigentes em Macau por desconformidade com a Lei Básica, prevista e regulada no art. 145.º, como a interpretação autêntica da Lei Básica a realizar através do incidente de interpretação autêntica prévia, prevista e regulada no art. 143.º, são da exclusiva competência do Comité Permanente da Assembleia Popular Nacional da República Popular da China.

Em consequência, não há aqui qualquer possibilidade de interferência ou de participação dos órgãos de poder da Região Administrativa Especial de Macau, especificamente dos órgãos do poder judicial. Uma solução que, ao menos à primeira vista, parece ser ainda basicamente uma consequência de a Lei Básica ter sido outorgada pela República Popular da China à Região de Macau. Na verdade, tendo

20 *Estudos sobre Autonomias Territoriais, Institucionais e Cívicas*

sido a Assembleia Popular Nacional da República Popular da China a elaborar e aprovar a referida Lei, compreende-se que seja também esta Assembleia, através do seu o Comité Permanente, que tenha a seu cargo tanto a vigilância do respeito dessa Lei por parte dos órgãos de poder da Região, como a preservação do sentido com que essa mesma Lei deve ser interpretada e aplicada. Porém, uma tal solução, sobretudo a que se concretiza na consagração de um verdadeiro incidente de interpretação autêntica prévia, a decidir pelo referido Comité Permanente, parece longe de poder ser explicada exclusivamente através desse fundamento. Efectivamente, a consagração dum tal incidente deve ter-se, antes, como uma decorrência fundamentalmente dos princípios do sistema de direito socialista, vigentes na República Popular da China[20].

Nestes termos, podemos concluir que a estrutura política externa da Região Administrativa Especial de Macau, recortada na Lei Básica, ostenta um grau de complexidade e de variedade tais que não podem reconduzir-se a esquemas lineares como os do federalismo e/ou do regionalismo (ou mesmo outros de recorte menos visível e conhecido). Na verdade, estes esquemas, pensados e delineados que foram para outras realidades e até para outras épocas, não se revelam adequados para explicar uma sucessão de Estados no exercício da soberania, relativamente a uma situação moldada por mais de quatro séculos de história. Por outras palavras, a Região Administrativa Especial de Macau apresenta, quanto ao aspecto que vimos considerando[21], um elevado grau de complexidade e de originalidade.

Uma originalidade que, convém acentuá-lo, não deixa de estar, de algum modo, em consonância com o que se verifica presentemente com a procura das mais variadas formas de integração política do Estado reclamadas em nome da integração económica imposta pela globalização ou mundialização do(s) mercado(s)[22]. Uma situação que alguns já vêm desembocar num Estado plurinacional ou mesmo uni-

---

[20] V., quanto a estes problemas, JORGE COSTA OLIVEIRA, «A continuidade do ordenamento jurídico de Macau na Lei Básica da futura Região Administrativa Especial», *cit.*, p. 48 e ss.

[21] E, por certo, relativamente a muitos outros.

[22] Saliente-se, a este propósito, o facto de a integração política do Estado ir a reboque, em larga medida, da integração económica espontânea ou pelo mercado.

versal. Nós, porém, face a esse prognóstico, interrogamo-nos se um tal tipo de Estado já está aí, ao virar da esquina. Desde logo, a globalização está longe de se poder considerar lograda. E certo que há uma tendência para a globalização económica com expressão na própria Organização Mundial do Comércio, que tem justamente por objectivo assegurar a liberdade das trocas comerciais a nível mundial. Mas é igualmente certo que o que temos presentemente são sinais que vão no sentido de diversos pólos de globalização, ou seja, diversas "globalizações" regionais, como o são, em temos de resto bem diversos, o NAFTA, o Mercosul e a União Europeia. O que, por si só, nega a globalização.

Depois, a globalização a nível político é bem mais complicada do que ao nível económico. É que a globalização política teria que ter por pólo aglutinador o Estado democrático, assente portanto no sufrágio universal de um homem um voto, e o Estado respeitador dos direitos fundamentais, o Estado do modelo ocidental, portanto. Ora, as profundas diferenças de registo cultural dos Estados actuais não permitem prever a sua colocação sob tão exigente denominador comum. Por isso, estamos em crer que a diferenciação, a autonomia, e os particularismos continuarão a ser uma marca no domínio dos Estados, ainda que, porventura, agrupados por pólos culturais[23].

Isto para além de termos dúvidas se, a seguir à moda ou discurso actual da globalização económica e política, em que há quem pareça ver o próprio fim da história, não virá, e até mais depressa do que se possa pensar, a moda ou discurso da não globalização ou mesmo a moda ou o discurso da desglobalização. Mas, mesmo que a globalização constituísse a única via deixada em aberto às sociedades actuais e viesse a ter êxito total no domínio da economia e, bem assim, a instituição de um Estado com carácter universal se desenhasse no horizonte do nosso destino, ainda assim acreditamos que a diversidade das formas políticas, talvez até com mais variedade do que a actual, continuará a ser uma realidade do nosso tempo.

---

[23] V., sobre o futuro da instituição estadual, a colectânea de estudos coordenada por IVES GANDRA MARTINS, *O Estado do Futuro*, Editora Pioneira, São Paulo, 1998, em particular, quanto ao específico problema da viabilidade de um Estado universal, o estudo de MANOEL GONÇALVES FERREIRA FILHO, «Especulações sobre o futuro do Estado», p. 102 e ss.

# A AUTONOMIA LOCAL[*]

## (Alguns Aspectos Gerais)

### NOTA PRÉVIA

*O presente texto, com que despretenciosamente nos associamos* à homenagem *ao Senhor Prof. Doutor Afonso Queiró, foi elaborado no ano lectivo de 1982/83 no âmbito da frequência da disciplina de Direito Administrativo, ministrada no quadro de um Curso de Pós--Graduação.*

*A versão, que agora publicamos, coincide praticamente com a versão original que, na altura, submetemos à apreciação do nosso homenageado enquanto professor da referida disciplina – apreciação essa que aqui reconhecidamente agradecemos. A mais do que então se escreveu, estão apenas algumas (poucas) modificações decorrentes, fundamentalmente, de alterações legais e algumas actualizações bibliográficas.*

---

[*] Texto publicado no número especial do *Boletim da Faculdade de Direito de Coimbra* – Estudos em Homenagem ao Professor Doutor Afonso Rodrigues Queiró, vol. II, 1993, e em separata 1990.

# A AUTONOMIA LOCAL
## (Alguns Aspectos Gerais)

### I
### O CONCEITO DE AUTONOMIA

## 1. A palavra autonomia: etimologia, sentido filosófico e sentido jurídico

Não será, naturalmente, muito fácil de detectar um conceito jurídico de autonomia, nomeadamente o seu conceito jurídico originário e nuclear. Facto que não causa a menor surpresa pois, semelhantemente ao que acontece com tantos outros termos e expressões jurídicas, também a palavra autonomia comporta uma larga polissemia[1]. Polissemia, de resto, fortemente agravada pelo facto de o vocábulo em causa ser, frequentemente, utilizado com sentidos da linguagem comum (sentidos não técnicos).

No seu sentido mais amplo, fala-se de autonomia para referir uma certa independência, individualização ou liberdade de movimento de que uma pessoa ou uma coisa goza face a outra pessoa ou

---

[1] Comum a todos os ramos da ciência e da técnica, o fenómeno da polissemia deriva sobretudo da riqueza e dinâmica da vida que se não compadece com a escassez vocabular, conatural a qualquer expressão linguística por mais rica que seja. Daí a necessidade de o mesmo vocábulo traduzir diversos fenómenos e conceitos, daí a necessidade de «palavras-camaleão», como sugestivamente as designou GLANVILLE WILLIAMS, *apud* GIUSEPPINO TREVES, *Autarquia, autogoverno, autonomia,* Rivista Trimistrale di Diritto Pubblico, 1957, p. 277. Acrescente-se que o fenómeno inverso – o da sinonímia (o mesmo sentido ser comportado por diversas palavras simultaneamente) – também é frequente, o que, para além de aumentar e potenciar os equívocos e incertezas, redunda quase sempre num desperdício vocabular que um qualquer mínimo de economia de expressão linguística deve rejeitar *in limine*.

coisa com a qual esteja numa qualquer relação. É com este sentido que se fala em deixar certa autonomia aos filhos, aos alunos de uma escola ou a certos subordinados; se diz que um motor é autónomo face ao complexo mecânico de que faz parte; que um avião dispõe de autonomia de voo para $x$ horas; etc.[2].

Um significado tão impreciso e genérico não comporta qualquer préstimo para quem se proponha levar a cabo uma análise – por mais sumária e modesta que seja – do conceito de autonomia local. Daí a necessidade de enveredar por outra via. E esta não pode deixar de ser – até pela facilidade que sugere e pelo atractivo que desperta – a do recurso à etimologia da palavra em causa.

Ora, a palavra autonomia compõe-se de dois vocábulos – *autos* e *nomos* – os quais logo suscitam a ideia de autonormação ou (se não dermos importância ao pleonasmo etimiológico) de autonomia normativa. Porém, realizada esta operação – decomposição da palavra nos seus componentes etimiológicos –, continuamos longe do cabal esclarecimento do seu significado. E a razão é simples: é que se *autos* ( = o próprio) não comporta polissignificaçao, já o mesmo se não pode dizer de *nomos* (= a norma). Na verdade, este último vocábulo comporta ampla equivocidade, que vai desde sentidos propriamente jurídicos a sentidos próprios das ciências exactas, passando por sentidos filosóficos, sociológicos, politológicos, etc.[3].

Naturalmente que não nos interessa esclarecer aqui os sentidos não jurídicos da autonomia nas suas diversas configurações e cambiantes. Ao dizermos isto, porém, não pretendemos inculcar a ideia de que somos insensíveis a todos e quaisquer sentidos não jurídicos do vocábulo, pois, como é óbvio, não podemos desprezar os sentidos que estiveram na origem ou que influenciaram, de algum modo, o conceito jurídico de autonomia. Assim, não podemos esquecer, nomeadamente, o significado filosófico com que o vocábulo nasceu ou, pelo menos, com que, pela primeira vez, se apresentou com alguma nitidez, significado que, ainda hoje, constitui o *húmus* onde o conceito jurídico de autonomia vai buscar a sua seiva.

---

[2] Cf. M. S. GIANNINI, *Autonomia. (Saggio sui concetti ii autonomia)*, Riv. Tri. Dir. Pubb., 1951, p. 851 e ss., e G. TREVES, *ob cit*, p. 853.

[3] Cf. M. S. GIANNINI, *Autonomia. (Saggio sui concetti di autonomia)*, cit., p. 853.

Ora para os filósofos gregos, sobretudo a partir de SÓCRATES, a autonomia identifica-se com a independência do homem face à parte animal da sua natureza. Neste sentido, a autonomia constitui o próprio fundamento da ética, pressupondo a independência na valoração dos problemas morais. Autonomia é, assim, a faculdade de o ser racional (porque o é e enquanto o é) ditar as leis morais por que se rege[4-5].

Mas porque o ser racional é também um «animal político», naturalmente que o conceito de autonomia não tardaria a confrontar-se com esta realidade. Daí que tal conceito se estenda rapidamente ao campo da filosofia política, o que não é de surpreender, dada a íntima ligação entre a ética e a política na Grécia antiga. Assim a autonomia constitui-se em característica essencial da comunidade política, da *polis*. Esta apenas existia na medida em que gozasse do poder de ditar as suas próprias leis – na medida em que se regesse por leis aprovadas pela maioria dos homens livres que compunham a comunidade[6].

Neste sentido, autonomia significa a independência política da comunidade, isto é, a não sujeição a quaisquer normas que não tenham como fonte a própria comunidade. Autonomia é, assim, o

---

[4] A autonomia assim entendida implica necessariamente a *autarcia* ou autarquia económica – o ser racional tem de bastar-se a si próprio. Aliás, esta ideia de auto-suficiência foi mais tarde desenvolvida pelos estóicos que erigiram como modelo de homem perfeito, o *sofos:* aquele que não necessita de sujeitar-se às leis positivas (leis alheias, leis da *polis*) para actuar correctamente. Sobre quanto acabamos de dizer, veja-se ELIAS TEJADA, *Autonomia,* Nueva Enciclopédia Jurídica, III, 1951, p. 131.

[5] À semelhança do que se verificou na Grécia, foi também no domínio da ética que, primeiramente, o conceito de autonomia veio ganhar relevo na época moderna. Graças à filosofia kantiana, a autonomia foi erigida em essência da vontade. Esta deve – de acordo com a teoria da autonomia da vontade, chave de toda a ética kantiana – actuar com total independência de qualquer consideração alheia à razão pura: a vontade será autónoma na medida em que se determine pela sua essência, pela própria lei que contêm em si e não pelos objectos a que se dirige – cf. E. TEJADA, *ob. cit.,* p. 132, e SALVTORE PUGLIATTI, *Autonomia Privata,* Enciclopedia del Diritto, IV, 1959, p. 367.

[6] Com este sentido, a autonomia implica não só a *democracia política* (a cidade é regida pela maioria dos homens livres), mas também duas outras notas típicas da *polis,* sem as quais esta não existe: a *liberdade,* quer no plano externo (não ingerência de estrangeiros no governo da cidade), quer no plano interno (não ingerência dos prórios cidadãos senão nos termos das leis estatuídas pela maioria) e a *autarcia* – cf. E. TEJADA, *ob.* e *loc. cits.*

poder incondicionado da comunidade, a soberania em sentido absoluto, como se diria hoje[7].

Em suma, tanto o ser racional como a comunidade política apenas existem como tais enquanto detentores da sua própria essência: a autonomia, ou seja, a faculdade de se autodeterminarem ou autoregularem.

À autonomia opõe-se a *heteronomia* – situação em que se encontra uma pessoa ou uma comunidade quando sujeita à determinação ou regulamentação de outrém, quando sujeita à hetero-determinação.

Não é de admirar, assim, que o conceito de autonomia tenha entrado no campo do direito com o seu sentido já amplamente sedimentado no campo especulativo. Daí que autonomia em sentido jurídico não pudesse deixar de significar autonomia normativa, isto é, o poder que alguém dispõe de se dar as próprias normas jurídicas, o poder de autonormação jurídica[8].

---

[7] Vocábulo criado por JEAN BODIN para caracterizar o Estado nascente, encabeçado e encarnado nos monarcas centralizadores do séc. XVI, a soberania veio mais tarde – sobretudo por obra de autores como VATEL e HEGEL – a ser entendida como poder absoluto e incondicionado. Todavia, o Estado soberano moderno é concebido, hoje em dia, como um ente condicionado e sujeito a limites. Ele está limitado no plano externo pelo direito internacional (e supranacional) e comporta vinculações no plano interno. O próprio poder dos poderes – o poder constituinte – tem limites constituídos pelos princípios directamente decorrentes da «ideia de justiça», da «ideia de direito», da «consciência jurídica geral», da «natureza das coisas» ou pelos «princípos jurídicos fundamentais». Sobre a ideia de soberania ver, entre outros, R. ZIPPELIUS, *Teoria Geral do Estado,* F. C. Gulbenkian, 2.ª ed., 1984, p. 57 e ss., e A. MACHADO PAUPÉRIO, O *Conceito Polémico de Soberania,* Rio de Janeiro, 1958. Quanto aos limites do poder constituinte (e dos órgãos de soberania em geral), ver AFONSO QUEIRÓ, *Lições de Direito Administrativo,* I, (pol.) Coimbra, 1976, p. 291 e ss.; CASTANHEIRA NEVES, *A Revolução e o Direito,* Lisboa, 1976, p. 211 e ss.; GOMES CANOTILHO, *Direito Constitucional* 4.ª ed., Coimbra, 1986, pp. 97 e ss., e M. ESTEVES DE OLIVEIRA, *Direito Administrativo,* Coimbra, 1980, p. 95 e ss. Sobre a compreensão actual da soberania como um processo essencialmente dinâmico dirigido à cooperação externa e interna, ver LUCAS PIRES, *Autonomia e Soberania,* Coimbra, 1973, *maxime,* p. 153 e ss.

[8] SANTI ROMANO, *Autonomia,* (1945), Frammenti di un Dizionario Giuridico, Milão (rei. 1983), p. 14 e ss.; GUIDO ZANOBINI, *Caratteri particolari dell'autonomia,* Studi di Dir. Pubb. Oreste Ranelleti, II, 1931, p. 394; M. S. GIANNINI, *Autonomia pubblica,* Enc. del Dir., IV, p. 356; WALTER SCHICK, *Autonomie,* Evangälisches Staatslexikon, 3.ª ed., I Vol., 1987, col. 159, e B. MACHADO, *Participação e Descentralização. Democratização e Neutralidade na Constituição de* 1976, Coimbra, 1982, p. 8.

## 2. A autonomia normativa

Entendida a autonomia como a faculdade de emitir normas jurídicas por parte da pessoa a quem se destinam, e sabendo que as normas jurídicas comportam diversos níveis de hierarquia, lógico é concluir que a autonomia pode também ter diversos graus.

### 2.1. *A autonomia soberana?*

Assim, a autonomia pode ser considerada, antes de mais, como uma qualidade dos entes soberanos – a designada, frequentemente, autonomia soberana[9]. E, efectivamente, enquanto não surgiu o termo soberania para adjectivar o Estado moderno – a realidade que MACHIAVELLI designou por *stato* – foi exactamente com o termo autonomia que se caracterizou a autonormação dos entes livres, ou seja, dos entes suportes de ordenamentos soberanos.

Com o surgimento do termo soberania, o termo autonomia (no seu sentido de soberania) foi caindo em desuso[10]. Pelo que o significante «autonomia» ficou ao dispor de outras realidades, nomeadamente para significar o poder normativo dos entes não soberanos[11].

Deste modo, a autonomia é hoje geralmente entendida como a faculdade atribuía ou reconhecida a entes não soberanos para emitirem normas jurídicas equiparadas às normas do ente soberano, isto é,

---

[9] Cf. M. S. GIANNINI, *Autonomia. (Saggio...)*, cit., p. 853, e *Autonomia pubb.*, cit., p. 355, e W. SCHICK, *ob. cit.*, col. 159.

[10] SANTI ROMANO, *Il Comune*, Trat. Dir. Amm. di ORLANDO, II, 1.ª parte, p. 577 e ss., propõe que o termo autonomia seja reservado para designar a posição dos Estados-membros (dos Estados-federados) face ao Estado federal. Não é de aceitar, porém, esta sugestão pois o Estado-membro é sobeano enquanto detentor de um poder originário e independente do poder do Estado federal: o poder constituinte próprio, que jamais lhe pode ser retirado sob pena de desaparecer como Estado.

[11] Por vezes, continua a empregar-se a expressão autonomia soberana, porém sem qualquer rigor. A este respeito é sugestiva a evolução de M. S. GIANNINI que, em 1951, no artigo *Autonomia. Saggio sui concetti di autonomia*, na Riv. Tri. Dir. Pubb., ainda dedica todo um número à «autonomia soberana», o que já nao sucede no artigo que, anos mais tarde, elaborou para a Enciclopedia del Diritto: *Autonomia pubblica* – cf. obras citadas, respectivamente, p. 835 e ss. e 357.

normas integradoras do ordenamento jurídico estadual[12]. A autonomia perdeu, assim, o seu sentido originário de poder incondicionado para passar a caracterizar o poder normativo condicionado dos entes autónomos, isto é, não soberanos. Estes apenas disporão de autonomia normativa se e na medida em que o poder soberano na sua manifestação constituinte ou constituída lha reconhecer ou atribuir. Dito de outro modo, as normas emitidas no exercício da autonomia – as normas de autonomia – terão de respeitar as normas emitidas no exercício da soberania – as normas soberanas. O que equivale a dizer que os entes autónomos estão subordinados aos entes soberanos, isto é, estão com estes numa relação vertical.

## 2.2. *Os níveis da autonomia normativa*

Esclarecida, sumariamente, a relação entre soberania e autonomia (normativa), é agora altura de nos interrogarmos sobre os níveis desta. Trata-se de saber se as normas de autonomia se colocam todas no mesmo nível hierárquico da escala normativa ou, se pelo contrário, dispõem de diversa força ou eficácia jurídica.

A maneira como foi levantado o problema e, vamos lá, a sua própria existência, indicia logo uma resposta no sentido da diversidade de eficácia jurídica. E assim é. De facto, as normas de autonomia podem, entre nós, ser equiparadas às normas primárias do Estado, constituindo normas com eficácia de lei formal[13], ou às normas secun-

---

[12] Cf. G. ZANOBINI, *Caratteri particolari,* cit, p. 390 e ss.; P. VIRGA, *apud* AMÂNCIO FERREIRA, *As Regiões Autónomas na Constituição Portuguesa,* Coimbra, 1980, p. 60; LUIGI GIOVENCO, *L'Ordinamento Comunale,* 7.ª ed., Milão, 1974, p. 8; C. M. IACCARINO, *Comune (diritto vig.),* Enc. del Dir., VIII, 1961, p. 178 e ss.; A. SANDULLI, *Manuale di Diritto Amministrativo,* 14.ª ed., Nápoles, 1984, p. 52; C. BIAGINI, *L'Autonomia degli enti locali territoriali nell'attuale fase di realizzazione dell'ordinamento regionale,* Foro Amm., 1979, I, p. 1639; V. VALLINA VELARDE, *Consideraciones sobre la autonomia local en el estado autonomico,* Revista de Estúdios de la Vida Local, n.° 213 (Jan.-Mar. 1982), p. 47 e ss.

[13] Utilizamos aqui a expressão *força* ou *eficácia* de lei num sentido amplo, de modo a abarcar o que A. SANDULLI designa por «força de lei» e «valor de lei». Este autor fala, por um lado, de *«força ou eficácia de lei»* para indicar, quer o poder que a lei tem de inovar (modificar ou integrar) a ordem legislativa preexistente (*força activa* de lei), quer o poder de que as estatuições legislativas dispõem para resistirem à força inovadora dos actos ou factos

dárias do Estado, constituindo normas  com  eficácia administrativa, isto é, normas regulamentares.

No primeiro caso, temos as normas legislativas das Regiões Autónomas, as normas que integram a chamada «autonomia legislativa» das comunidades dos Açores e da Madeira[14]. No segundo caso, temos as normas regulamentares autónomas das comunidades locais (ou, se pretendermos utilizar a expressão clássica entre nós, das autarquias locais) e instituições públicas que gozem de autonomia (caso das associações públicas de pessoas privadas como as ordens profissionais, caso das universidades, etc.)[15].

---

que nao disponham de força (activa) idêntica (*força passiva* de lei), e, por outro lado, de *«valor formal de lei»* para indicar a intangibilidade dos actos legislativos por parte de qualquer autoridade que não seja a «Corte Costituzionale» e a intangibilidade das estatuições legais, salvo em virtude da declaração de inconstitucionalidade ou da emissão de uma lei sucessiva. Entre *força de lei* e *valor de lei* haveria, assim, uma diferença sensivelmente idêntica à existente entre força de caso julgado material *(materielle Rechskraft)* e força de caso julgado formal *(formelle Rechtskraft)* – cf. A. SANDULLI, *Lege. Forza di legge. Valore di legge,* Riv. Tri. Dir. Pubb., 1957, p. 259 e ss.; *L'Attività Normativa della Pubblica Amministrazione,* Nápoles, 1970, p. 6 e 23 e ss., e *Manuale,* cit., p. 13. Acrescente-se, porém, que nem toda a doutrina italiana utiliza esta terminologia: assim, por exemplo, CARLO ESPOSITO fala de «eficácia» e de «força de lei» com o sentido que A. SANDULLI fala de «força activa» e «força passiva» de lei, *apud* SERIO GALEOTTI, *Osservazioni sulla 'legge regionale' come specie della 'leggi' in senso técnico,* Riv. Tri. Dir. Pubb., 1957, p. 87, nota. Entre nós, veja-se, a este respeito, J. MIRANDA, *Decreto,* Dicionário Jurídico da Administração Pública, III, p. 213 e ss.

[14] Cf. J. MIRANDA, *Autonomia legislativa regional e interesse específico das Regiões Autónomas,* Estudos sobre a Constituição, 1,1977, p. 309 e ss. e AMÂNCIO FERREIRA, *ob. cit.,* p. 13, 52 e 77 e ss.

[15] Ao dizermos isto, estamos a rejeitar a ideia, por vezes acolhida, de que a autonomia de nível secundário se traduz num qualquer poder regulamentar. Para nós, a autonomia normativa de grau secundário exprime-se sempre e só através do poder de emanação de regulamentos autónomos – regulamentos que constituam expressão directa da autonomia dos entes que os editam. Nestes termos, não constituem regulamentos autónomos – qualquer que seja o nome com que sejam baptizados – os regulamentos emanados da administração pública não autónoma (directa ou indirecta) nem os regulamentos da administração autónoma que não constituam manifestação da sua autonomia. Neste sentido, SÉRVULO CORREIA, *Noções de Direito Administrativo,* Lisboa, 1982, I, p. 193. V. também *infra,* nota 55 e ponto II.4.1.

## 2.3. *A autonomia normativa regional*

Pelo que respeita à autonomia regional, a autonomia normativa efectiva-se na edição de leis regionais – os decretos legislativos regionais emanados das assembleias legislativas regionais (cf. arts. 229.º e 234.º, n.º 1, da C.R.P.). Estes têm a mesma eficácia das leis formais, isto é, das leis e dos decretos-leis. Ao dizer isto, não pretendemos afirmar que os decretos legislativos regionais possam, em geral, derrogar as leis[16]: e isto porque, como manifestação de autonomia que são (e não de soberania) estão limitados, quer positivamente – só podem incidir sobre matérias de *interesse específico* para a região[17],

---

[16] J. MIRANDA, *A autonomia legislativa*, cit., p. 314, admite que os decretos regionais – naturalmente os decretos legislativos regionais (ver o art. 115.º, n.º 1, da C.R.P.) – possam derrogar as leis gerais da República que versem matérias que os estatutos autorizem a derrogar. V. também AMÂNCIO FERREIRA, *ob. cit.,* p. 93, e GOMES CANOTILHO e VITAL MOREIRA, *Constituição da República Portuguesa Anotada,* Coimbra, 2.ª ed., 2.º Vol. (1985), anot. VII ao art. 229.º. Todavia, esta questão ainda se não suscitou, uma vez que os estatutos em vigor – o Estatuto Provisório da Madeira, aprovado pelo Decreto-Lei n.º 318-D/76, de 30 de Abril e posteriormente alterado pelo Decreto-Lei n.º 427-F/76, de 1 de Junho e o Estatuto Político-Administrativo dos Açores, aprovado pela Lei n.º 39/80, de 5 de Agosto na versão dada pela Lei n.º 9/87, de 26 de Março – não autorizam as assembleias legislativas regionais a derrogar as leis gerais da República.

Também as leis gerais da República podem autorizar a sua própria derrogação por decretos legislativos regionais, desde que não versem sobre matéria de exclusiva competência dos órgãos de onde promanam – cf. o parecer de 29 de Junho de 1977 da Comissão de Assuntos Constitucionais da A.R., in *Pareceres da Comissão de Assuntos Constitucionais,* I, p. 283, ss., e AMÂNCIO FERREIRA, *ob. cit.,* p. 80.

Sobre o problema de saber se as leis anteriores à Constituição que versem sobre domínios que possam ser objecto de regulamentação por parte das Regiões Autónomas, com fundamento no interesse específico destas, deveriam considerar-se parcialmente revogadas, à face do art. 293.º (agora, depois da 2.ª revisão constitucional, o art. 290.º, n.º 2), por contradição com o princípio constitucional da autonomia, ver o parecer n.º 13/78 da Comissão Constitucional, in *Pareceres da Comissão Constitucional,* 5.º Vol., p. 96 e ss., e J. MIRANDA, *A Constituição de* 1976. *Formação. Estrutura. Princípios Fundamentais,* Lisboa, 1978, p. 442 e ss.

[17] Cf. J. MIRANDA, *A autonomia legislativa,* cit., p. 314, e CARDOSO DA COSTA, *in* BARBOSA DE MELO, CARDOSO DA COSTA e VIEIRA DE ANDRADE, *Estudo e Projecto de Revisão da Constituição,* Coimbra, 1981, p. 204. Refira-se a este propósito que o conceito de «interesse específico» não está definido por nenhuma norma constitucional, mas o seu conteúdo há-de resultar da conjugação das normas constitucionais relativas às regiões autónomas com os estatutos e a prática constitucional. Cf. J. MIRANDA, *A Constituição de 1976,* cit., p. 440 e ss., e *A autonomia legislativa,* cit., p. 308 e AMÂNCIO FERREIRA, *ob. cit.,* p. 83 e ss.

## A Autonomia Local

quer negativamente – não podem incidir sobre matérias reservadas aos órgãos de soberania, nem contrariar as leis gerais da República (leis que se aplicam em todo o território nacional e à generalidade dos cidadãos – art. 115.º, n.º 4, da C.R.P.)[18].

---

[17] Cf. J. Miranda, *A autonomia legislativa,* cit., p. 314, e Cardoso da Costa, *in* Barbosa de Melo, Cardoso da Costa e Vieira de Andrade, *Estudo e Projecto de Revisão da Constituição,* Coimbra, 1981, p. 204. Refira-se a este propósito que o conceito de «interesse específico» não está definido por nenhuma norma constitucional, mas o seu conteúdo há-de resultar da conjugação das normas constitucionais relativas às regiões autónomas com os estatutos e a prática constitucional. Cf. J. Miranda, *A Constituição de 1976,* cit., p. 440 e ss., e *A autonomia legislativa,* cit., p. 308, e Amâncio Ferreira, *ob. cit.,* p. 83 e ss. Tenha-se também em atenção o art. 33.º do Estatuto Político Administrativo dos Açores (versão da Lei n.º 9/87) e nomeadamente os Acs. do T.C. 91/84, in *Acórdãos do Tribunal Constitucional,* 4.º Vol., p. 5 e ss., 42/85 (D.R., I.ª Série, de 6-4-1985), 57/85 (D.R., I.ª Série, de 11-4-1985) e 164/86 (D.R., I.ª Série, de 7-6-1986).

[18] Por este motivo, os autores qualificam as leis regionais como fontes *subprimárias* ou *intermédias* de direito – cf. M. S. Giannini, *Autonomia, (Saggio...),* cit., p. 860; *Leggi regionali e regolamenti degli enti territoriali,* Studi Granciotto Rossi, 1954, p. 271, e *Autonomia pubb.,* cit., p. 371; A. Sandulli, *Manuale,* cit, p. 31; G. Canotilho, *ob. cit.,* 4.ª ed., p. 757, e Amâncio Ferreira, *ob. cit.,* p. 102. De resto, M. S. Giannini utiliza a expressão referida não apenas para os diploma legislativos regionais, mas também para os «regulamentos dos entes locais».

Esclareça-se, todavia, que as leis regionais podem estar em diferente posição face às leis estaduais, leis estas que prevalecem sempre – princípio da prevalência do direito estadual (em tudo semelhante ao princípio da «prioridade do direito federal sobre o direito dos Estados» – art. 31.º da *Bonner Grundgesetz*). Assim os decretos legislativos regionais constituem legislação *concorrente* ou de 2.º *grau* (art. 229.º, n.º 1, *a),* da C.R.P.). Antes da Lei Constitucional n.º 1 /82 eram considerados como legislação *integrativa, actuativa* ou de 3.º *grau* os decretos regionais que regulamentassem as leis gerais da República nos termos do art. 229.º, n.º 1, *a),* 2.ª parte. Neste sentido os pareceres da Comissão Constitucional n.ºs 30/77, 31/77 e 10/78, in *Pareceres da Comissão Constitucional,* respectivamente, 3.º Vol., p. 281 e ss., 4.º Vol., p. 3 e ss. e 5.º Vol., p. 43 e ss., e Amâncio Ferreira, *ob. cit.,* p. 99. Em sentido com que estamos de acordo Afonso Queiró, *Lições* (1976), cits., p. 373 e ss. Depois da 1.ª revisão constitucional não é mais possível falar de leis para designar os actos das assembleias regionais que regulamentem as leis gerais da República, pois, além de serem agora designados por decretos regulamentares regionais (arts. 235.º, n.º 1 e 278.º, n.º 2, da C.R.P.), eles estão claramente excluídos dos actos legislativos (art. 115.º, n.º 1, da C.R.P.). Acrescente-se que não há entre nós, um domino reservado aos órgãos legislativos regionais como acontece em Itália e Espanha onde as regiões dispõem de um domínio de legislação *exclusiva* ou de 1.º *grau.* Sobre esta problemática, v. Gumersindo Trujillo, *Constitución Espanola,* Edición Comentada do Centro de Estúdios Cositucionales, 1979, p. 309, e, entre nós, Amâncio Ferreira, *ob. cit.,* p. 34 e ss. e 95.

# 34    Estudos sobre Autonomias Territoriais, Institucionais e Cívicas

Do exposto resulta que os decretos legislativos regionais estão sujeitos não apenas ao controlo da constitucionalidade, nos termos e pelos processos que estão os actos legislativos dos órgãos de soberania – Assembleia da República e Governo, mas também ao controlo da legalidade de acordo com o art. 281.º, n.º 1, da C.R.P.[19]. Efectivamente, se as «leis» regionais (ou outros diplomas regionais) violarem as leis gerais da República (que não constituam reserva dos órgãos de soberania – pois então estaremos perante uma inconstitucionalidade) ou os estatutos (que são formal e materialmente leis da A. R.[20]), podem ser declaradas ilegais por via *directa* e *abstracta* pelo Tribunal Constitucional nos termos do art. 281.º, n.º 1, *c)*, da C.R.P.[21]. Apenas as Regiões Autónomas, através das assembleias legislativas regionais, gozam de autonomia normativa nos termos acabados de enunciar. Os demais órgãos que dispõem de poder legislativo são – e são apenas – os órgãos de soberania: a Assembleia da República e o Governo. Pelo que, tirando as Regiões Autónomas apenas poderá haver lugar a uma autonomia normativa de nível secundário, a uma

---

[19] Na medida em que as «leis» regionais violem as «leis» gerais da República ou os Estatutos regionais pode falar-se de *inconstitucionalidade indirecta*. Todavia esta designação que tem como principal objectivo facilitar o seu conhecimento pelos tribunais constitucionais, não tem, relativamente à hipótese em apreço, qualquer utilidade entre nós: é que, o controlo da referida *ilegalidade* (ou inconstitucionalidade indirecta) já cabe, nos termos dos arts. 280.º e 281.º da C.R.P., ao Tribunal Constitucional. Quanto a outras inconstitucionalidades indirectas é de referir que o nosso Tribunal Constitucional apenas teve oportunidade de se pronunciar em relação a uma delas – a que se materializa na incompatibilidade do direito interno com o direito internacional convencional –, em relação à qual, de resto, se tem mantido uma divergência entre a (maioria da) 1.ª secção que tem decidido pelo seu conhecimento (Acs. 27/84, 62/84, 100/84, etc.) e a (maioria da) 2.ª secção que tem decidido pelo seu não conhecimento (Acs. 47/84, 88/84, 101/84, etc). A referida divergência, que não podia ser superada por falta de mecanismos processual é agora solucionável nos termos do art. 79.º-D da Lei do T.C., na versão da Lei n.º 85/89, de 7-9. Por sua vez, a inconstitucionalidade indirecta em causa cai agora na competência do T.C. – art. 70.º, n.º 1, *i)*, da L.T.C.

[20] Cf. Afonso Queiró, *Lições* (1976), cits., p. 107; J. Miranda, *A Constituição de 1976*, cit., p. 444; G. Canotilho e V. Moreira, *ob. cit.*, 2.ª ed., 2.º Vol., anot. IV ao art. 228.º; G. Cantilho, *ob. cit.*, 4.ª ed., p. 643 e ss. e Amâncio Ferreira, *ob. cit.*, p. 92. Tenha-se também em atenção o art. 33.º do Estatuto Político Administrativo dos Açores (versão da Lei n.º 9/87) e nomeadamente os Acs. do T.C. 91/84, in *Acórdãos do Tribunal Constitucional*, 4.º Vol., p. 5 e ss., 42/85 (D.R., I.ª Série, de 6-4-1985), 57/85 (D.R., I.ª Série, de 11-4-1985) e 164/86 (D.R., I.ª Série, de 7-6-1986).

## A Autonomia Local

autonomia que se traduza na emissão de normas regulamentares como acontece com as autarquias locais e com as instituições públicas autónomas como sejam as associações públicas, as universidades[22], etc.

Uma questão a colocar agora relativa à autonomia normativa regional, reside em saber se, para além da autonomia normativa primária – da autonomia de eficácia legislativa –, as Regiões Autónomas dispõem também de uma autonomia normativa secundária – de uma autonomia de eficácia regulamentar.

Embora o problema não tenha sido objecto de um tratamento *ex professo,* alguns autores parecem admitir tal autonomia ao falarem de regulamentos autónomos regionais, baseados no art. 229.º, n.º 1, *d),* 2.ª parte, da C.R.P.[23] ou no art. 33.º, *b),* dos Estatutos Provisó-

---

[21] Recorde-se, que, em execução do art. 236.º, n.º 3, da C.R.P. (versão originária), tal competência havia sido conferida ao S.T.A. (Pleno) pela Lei n.º 15/79, de 15 de Maio, depois de ter sido declarada inconstitucional a Lei n.º 62/77, de 25 de Agosto, pela Resolução do Conselho de Revolução, n.º 136/78, de 9 de Setembro.

[22] Pode falar-se de *associações* ou *corporações* públicas tanto num sentido restrito, abrangendo apenas as associações públicas de pessoas privadas *(maxime* ordens profissionais), como num sentido amplo, englobando, além das associações acabadas de referir, também as associações de pessoas públicas, como por exemplo, as federações e associações de municípios agora previstas ao art. 253.º da C.R.P. (2.ª revisão). Sobre as associações de municípios v. o Decreto-Lei n.º 266/81, de 15-9, e ALVES CORREIA, *As Associações de Municípios,* Coimbra, C.E.F.A., 1981, e *As Formas Jurídicas de Cooperação Intermunicipal,* Sep. do n.º esp. do B.F.D. – «Estudos em Homenagem ao Prof. Doutor Afonso Rodrigues Queiró», 1986. Sobre as ordens profissionais, veja-se JEAN RIVERO, *Droit Administratif,* 11.ª ed., Paris, 1985, p. 529 e ss. Sobre as associações públicas em geral, veja-se, FREITAS DO AMARAL, *Direito Administrativo e Ciências da Administração,* II (pol.), U.C.P., 1978-79, p. 68 e ss., e *Curso de Direito Administrativo,* Vol. I, Coimbra, 1986, p. 366, e J. MIRANDA, *As Associações Públicas no Direito Português,* Lisboa, 1985. FREITAS DO AMARAL situa as associações públicas na administração indirecta do Estado, ao contrário da generalidade da doutrina que as enquadra na administração autónoma institucional: neste sentido, v. GOMES CANOTILHO e VITAL MOREIRA, *ob. cit.,* 2.ª ed., anot. VI ao art. 202.º; M. ESTEVES DE OLIVEIRA, *Direito Administrativo,* cit., p. 184 e s.; S. CORREIA, *Noções,* cits., p. 45; A. SILVA LEAL, *Os grupos sociais e as organizações na Constituição de 1976 – rotura com o corporativismo,* Estudos sobre a Constituição, III, 1979, p. 335, e B. MACHADO, *ob. cit.,* p. 11. Quanto à autonomia das universidades ver o art. 76.º, n.º 2, da C.R.P. e as nossas *Considerações sobre a autonomia financeira das universidades portuguesas,* sep. do n.º esp. do B.F.D. – «Estudos em Homenagem ao Prof. Doutor António de Arruda Ferrer Correia», 1987, *maxime,* p. 12 e ss. e 28 e ss., agora nestes *Estudos sobre Autonomias Territoriais, Institucionais e Cívicas,* p. 113 e ss.

[23] Cf. J. MIRANDA *A Autonomia Legislativa,* cit., p. 313.

36 *Estudos sobre Autonomias Territoriais, Institucionais e Cívicas*

rios[24] – para os Açores ver agora o art. 56.°, *e)* do seu Estatuto Político-Administrativo (versão da Lei n.° 9/87).

Não nos parece, todavia, que se possa falar aqui de regulamentos verdadeiramente autónomos, pelo menos no sentido com que nós os entendemos. Isto porque, tanto a competência das assembleias legislativas regionais para, através de decretos regulamentares regionais, «regulamentar... as leis gerais emanadas dos órgãos de soberania que não reservem para estes o respectivo poder regulamentar» (arts. 299.°, n.° 1, *d)*, 2.ª parte, e 234.°, n.° 1, da C.R.P.), como a competência dos governos regionais para «elaborarem decretos regulamentares regionais necessários... ao bom funcionamento da administração da região» (art. 33.°, *b)*, do Estatuto Provisório da Madeira, e art. 56.°, *c)* do Estatuto Político-Administrativo dos Açores) não se consubstanciam na emissão de regulamentos autónomos[25]. No pri-

---

[24] Cf. AMÂNCIO FERREIRA, *ob. cit.,* p. 105. Recorde-se que o Estatuto Provisório dos Açores – em vigor até à Lei n.° 39/80 – constava do Decreto-Lei n.° 318-B/76, de 30 de Abril com as alterações introduzidas pelo Decreto-Lei n.° 427-D/76, de 1 de Junho, quanto ao Estatuto Provisório da Madeira, ainda em vigor.

[25] Tradicionalmente a nossa doutrina – ao que julgamos seguida pela jurisprudência – distinguia, ao classificar os regulamentos quanto à sua vinculação à lei, entre *regulamentos executivos (de execução, ordinários* ou *complementares)* e *regulamentos independentes* ou *autónomos* – cf. MARÇELLO CAETANO, *Manual de Direito Administrativo,* I, 10.ª ed., Coimbra, 1973, p. 106; AFONSO QUEIRÓ, *Lições de Direito Administrativo,* (pol.) I, Coimbra, 1959, p. 155 e ss.; A. GONÇALVES PEREIRA, *Do Regulamento Administrtivo,* Lisboa, 1973; A. MARQUES GUEDES, *Regulamento,* Ene. Verbo, XVI, p. 108; J. MIRANDA, *Decreto,* cit., p. 306 e ss. Actualmente (após a Constituição de 1976) utilizam esta distinção, J. MIRANDA, *A autonomia legislativa,* cit., p. 313; S. CORREIA, *Noções,* cit., p. 130, 180 e 238, e AMÂNCIO FERREIRA, *ob. cit,* p. 105.

AFONSO QUEIRÓ, autor que mais se tem debruçado sobre esta temática, alude *(Lições de* (1976), cits., p. 420 e ss., e *Teoria dos Regulamentos, in* «Revista de Direito e Estudos Sociais», ano XXVII, p. 8 e ss.) a cinco categorias de regulamentos, a saber, regulamentos de execução, regulamentos complementares, regulamentos delegados ou autorizados, regulamentos independentes e regulamentos autónomos. Esta classificação suscita-nos, desde logo, uma objecção que se prende com a categoria dos regulamentos autónomos: é que, como já tivemos ocasião de dizer (v. as nossas *Considerações,* cits., p. 18, nota 27), os regulamentos autónomos não constituem – na perspectiva da maior ou menor vinculação dos regulamentos à lei – uma categoria própria; de um tal ponto de vista, os regulamentos autónomos são regulamentos independentes, uma vez que, não executando especificamente qualquer lei, dependem apenas da norma constitucional ou legal que reconhece o respectivo ente autónomo.

## A Autonomia Local

meiro caso, a lei geral, na medida em que não reserve ao órgão de soberania seu autor a respectiva regulamentação, está implicitamente

A esta objecção acrescem outras relativas à admissibilidade/inadmissibilidade das outras categorias de regulamentos, categorias com as quais, de resto, concordamos. Assim, relativamente aos regulamentos complementares, somos de opinião que nem todos os regulamentos que desenvolvem as bases gerais dos regimes jurídicos têm de assumir a forma de decreto-lei (de desenvolvimento), pois o art. 201.º, *c)*, da C.R.P., vale apenas para as matérias do *domínio legislativo por natureza* (isto é, as matérias reservadas à A.R. – arts. 167.º e 168.º, n.º 1, da C.R.P., e as matérias reservadas à lei – Lei ou Decreto-Lei). E que, a não se interpretar assim restritivamente o preceito em causa, cair-se-ia na incongruência de a nossa Constituição proibir o simples desenvolvimento, por regulamento, das matérias não reservadas à lei, quando é certo que a globalidade de cada uma de tais matérias – as bases gerais e o respectivo desenvolvimento – pode ser objecto de decreto regulamentar nos termos dos n.ºˢ 6 e 7 do art. 115.º, da C.R.P.; v., no sentido criticado, também G. Canotilho e V. Moreira, *ob. cit.*, 2.ª ed., 2.º vol., anot. VI ao art. 201.º. Depois, parece-nos que os regulamentos delegados ou autorizados não estão excluídos do nosso ordenamento jurídico, sendo justamente essa a natureza dos regulamentos «independentes» a que se refere o art. 115.º, n.º 6, da C.R.P.: estes serão, por um lado, rgulamentos delegados (ou autorizados) integrativos, admissíveis relativamente àquelas matérias que não façam parte do *domínio legislativo por natureza*, e, por outro lado, regulamentos modificativos ou revogatórios, admissíveis relativamente àquelas matérias que não façam parte dos *domínios materialmente legislativos*, isto é, dos domínios reservados à lei da A.R. ou diploma legislativo *(no domínio legislativo por natureza)* e dos domínios constituintes das bases gerais dos regimes jurídicos já constantes de lei *(domínio legislativo por atribuição ao legislador)* – cf. as. nossas *Considerações*, cits., p. 43, nota 68, e o nosso *Direito Administrativo*, I, (pol.), C.E.F.A., 1984-85, p. 114, nota 11. Finalmente, não nos parecem constitucionalmente admissíveis, entre nós, regulamentos independentes, a não ser no caso já referido dos regulamentos autónomos; isto por diversas razões: 1) não se justifica, no nosso ordenamento constitucional, atribuir ao Governo competência regulamentar independente, pois a insuficiente produção normativa parlamentar, invocada para uma tal solução, foi resolvida, desde a Lei n.º 1910, de 23 de Maio de 1945, pela via do Governo-legislador, via esta mantida na Constituição de 1976; 2) a invocação de uma eventual inércia do Governo-legislador para a admissibilidade de tais regulamentos seria, de todo, inaceitável, pois, desse modo, o Governo poderia facilmente furtar-se a ratificação parlamentar, emitindo regulamentos (ainda que decretos regulamentos) em vez de decretos-leis; 3) a alínea *g)* do art. 202.º, da C.R.P., apresentada como fundamento de tais regulamentos, não diz respeito, em nossa opinião, a actos normativos, mas sim a actos administrativos e a operações materiais a adoptar em circunstâncias excepcionais que de todo se não compadeçam com a exigência da adopção prévia de um decreto-lei; 4) a aceitação de regulamentos com uma tão ténue referência à lei («execução das leis em geral») não deixou de constituir – até à aprovação do E.T.A.F. (Decreto-Lei n.º 129/84, de 27-4) – uma solução perigosa, dada a jurisprudência constante no sentido de os regulamentos do Governo serem insusceptíveis de uma *judicial review;* 5) por último, a expressão regulamentos independentes, constante do art. 115.º, n.º 6, da C.R.P., não veio em apoio da admissibilidade de tais regulamentos, já que uma correcta

# 38     *Estudos sobre Autonomias Territoriais, Institucionais e Cívicas*

a investir as assembleias legislativas regionais no correspondente poder de regulamentar essa lei nas regiões, poder regulamentar que há-de traduzir-se aqui na emissão de regulamentos de execução *(rectius, regulamentos complementares ou de desenvolvimento)* ou até de regulamentos delegados ou autorizados caso a lei geral fique aquém da disciplina das bases gerais e remeta esta, ou parte desta, para as assembleias legistativas regionais[26]. No segundo caso, por sua vez,

---

interpretação desse preceito leva-nos a concluir que aí são visados os regulamentos delegados ou autorizados. Sobre quanto acabamos de dizer, v. ainda VIEIRA DE ANDRADE, *O Ordenamento Jurídico Administrativo Português, in* «Contencioso Administrativo», Braga, 1986, p. 33-70 (62 e ss.), o nosso *Direito Administrativo,* cit., p. 114 e s., o Parecer da P.G.R., publicado in D.R., II Série, de 3-11-1984, e o Ac. do T.C. 12/84 (D.R., I. Série, de 7-11-1984). Tenha-se, todavia, agora em conta o tratamento *ex professo* desta temática por SÉRVULO CORREIA, *Legalidade e Autonomia Contratual nos Contratos Administrativos,* Coimbra, 1987, *maxime,* p. 198 e ss., onde se contém uma sólida argumentação a favor da aceitação dos regulamentos independentes (face à lei) e se contesta toda e qualquer possibilidade de actos administrativos *sem lei.*

    Relativamente à classificação dos regulamentos quanto à sua dependência face a lei, ver na doutrina estrangeira, entre outros, VILAR PALASI, *Apuntes de Derecho Administrativo,* Madrid, 1974, p. 451; GARRIDO FALLA, *Tratado de Derecho Administrativo,* I, 9.ª ed., Madrid, 1985, p. 369 e ss.; M. F. CLAVERO AREVALO, *Existem regulamentos autónomos in el derecho espanol?* Revista de Administración Publica, 62 (Maio-Agosto, 1970), p. 9 e ss.; J. RIVERO, *ob. cit.,* p. 57 e ss.; Louis FAVOREU, *Les regiements autonomes existent –ius?* Le Pouvoir-Mélanges offerts a G. Burdeau, Paris, 1974, p. 333 e ss.; A. SANDULLI, *Manuaie,* cit., p. 79 e ss.; M. S. GIANNINI, *Diritto Amministrativo,* I, Milão, 1970, p. 322 e ss.; E. FORSTHOFF, *Droit Administratif Allemand,* Bruxelas, 1969, p. 223 e ss.; WOLLF-BACHOF, *Verwaltungsrecht,* I, Munchen, 1976, p. 128 e ss. e F. OSSENBUHL, *Die Quellen des Verwaltungsrechts, in* H.-W. ERICHSEN e W. MARTENS (eds.), *Allegemeines Verwaltungsrecht,* 7.ª ed., Berlin-New York, 1986, p. 59-131 (78 ess.).

    [26] Como resulta do texto, não havia qualquer entrave constitucional a que o desenvolvimento das bases gerais dos regimes jurídicos fosse levado a cabo pelas (então) assembleias regionais, desde que tal desenvolvimento constituísse «interesse específico» das regiões autónomas. A isto não se opunha, em nosso entender, o art. 201.º, *e),* da Constituição, pois este preceito dirige-se ao Governo – de resto com a limitação a que aludimos na nota anterior – e não a quaisquer outros órgãos como as assembleias regionais e os órgãos autárquicos que, em virtude da sua autonomia normativa (constitucionalmente reconhecida – arts. 229.º, n.º 1 e 242.º), podem ser admitidos a desenvolver as leis de bases. Nestes termos, a lei podia remeter para as assembleias regionais o desenvolvimento das leis de bases, fizessem estas parte ou não do *domínio por natureza,* desde que, insiste-se, tal desenvolvimento consubstanciasse um «interesse específico» das regiões autónomas. No entanto, o Tribunal Constitucional – com apoio na doutrina (v. G. CANOTILHO e V. MOREIRA, *ob. cit.,* 2.ª ed., 2.º Vol., anot. IX ao 229.º) – excluiu a possibilidade de intervenção das

permite-se aos governos regionais, quando o bom funcionamento da administração regional asim o exigir, a intervenção regulamentar sem uma prévia legislação proveniente da respectiva assembleia legislativa regional, embora sempre no seguimento de leis dos órgãos de soberania que não sejam leis gerais da República (pois a regulamentação desta a nível regional é reserva das assembleias legislativas regionais); ou seja, sempre que as assembleias legislativas regionais não produzam a legislação que lhes compete e isso contenha com o bom funcionamento da administração regional, os governos regionais podem regular a legislação nacional que não constitua leis gerais da República, emitindo os necessários regulamentos de execução ou até regulamentos delegados ou autorizados caso tal legislação não estabeleça sequer as bases gerais dos regimes jurídicos e remeta a sua disciplina para os respectivos órgãos regionais[27].

---

assembleias regionais no «desenvolvimento» de leis de bases «emitidas pela A.R. (ou pelo Governo por ela autorizado) no exercício da sua competência exclusiva» – v. Acs. 326/86 (D.R., I Série, de 18-12-1986) e 190/87 (D.R., I Série, de 2-7-1987); v., todavia, as declarações de voto e os votos de vencido que acompanham os referidos Acórdãos. Depois da 2.º revisão constitucional o problema está resolvido positivamente pelo art. 229.º, n.º 1, c), do C.R.P.

A este propósito, acrescente-se que também não vemos qualquer impedimento constitucional a que a lei ou decreto-lei autorize as assembleias legislativas regionais a legislar, ou que estas sejam admitidas a legislar mesmo sem prévia lei específica, em *alguns aspectos* das matérias constantes da reserva relativa da A.R.: uma tal aceitação há-de resultar da harmonização, segundo o princípio da concordância prática, da reserva relativa da A.R. (arts. 168.º, n.º 1, e 115.º, n.º 3) e da autonomia normativa regional (art. 229.º, n.º 1). Neste sentido, embora fazendo apenas uma afirmação de princípio, v. VIEIRA DE ANDRADE, *Autonomia Regulamentar e Reserva de Lei. Algumas Reflexões Acerca da Admissibilidade de Regulamentos das Autarquias Locais em Matéria de Direitos, Liberdades e Garantias,* sep. do n.º esp. do B.F.D. – «Estudos em homenagem ao Prof. Doutor Afonso Rodrigues Queiró», 1987, p. 5. Cf. também, *infra,* nota 168.

[27] Em sentido diferente, entendendo que os governos regionais apenas podem executar a legislação regional, v. G. CANOTILHO e V. MOREIRA, *ob. cit.,* 2.ª ed., 2.º vol., anot. IX ao art. 229.º. Do facto de possuirem a mesma designação não se deduza que os decretos regulamentares regionais das assembleias regionais (na anterior terminologia constitucional) e os decretos regulamentares regionais dos governos regionais têm igual tratamento constitucional. Assim no que se refere ao controlo preventivo da constitucionalidade apenas em relação aos primeiros pode ser empreendido pelo respectivo Ministro da República – art. 278.º, n.º 2, da C.R.P., o que não deixa de ser a única hipótese de controlo preventivo da constitucionalidade de regulamentos no nosso sistema jurídico.

40     *Estudos sobre Autonomias Territoriais, Institucionais e Cívicas*

Nestes termos, as Regiões Autónomas dispõem apenas de autonomia normativa de nível legislativo e não de autonomia normativa de nível regulamentar. O que não admira pois as Regiões Autónomas dispõem de uma autonomia de um nível superior à autonomia de que disfrutam os outros entes autónomos territoriais ou institucionais.

### 2.4. *A autonomia normativa local (remissão)*

No que respeita à autonomia normativa local, isto é, à autonomia normativa das autarquias locais, remetemos para o que diremos adiante ao falarmos especificamente da autonomia local.

### 2.5. *A autonomia normativa institucional*

Por sua vez relativamente à autonomia normativa institucional (autonomia normativa das associações públicas[28], universidades[29],

---

[28] Quanto à admissibilidade de associações públicas, na vigência primitiva da Constituição, deparavam-se, entre nós, duas posições. A favor da sua admissibilidade, se pronunciaram, B. MACHADO, *ob. cit.,* p. 11; F. DO AMARAL, *Direito Administrativo,* cit., p. 68 e ss.; M. ESTEVES DE OLIVEIRA, *Direito Administrativo,* cit., p. 184; S. CORREIA, *Noções,* cits., p. 145, e Pareceres da Comissão Constitucional n.ºs 1/78, 2/78 e 6/79, in *Pareceres da Comissão Constitucional,* respectivamente, 4.º vol., p. 139 e ss. e 151 e ss. e 7.º vol., p. 227 e ss. Contra se pronunciaram G. CANOTILHO e V. MOREIRA, *Constituição da República Portuguesa anotada,* 1.ª ed., Coimbra, 1978, anot. V ao art. 46.º, argumentando que uma tal admissão contrastava com o *direito negativo de associação,* consagrado no art. 46.º, n.º 8, da C.R.P. Contra isto argumentou a Comissão Constitucional – cf. último parecer citado – que o direito de associação incide apenas sobre as associações de direito privado. Por sua vez, A. SILVA LEAL, *ob. cit.,* p. 340, critica globalmente a posição da Comissão Constitucional, arguindo-a de petição de princípio.

Em nossa opinião, nada se opunha à admissibilidade de uma administração autónoma institucional (onde cabem inequivocamente as associações públicas) ao lado da administração autónoma territorial, sendo esse, aliás, o sentido útil que retiramos da distinção referida no art. 6.º, n.º 1, da C.R.P., entre *autonomia das autarquias locais* e *descentralização democrática da administração pública,* não havendo, assim, qualquer redundância ou ilogismo no preceito em causa como o apontado por VIEIRA DE ANDRADE, *in* BARBOSA DE MELO, CARDOSO DA COSTA e VIEIRA DE ANDRADE, *ob. cit.,* p. 31 – cf. M. ESTEVES DE OLIVEIRA, *ob. cit,* p. 184, e as nossas *Considerações,* ctis., p. 13 e ss. e 33 e ss. Em sentido algo diverso, conjugando esta problemática com a democratização e a participação, B. MACHADO,

A Autonomia Local 41

etc.) diremos tão só que, embora constitucionalmente exigida – arts. 6.º, n.º 1, 76.º, n.º 2, e 267.º, n.º 3 –, ela não dispõe de uma regulamentação constitucional tão ampla e exigente como acontece com a autonomia normativa local (art. 242.º da C.R.P.)[30]. Daí que esteja, em larga medida, na mão do legislador ordinário concedê-la ou não, e concedê-la em termos mais ou menos amplos conforme o julgue oportuno tendo, todavia, em conta que o Estado unitário português deve respeitar não só a autonomia das comunidades locais, mas também a descentralização (democrárica) da administração pública (art. 6.º, n.º 1 da C.R.P.). O que o legislador não pode, por certo, é afectar o conteúdo essencial da autonomia institucional, o qual há-de consubstanciar-se na reserva a esses pólos da administração pública de um conjunto de regulamentações primárias[31].

## 2.6. *A autonomia estatutária componente de autonomia normativa?*

Outra questão que aqui se levanta relativamente à autonomia normativa é a de saber se ela implica a chamada autonomia estatutária, isto é, a autonomia para a emissão de estatutos próprios – autonomia para estabelecer a sua própria norma fundamental de organização. Falamos aqui, evidentemente, de estatutos que constituam uma fonte autónoma de normas jurídico-públicas e não de estatutos que constituam o conteúdo de um acto legislativo ou regulamentar, pois, neste caso, a fonte normativa seria a lei ou o regulamento. Não nos interessam, assim, os pseudo-estatutos – aqueles actos normativos que não

---

*ob, cit.,* p. 120 e ss. Hoje, os arts. 168, n.º 1, *u)* (alínea *t)* antes da 2.ª revisão constitucional), e 267.º, n.º 2, da C.R.P., não só admitem como traçam as fronteiras em que devem enquadrar-se as associações públicas.

[29] Sublinhe-se a inovação que a 1.ª revisão constitucional trouxe neste domínio, elevando ao texto constitucional (art. 76.º, n.º 2) a autonomia das universidades no plano científico, pedagógico, administrativo e financeiro, explicitando e reforçando, assim, um espaço autonómico tantas vezes posto em crise pelas tendências centralizadoras e estatizantes como as dominantes entre nós, na *praxis* da Constituição de 1933 – cf. as nossas *Considerações,* cits., p. 33 e ss. Acrescente-se que a 2.ª revisão constitucional incluiu no preceito em causa uma referência à autonomia estatutária.

[30] Cf. as nossas *Considerações,* cits., p. 12 e ss. e 33 e ss.

[31] *Ibidem,* p. 20, nota 30.

## 42    Estudos sobre Autonomias Territoriais, Institucionais e Cívicas

promanam dos entes cuja organização regulam, mas de um ente alheio (Estado ou outros) que os adopta através de lei ou de qualquer outro acto normativo[32].

É óbvio que a autonomia estatutária constitui uma compomente importante da autonomia normativa[33], o que, todavia, não implica que esta apenas exista quando existir aquela[34]. Efectivamente, entre nós, em geral nenhuma das entidades suportes da administração pública dotados de autonomia normativa, nos termos precedentemente enunciados, dispõe de autonomia estatutária. É que, mesmo nos casos em que se fala de estatutos – caso das regiões autónomas e das ordens profissionais (categoria mais frequente e mais vincada de associações públicas) –, não estamos perante verdadeiros estatutos, mas perante leis cujo conteúdo, embora formal e/ou materialmente modelado ou influenciado pelos órgãos das referidas entidades, nunca é por estas decidido em última instância. Senão vejamos.

Assim no que respeita às Regiões Autónomas, os estatutos constituem conteúdo de lei da A.R. – arts. 164.º, *b)*, e 228.º da C.R.P. É claro que pertence às assembleias legislativas regionais, em exclusivo, a elaboração dos projectos de estatuto e dos projectos de alteração (ver o n.º 4 do art. 228.º), mas é à A.R. que compete aprovar ou não o estatuto ou a alteração ao estatuto, tomando sempre a deliberação final. Não há aqui, pois, lugar a uma verdadeira autonomia estatutária, uma vez que o que existe sao leis, embora sujeitas a uma tramitação especial – simultaneamente mais complexa e participada que nas demais[35].

---

[32] Cf. AFONSO QUEIRÓ, *Lições* (1976), cits., p. 394 e ss. Verdadeiros estatutos constituem os *estatutos* das associações de municípios (v. o Decreto-Lei n.º 266/81, de 15-9) e os estatutos das universidades (v. a Lei n.º 102/88, de 24-9, Lei da Autonomia das Universidades).

[33] Cf., entre outros, G. ZANOBINI, *Caratteri particolari*, cits., p. 394 e 400; M. S. GIANNINI, *Autonomia pubb.*, cit., p. 358 e *Diritto Amm.*, cit., p. 326 e ss.; W. SCHICK *ob. cit*, col. 160, e V. VALLINA VELARDE, *Consideraciones*, cits., p. 48.

[34] Cf. as nossas *Considerações*, cits., p. 18 e ss.

[35] Diversamente se passam as coisas em Itália e em Espanha, onde os estatutos são verdadeiramente fontes autónomas de direito público, não obstante estarem sujeitos à aprovação do Parlamento ou, pelo menos, à colaboração deste no processo estatutário. Assim, em Itália os estatutos são de competência das próprias regiões que os estabelecem, sendo, depois, aprovados mediante *lei constitucional* (caso das regiões com estatuto especial) ou

A Autonomia Local 43

Igualmente os chamados estatutos das ordens profissionais constituem leis ordinárias (leis ou decretos-lei), leis estas que intervêm sempre na respectiva aprovação, alteração ou modificação – ver, a título de exemplo, os Decretos-Lei n.os 282/77, de 5 de Julho, 212/79, de 12 de Julho e 84/84, de 16 de Março, que aprovaram os Estatutos, respectivamente, da Ordem dos Médicos, da Ordem dos Farmacêuticos e da Ordem dos Advogados[36]. Também as autarquias locais estão desprovidas de um poder estatutário. De facto, a organização e atribuições destas, bem como a competência dos seus órgãos estão a cargo da A.R. nos termos dos arts. 168.º, n.º 1, alínea s) e 239.º, da C.R.P., reguladas pela Lei das Autarquias Locais (L.A.L.) presentemente constante do Decreto-Lei n.º 100/84, de 29 de Março, com as alterações introduzidas pela Lei n.º 25/85, de 12 de Agosto. Portanto todo o *estatuto* das autarquias locais pertence à lei em cuja elaboração estas não participam ou colaboram o que, na opinião de

---

*lei da República* (caso das regiões com estatuto ordinário) – cf. arts. 116.º e 123.º da Constituição Italiana. Por seu lado em Espanha, a Constituição de 1978 avançou muito nas pretensões autonomistas. Consagrando basicamente três tipos de regimes autonómicos (a saber: *a)* mínimo ou comum, *b)* pleno e *c)* ampliado – cf. arts. 148.º, 149.º e 190.º, respectivamente, da Constituição Espanhola) o constituinte espanhol estabeleceu dois processos para a adopção dos estatutos regionais. Um para o regime autonómico comum em que o estatuto será tramitado como *lei orgânica* nas Cortes Gerais (arts. 146.º e 147.º, n.º 3) e outro para o regime autonómico pleno (e, naturalmente, ampliado) em que as comunidades autonómicas negoceiam com as Cortes, através de um processo pactício, o respectivo estatuto (art. 151.º, n.º 2 e disposição transitória segunda). Cf. G. TRUJILLO, *ob. cit.,* p. 275 e ss., *maxime,* 302 e 318.

Acrescente-se, já agora, que verdadeiro estatuto, nesse sentido, é o Estatuto de Macau constante da Lei Constitucional n.º 1/75, de 17 de Fevereiro, pois a sua alteração ou substituição pela A.R. não poderá ser levada a cabo sem o acordo do órgão representativo da população do território. Trata-se aqui, naturalmente, de um estatuto-constituição outorgado pelo C.R. e recebido na Constituição (art. 292.º, antes da 2.ª revisão constitucional era o art. 296.º) – constituição essa todavia, flexível cujo poder de revisão está, de algum modo, reservado à Assembleia Legislativa de Macau – cf. AFONSO QUEIRÓ, *Lições* (1976), cits., p. 378, e G. CANOTILHO e V. MOREIRA, *ob. cit., 2.ª* ed., 1.º vol, anot. VI ao art. 5.º, 2.º vol., anots. ao art. 296.º.

[36] Veja-se também a Resolução n.º 11/78 do Conselho da Revolução que declarou inconstitucionais algumas disposições do Decreto-Lei n.º 282/77. Discutiu-se no parecer n.º 11/78, que serviu de base à referida Resolução, se o Estatuto da Ordem dos Médicos devia ser aprovado por lei ou por decreto-lei. Fez vencimento – o que julgamos boa doutrina – a posição que reputa suficiente a aprovação por decreto-lei – v. o referido parecer in *Pareceres da Comissão Constitucional,* 4.º vol., p. 150 e ss. Tenha-se em conta, agora, os arts. 168.º, n.º 1, *u),* e 228.º, n.º 2, da C.R.P.

certa doutrina estrangeira, não deixa de constituir uma forte restrição à autonomia local[37].

Excepção ao que acabamos de dizer é constituída pelas Universidades que gozem de *potestas statuendi,* agora (após a 2.ª Revisão Constitucional) assegurada constitucionalmente pelo art. 76.º, n.º 2, da C.R.P., embora já antes se considerasse implícita neste preceito[38].

Em conclusão: a autonomia normativa traduz-se, entrenós, (fora o caso das universidades) quer em autonomia legislativa regional, quer em autonomia normativa local e autonomia normativa institucional para elaborar a normação autónoma (primária) corrente. Ao dizer isto estamos apenas a encarar um dos aspectos – sem dúvida dos mais relevantes – de fenómenos ou realidades complexas que conhecemos pelos nomes de autonomia regional, autonomia local e autonomia institucional[39] ou, se preferirmos, regiões autónomas, autarquias locais e instituições (públicas) autónomas.

---

[37] Em Itália não se tem visto qualquer entrave constituiconal à atribuição pelo legislador ordinário de uma verdadeira *protestas statuendi* às comunas e províncias – neste sentido Vittorio Itália, *Autonomia dei comuni e delle province nell'ordinamento regionale,* Riv. Tri. Dir. Pubb., 1975, p. 1944, e o art. 5.º da Proposta de Lei do Senado sobre as autonomias locais, publicado *in* Regioni, n.º 5/1985, p. 773 e ss. Também em Espanha a autonomia estatutária tem sido reivindicada para os entes locais como postulado da sua autonomia: assim, o «regime municipal especial de Carta», a que se referiam os arts. 94.º, 1, e 96.º da anterior *Ley del Regimen Local,* era considerado uma manifestação dessa autonomia – cf. V. Vallina Velarde, *Consideraciones,* cits., p. 48 e 59, e a Sentença do Tribunal Constitucional de 2 de Fevereiro de 1981 (publicado in Rev. de Est. de la Vida Local, n.º 213, Jan.-Mar. de 1982, p. 143 e ss.); presentemente a actual *Ley de Bases del Regimen Local* (Ley n.º 7/1985) não fala de estatutos, mas, ao permitir (v. os arts. 5.º e 19.º) que as corporações locais disciplinem parte da sua organização através de regulamentos orgânicos próprios, está inequivocamente a atribuir-lhes poder estatutário. Por sua vez, na Alemanha, a ideia de autonomia estatutária das «Gemeinde» tem sido sempre indiscutível e está constitucionalmente reconhecida no art. 28.º, II, da Lei Fundamental da R.F.A.

[38] Cf. as nossas *Considerações,* cits., p. 18 e ss. e 28.

[39] Falamos aqui de autonomia institucional num sentido próprio, ou seja, no sentido da autonomia de que goza a chamada administração autónoma institucional, e não com o sentido com que, sobretudo a partir do insuperável contributo de S. Romano, tal conceito vem sendo utilizado: a autonomia institucional como uma relação entre ordenamentos jurídicos que se contituem *a se* (autogénicos), não obstante poderem ser subordinados quanto à sua relevância e eficácia. Assim, gozavam de autonomia institucional, designadamente, os ordenamentos privados lícitos face ao ordenamento geral necessário do Estado. Com este alcance não nos parece que se possa falar de autonomia institucional para caracterizar os ordenamentos dos entes públicos menores face ao ordenamento do Estado, pois o que neste caso

## 3. A autonomia organizatória

### 3.1. *Sentido e utilidade do conceito*

Alguns autores não reconhecem qualquer utilidade juridicamente aceitável à autonomia fora do domínio que acabamos de referenciar. Falar de autonomia com um sentido diverso do de autonomia normativa apenas podia ter algum relevo para os cultores da sociologia, politologia ou ciência da administração, mas nunca para os juristas.

Naturalmente que esta posição não é infundada do ponto de vista etimológico e semântico. Mas é óbvio que não podemos ignorar a utilização do termo com outros alcances, também inequivocamente jurídicos. Seria de todo inaceitável pensarmos que, por exemplo, a nossa Constituição ao falar de «autonomia das autarquias locais» e de «autonomia das regiões» (autónomas) pretende apenas ter em conta a autonomia normativa[40]. É claro que esta constitui uma componente essencial e mesmo indispensável dos fenómenos complexos que são a autonomia local e a autonomia regional. Estes fenómenos, porém, têm outros vectores que não podemos deixar de considerar,

---

há, não é uma relação entre ordenamentos, mas uma relação entre entes exponenciais de ordenamentos, situação que pode muito bem ser caracterizada como autonomia local e não como autonomia institucional. O mesmo podemos dizer, aliás, tendo em conta a relação entre ordenamento independentes – quer irrelevantes, quer uni ou bilateralmene relevantes – face ao ordenamento do Estado: caso dos ordenamentos das igrejas em geral e da Igreja Católica face ao ordenamento estadual português em que se poderá falar, com maior propriedade, de *independência* do que de autonomia institucional.

Acresce-se, já agora, que este conceito de autonomia institucional não tem qualquer tradição entre nós e, mesmo na Itália, há quem, muito legitimamente, se interrogue sobre a sua utilidade – cf. M. S. GIANNINI, *Autonomia. (Saggio...)*, cit, p. 861 e ss., e *Autonomia pubb.*, cit., p. 360 ess.

[40] A nossa constituição fala em regiões administrativas e regiões autónomas. As primeiras uma vez instituídas, o que ainda não aconteceu, constituirão autarquias regionais e substituirão os actuais distritos. Sobre o lugar das regiões na estrutura vertical do Estado, ver VITAL MOREIRA, *As regiões, a autonomia municipal e a unidade do Estado,* Poder Local, n.º 3 (Set.-Out. 1977), p. 11 e ss., e JOÃO LOURENÇO, *As Regiões Administrativas: Perspectivas e Problemas,* Direito Administrativo, n.º 8/9 (Março-Outubro de 1981), p. 133 e ss.). Antes da 2.ª revisão constitucional falava ainda de regiões plano (art. 95.º), referência que agora desapareceu.

mormente aquele que traduz uma figura organizatória – a chamada autonomia organizatória[41].

Esta expressão refere a situação jurídica em que se encontra uma figura subjectiva (órgão, serviço, pessoa jurídica, ente de facto, etc.) pelo facto de gozar de uma independência relativa quando confrontada com outra figura jurídica do mesmo género. Trata-se, naturalmente, não de uma independência qualquer, mas de uma independência que podemos designar por independência derrogatória. Isto é, perante uma relação jurídica de organização que constitua a regra entre duas figuras subjectivas – uma supra e outra infra-ordenada – a lei atribui, por razões especiais, poderes mais amplos a determinada figura subjectiva do que os atribuídos às suas congéneres típicas[42].

### 3.2. *Algumas das suas manifestações*

A autonomia organizatória abarca, deste modo, situações praticamente inumeráveis. Basta, assim, um qualquer derrogação das normas disciplinadoras de um organismo, serviço ou entidade, no sentido de uma menor dependência hierárquica ou tutelar, para ser considerada autónomo face a outro organismo, serviço ou entidade com que esteja em relação.

Embora inumeráveis as situações que traduzem este fenómeno, é, contudo, possível referir alguns casos bem conhecidos de autonomia organizatória.

É o que acontece com a chamada *autonomia financeira,* entendida como atributo dos poderes financeiros das entidades públicas infra-estaduais[43]. Tal autonomia pode, contudo, apresentar diversa fisionomia conforme a área da actividade financeira em que se verifica. Deste modo, fala-se em *autonomia patrimonial,* para designar o poder de possuir património próprio e tomar as decisões relativas a

---

[41] Cf. M. S. GIANNINI, *Autonomia. (Saggio...),* cit., p. 864 e ss., e *Autonomia pubb.,* cit., p. 361; L. GIOVENCO, *ob.cit.,* p. 10 e ss., e C. BIAGINI, *ob. cit.,* p. 1635.

[42] Cf. M. S. GIANNINI, *obs. e locs. ult. cits.*

[43] Em termos amplos, a autonomia financeira pode definir-se como a medida de liberdade dos poderes financeiros das entidades públicas não estaduais – cf. SOUSA FRANCO, *Direito Financeiro e Finanças Públicas,* Coimbra, 1987, p. 147 e ss.

A Autonomia Local

ele no âmbito da lei[44]; em *autonomia orçamental,* para designar o poder de ter orçamento próprio e a gestão das correspondentes receitas e despesas; em *autonomia de tesouraria,* para designar o poder de gerir autonomamente os recursos monetários próprios, em execução ou não do orçamento; e em *autonomia credidcia* para designar o poder de contrair dívidas, pelo recurso a operações financeiras de crédito, assumindo as correspondentes responsabilidades[45].

A nossa legislação sobre a contabilidade pública (cfr. art. 1.º do Decreto-Lei n.º 211 /79, de 12 de Julho) distingue, porém, duas situações de autonomia financeira relativamente às entidades cujo orçamento está total ou parcialmente submetido ao O.E. Assim fala-se, por um lado, de *serviço com autonomia administrativa,* para referir o serviço ou fundo que, não tendo orçamento próprio, dispõe de fundos para efectuar directamente o pagamento das suas despesas[46], e, por outro lado, de *serviço com autonomia financeira,* para referir o serviço ou fundo que tem orçamento próprio e dispõe de receitas próprias (mesmo se insuficientes para cobrir os seus encargos) com as quais efectua directamente o pagamento das suas despesas[47].

Outra manifestação da autonomia organizatória é a chamada *autonomia de gestão,* seja esta financeira, de pessoal ou técnica. Enquanto a autonomia de gestão financeira se reconduz à autonomia financeira (ou a alguma das suas modalidades nos termos referenciados), a autonomia de gestão de pessoal verifica-se quando o órgão ou ente possui pessoal próprio, distinto do pessoal do ente que lhe está supra-ordenado. Por sua vez, a autonomia de gestão técnica tem lugar quando o órgão ou ente autónomo detém poderes de alta admi-

---

[44] Cf. Sousa Franco, *ob. cit,* p. 148 e ss., e Sérvulo Correia, *Noções,* cits., p. 195.

[45] A autonomia creditícia carece sempre de um suporte patrimonial que pode ser constituído por um património autónomo. Geralmente, porém, ela apenas é atribuída a entidades dotadas de personalidade jurídica – cf. Sousa Franco, *ob.* e *loc. cits.*

[46] Para a nossa legislação financeira, a autonomia administrativa significa, assim, a existência de uma mera pagadoria autónoma das despesas do respectivo serviço ou fundo autónomo. Cf. M. Caetano, *ob. cit.,* p. 222; Teixeira Ribeiro, *Lições de Finanças Públicas,* 3.ª ed., Coimbra, 1989, p. 64 e ss.; Freitas do Amaral, *Direito Administrativo e Ciência da Administração,* cit., II, p. 25; Sousa Franco, *ob. cit.,* p. 154 e ss., e Sérvulo Correia, *Noções,* cits., p. 194 e ss.

[47] Cf. Teixeira Ribeiro, *ob.* e *loc. cits.* Refira-se que estas definições legais constavam antes do art. 1.º do Decreto-Lei n.º 41375, de 19 de Novembro de 1957.

nistração. Isto é, trata-se daqueles órgãos ou entes em que a actividade direccional está repartida entre o ente supra e o ente infra-ordenado, cabendo ao primeiro a direcção política e ao segundo a direcção técnica. Nesta situação estão, ao que julgamos, as nossas empresas públicas[48].

Figura organizatória é, essencialmente ainda segundo alguns autores[49], o que designamos por *auto-administração*. Consiste esta em confiar os cargos directivos dos entes de base associativa a pessoas físicas escolhidas directamente pelos e de entre os associados, acumulando, assim, estes, a qualidade jurídica de titulares dos órgãos dirigentes com a de representantes dos membros da associação. Auto-administração é, pois, a administração levada a cabo por elementos escolhidos pelos próprios constituintes do substrato pessoal do ente que, deste modo, se administra a si próprio. Como veremos, esta forma organizatória de relações jurídicas, sobretudo no que concerne à administração autónoma local, está intimamente conexionada com a autonomia política (autonomia de «indirizzo» político-administrativo): é que o provimento estadual dos cargos directivos dos entes territoriais locais privaria os seus órgãos dos titulares mais idóneos para interpretarem e desenvolverem a *acção própria* em que o reconhecimento da autonomia se concretiza[50].

---

[48] Cf. M. S. GIANNINI, *Autonomia pubb.*, cit., p. 362. Relativamente ao conceito de actos de alta administração, veja-se, entre outros, A. SANDULLI, *Governo e Administrazione*, Studi in memoriam de Cario Esposito, I, 1972, p. 109 e ss. Como é fácil de ver, a autonomia dos entes locais não se fica por esta autonomia de gestão técnica, pois ela abarca também – se uma tal terminologia ainda nos é permitida – a autonomia de gestão política, ou seja, a autonomia política *tout court*. Sobre esta, v. a seguir, no texto.

[49] Neste sentido M. S. GIANNINI, *Autonomia pubb.*, cit., p. 359, e L. GIOVENCO, *ob. cit.*, p. 11; outros autores, porém, consideram a auto-administração fundamentalmente como um poder jurídico – cf. M. BARTOLOMEI, *Autoadministrazione,* Enc. del Dir., IV, p. 33 e ss.; C. M. IACARINO, *ob. cit.*, p. 179, e C. BIAGINI, *ob. cit.*, p. 1635.

[50] Cf. M. S. GIANNINI, *ob. ult. cit.*, p. 365; L. GIOVENCO, *ob. cit.*, p. 11, e *infra*, II. 4. A propósito, refira-se que, por vezes, se designa a auto-administração por *autogoverno* ou *autogestão*, expressões que nos parecem inadequadas, em virtude de a primeira assumir, regra geral, um significado específico no quadro da autonomia regional dos Estados desconcentrados (cf. as nossas *Considerações,* cits., p. 9 e 22) e de a segunda poder originar confusão com a ideia de autonomia de gestão a que acabamos de aludir no texto.

## A Autonomia Local

Além disso é de assinalar que a ideia de auto-administração, sobretudo quando referida à administração autónoma[51], desempenha ainda uma outra função: ela constitui um vector importante de realização do princípio fundamental da democraticidade no nosso ordenamento, na medida em que assegura a todos os cidadãos (no caso da autonomia local) ou aos cidadãos membros da respectiva corporação (no caso da autonomia institucional) a participação directa no exercício das tarefas públicas descentralizadas ao nível das comunidades locais ou das corporações dotadas de autonomia[52].

Finalmente é ainda como figura organizatória[53] que é concebida a chamada *autonomia política* visível nas comunidades locais. Estas, justamente porque são portadoras de todo um nível de interesses indiferenciados das respectivas populações – porque são suportes de uma *Allzuständigkeit* –, dispõem do poder de dar-se um «indirizzo» político-administrativo: político porque participa, num determinado âmbito, da predeterminação dos fins últimos e mais gerais e das consequentes actuações concretas da acção estadual; administrativo porque a eficácia jurídica dos actos que materializam esse «indirizzo» tem de ser de nível administrativo. Ou seja: em relação às comunidades locais, a autonomia assume uma *dimensão* política consubstanciada no facto de a elas competir a realização de todos os interesses próprios das respectivas populações segundo as prioridades e as graduações

---

[51] Pois a ideia de auto-administração não é exclusiva dos entes descentralizados, verificando-se, por vezes, a eleição dos (ou parte dos) titulares dos órgãos da administração indirecta ou mesmo directa do Estado – p. ex., o caso dos titulares dos órgãos de gestão dos estabelecimentos de ensino secundário (art. 45.°, n.° 4, da Lei de Bases do Sistema Educativo – Lei n.° 46/86, de 14-10). Todavia, é de acrescentar que a designação (eleição) dos titulares dos órgãos da administração directa ou indirecta do Estado pelos respectivos «interessados» há-de ter um carácter excepcional e limitado: ela só será de admitir naqueles casos em que o princípio constitucional da participação o exija – como acontece, por exemplo, nas hipóteses dos arts. 63.°, n.° 2, 64.°, n.° 4, e 77.°, n.° 1, da C.R.P. – e deve limitar-se à eleição de órgãos consultivos (participação consultiva) ou à eleição de representante(s) para os órgãos de gestão (participação por associação no exercício do poder). A não ser assim, por-se-iam certamente em causa os poderes do Estado sobre a *sua* administração (*rectius,* os poderes de direcção e superintendência do Governo), correndo-se o risco de dissolução desta numa infinidade de administrações autónomas meramente burocráticas.

[52] Cf. L. Giovenco, *ob. cit,* p. 11, e G. Canotilho, *Direito Constitucional,* 2.ª ed., Volume II, p.138 e ss.

[53] Cf. M. S. Giannini, *Autonomia. (Saggio...),* cit., p. 867, e *Autonomia pubb.,* cit., p. 364.

50     *Estudos sobre Autonomias Territoriais, Institucionais e Cívicas*

livremente fixadas pelos seus órgãos, embora através de instrumen-tos jurídicos dotados de uma eficácia infra-legal[54].

## 4. Autonomia pública e privada

Até agora limitámo-nos a falar de autonomia como se esta ex-pressão apenas fosse usada para traduzir uma fenomenologia ligada aos entes públicos, mormente para traduzir a faculdade de que estes dispõem para disciplinarem, através de normas jurídicas próprias, situações e relações que lhes são constitucional ou legalmente reser-vadas. Isto é, referimo-nos à autonomia, fundamentalmente, com o sentido de *autonomia normativa* dos entes públicos que constituam verdadeiros pólos da descentralização administrativa ou da descon-centração política do Estado[55].

Mas se este constitui o sentido genuíno da autonomia – o sentido a que, em rigor, se devia limitar o emprego da referida expressão –, o certo é que ele se aplica usualmente com outros sentidos aos quais é de todo o interesse aludir. Assim e antes de mais, fala-se de *autonomia privada* para exprimir os actos de vontade dos particulares – pessoas físicas ou colectivas – dirigidas à regulamentação dos seus interesses através de actos individuais e concretos, ou seja, para exprimir a chamada *autonomia negocial* (ou autonomia contratual)[56].

---

[54] Cf. as nossas *Considerações,* cits., p. 21 e nota 31.

[55] Sobre a descentralização administrativa, v. *infra,* II.2. Quanto à desconcentração política do Estado (português), v. *infra,* II.3.2. Como resulta do texto, a autonomia é, para nós, a autonomia normativa dos entes públicos e não também dos «órgãos diversos do poder legislativo» (neste sentido, v. G. Zanobini, *Autonomia pubblica eprivata,* Scritti per F. Carnelutti, IV, 1950, p. 185) e a autonomia que se consubstancia no poder de emitir regulamentos autónomos (v. *supra,* nota 15 e *infra,* II.4.1.). Ora, os órgãos diferentes do poder legislativo ou não possuem qualquer poder normativo externo – caso em regra dos nossos órgãos jurisdicionais, ou não dispõem de um poder normativo autónomo – caso do Governo (v. *supra,* nota 25).

[56] Proveniente do direito comum, o conceito de autonomia privada foi sobretudo obra dos pandectistas elaborada no quadro da grande construção da época – a teoria do negócio jurídico. Dada a época em que tal conceito foi elaborado não admira que ele tenha sido identificado com a *autonomia da vontade,* expressão máxima do individualismo jurídico que dominou os finais do séc. XIX. Ora, hoje em dia, já ninguém ousa imputar à vontade psicológica dos particulares todos os efeitos que são de reconduzir à autonomia privada:

Depois fala-se de autonomia pública para, paralelamente à autonomia privada, referir a possibilidade de criação de efeitos jurídicos através de actos administrativos *(provvedimenti)* e de contratos administrativos de efeitos jurídicos não predeterminados por lei, ou seja, para referir a possibilidade de concessão legal à administração de uma margem de livre decisão para a criação de efeitos jurídicos[57].

Desta sorte, a autonomia encontra campos de aplicação tanto no direito privado como no direito público. Naquele ela traduz a autonomia negociai[58]; neste a margem de livre decisão que a lei deixa à administração[59], (para além, naturalmente, da fenomenologia da autonomia dos entes públicos dotados de uma zona normativa reservada a que, por princípio, se devia limitar o uso de tal expressão).

Do que acabamos de dizer não se pode, pois, deduzir uma identidade entre a autonomia pública *(hoc sensu* margem de livre decisão administrativa) e a autonomia privada: entre uma e outra há inegáveis diferenças a que convém aludir. Desde logo, apontava-se tradicionalmente como diferença o facto de a autonomia privada se concretizar, regra geral, em negócios jurídicos bilaterais, enquanto a autonomia pública – dada a supremacia dos entes públicos e a conse-

---

é que a crescente «objectivaçao» do contrato ao longo do presente século vem reduzindo a importância e o papel do momento psicológico da vontade dos contraentes – v. Sérvulo Correia, *Legalidade e Autonomia Contratual nos Contratos Administrativos,* cit., p. 440 e ss.

Refira-se que, embora pensada para os sujeitos privados, a autonomia privada também é susceptível de ser aplicada às pessoas (colectivas) públicas – neste sentido, v. os desenvolvimentos *ex professo* de Sérvulo Correia, *ob. ult. cit.,* p. 500-561.

[57] Sérvulo Correia, *Ibidem,* p. 469 e ss. e 562 e ss.

[58] A menos que se considerem os negócios jurídicos como normas (tese normativa), a autonomia privada não é uma autonomia normativa – cf. S. Pugliatti, *Autonomia Privata,* cit., p. 369; F. Santoro-Passarelli, *Autonomia Colectiva,* Enc. del Diritto, IV, p. 369; Bigote Chorão, *Autonomia,* Dicionário Jurídico da Administração Pública, I, Coimbra, 1965, p. 608 e ss., e Sérvulo Correia, *Legalidade e Autonomia Contratual nos Contratos Administrativos,* cit., p. 439 e ss. Aliás, o que acabamos de dizer vale também para aqueles actos de autonomia privada com carácter de generalidade como são os estatutos e os regulamentos das pessoas colectivas, pois estes ou constituem meras regras de organização que, em rigor, não assumem carácter normativo (v., neste sentido, Afonso Queiró, *Teoria dos Regulamentos,* cit., p. 1, nota 1), ou configuram normas com mera eficácia interna: daí que não deva falar-se a tal respeito de autonomia normativa.

[59] Esta autonomia pública podia ser assim designada, com nítida vantagem, pela expressão margem de livre decisão.

quente posição de desigualdade com que se apresentam nas relações jurídicas que estabelecem com os particulares – se efectivar, fundamentalmente, através de negócios unilaterais (isto é, actos em que a vontade do sujeito público, devidamente enquadrada pelo interesse público específico que a lei lhe assinala, é suficiente para criar relações jurídico-administrativas). Todavia, esta maneira de ver a actividade (individual e concreta) da Administração, ainda que alguma vez tenha correspondido à realidade, está, hoje em dia, longe de se verificar, já que a actuação administrativa por via bilateral – através de contrato – tende a ser um instrumento normal das condutas jurídico--administrativas paralelo à actuação unilateral – através de actos administrativos[60]. Daí que a referida diferença tenha agora apenas o sentido de que a autonomia pública se consubstancia simultaneamente na emissão de actos e contratos administrativos enquanto a autonomia privada se concretiza, fundamentalmente, em negócios bilaterais.

Por isso, a verdadeira diferença – a diferença intrínseca – entre a autonomia pública e a autonomia privada localiza-se noutro nível: na diversa posição dos particulares e da administração face à lei. Na verdade, não obstante ambos estarem externamente limitadas pela lei, apenas a autonomia pública está limitada por uma barreira interna constituída pela prossecução do interesse público – melhor, dos interesses públicos secundários. Isto porque, enquanto os particulares podem prosseguir todos e quaisquer interesses dentro dos domínios do lícito, os entes públicos apenas podem prosseguir os fins que antecipadamente lhes tenham sido fixados pela lei, fins relativamente aos quais os entes públicos somente podem escolher, dentro de todos os meios possíveis, o mais idóneo para os atingir. Dito de outro modo, a autonomia pública tem carácter *funcional:* a sua existência, conteúdo e limites são função do interesse público que a lei preestabelece.

Em suma, podemos dizer com G. Zanobini[61], que a autonomia privada é mais ampla em extensão e mais plena em intensidade do que a autonomia pública. Na verdade, enquanto a autonomia privada

---

[60] Isto sobretudo se – como acontece entre nós – se reconhecer o contrato administrativo por natureza – v. Sêrvulo Correia, *Legalidade Contratual nos Contratos Administrativos,* cit., p. 566.

[61] *Autonomia pubblica e privatta,* cit., p. 186.

tem na lei um limite externo, a autonomia pública tem na lei o pressuposto da sua existência.

Mas, não é da autonomia privada nem da autonomia pública negocial *(rectius,* contratual) que aqui vamos tratar. Nas páginas que se seguem vamos, isso sim, versar a (também) autonomia pública que se materializa no fenómeno complexo que designamos por autonomia local.

## II

## A AUTONOMIA LOCAL

Após havermos indicado, sumariamente, os campos por onde o significante «autonomia» se expandiu, é agora o momento de nos debruçarmos sobre a autonomia das comunidades locais ou, como correntemente se diz, sobre a autonomia local[62], tendo em conta sobretudo a configuração que esta assume no nosso ordenamento jurídico. Trata-se, pois, de analisar, como algum vagar, o enquadramento e significado das nossas comunidades locais no actual contexto constitucional para o que vamos tentar revelar o sentido e o alcance do princípio das «autonomias locais», posicionar estas no quadro dos diversos pólos que constituem a nossa administração pública, descortinar os vectores mais salientes da sua textura autonómica e lançar um olhar rápido sobre as garantias de que disfrutam, entre nós, esses espaços de autonomia. Antes porém, não nos queremos dispensar de proceder a um breve excurso sobre a evolução da ideia de *autarquia*, procurando, designadamente, apurar até que ponto esta não encerra em si um conceito omnicompreensivo de toda a complexa e rica realidade que a ideia de autonomia local pretende traduzir[63].

---

[62] Trata-se, naturalmente, de analisar a autonomia das chamadas pessoas colectivas públicas polivalentes ou de fim múltiplo *(all-purposes corporations)* locais, isto é, a autonomia das pessoas colectivas que prosseguem fins indiferenciados das colectividades que lhe servem de substracto pessoal, que prosseguem uma *Allzuständigkeit* (na terminologia alemã). Fora ficam, portanto, as pessoas colectivas públicas de base institucional ou de fim especial. Cf. B. MACHADO, *oh. cit.,* p. 8, nota.

[63] Pretende-se, no fim de contas, saber se o abandono da expressão autarquia, registado sobretudo no segundo pós-guerra, tem razão de ser.

# 54    *Estudos sobre Autonomias Territoriais, Institucionais e Cívicas*

## 1. Um excurso prévio: autarquia e autonomia local

### 1.1. *Origens da noção de autarquia*

No seu sentido técnico-jurídico, o conceito de autarquia foi recebido entre nós a partir da elaboração que dele fez a doutrina italiana[64], elaboração essa que, por sua vez, teve como base a doutrina alemã da *Selbstverwaltung* do século passado. Ora esta procurou traduzir a situação resultante da reforma comunal prussiana levada a cabo em 1808 através da célebre *Städtordnung* de LORENZ von STEIN, reforma, que, tendo conduzido à introdução do eleitorado local e à concessão às comunas de uma esfera de actuação própria *(eigene Angelegenheiten)*, veio configurar estas como domínios em que os cidadãos (burgueses) se auto-administravam e em relação aos quais o Estado, através nomeadamente do seu suporte orgânico (o Governo), não podia dispor senão de uma tutela de mera legalidade *(Rechtsaufsicht ou Gesetzrmässigkeitskontrolle)*[65].

---

[64] A autarquia em sentido económico – *autarcia* – significa auto-suficiência, isto é, a possibilidade que determinada entidade tem de se bastar a si própria em termos económicos. Foi precisamente este o sentido que o vocábulo teve na Grécia antiga e que, recuperado por obra de LIST no século passado, não deixou de estar na base de teorias económicas do tipo do pangermanismo – cf. *supra,* notas 4 e 6.

Refira-se, a propósito do que dizemos no texto, que a expressão «autarquia local» (proveniente de Itália) foi generalizada, entre nós, pela própria Constituição de 1933, que lhe dedicou o Título V da l.ª Parte. Anteriormente a expressão figurou no projecto de reforma administrativa elaborado por J. MARTINHO SIMÕES, donde transitou para o projecto de constituição. Por sua vez, na doutrina, a difusão da expressão deve-se a M. CAETANO – cf. este autor, *ob. cit.,* I, p. 318, e A. PIRES DE LIMA, *Autarquia Local,* Dicionário Jurídico da Administração Pública, I, p. 397 e ss.

Acrescente-se ainda que o termo «autarquia» não tem tido entre nós significativa utilização fora da expressão «autarquias locais». Assim, raramente se fala em autarquias institucionais, ao contrário do que tem sucedido em Itália e em outros países. Todavia há quem utilize a expressão: assim J. F. NUNES BARATA, *A Devolução de Poderes às Instituições Autónomas não Territoriais,* Coimbra, 1959, p. 14. Por sua vez, no Brasil o termo autarquia significa sempre administração indirecta do Estado – M. CAETANO, *ob. cit.,* I, p. 191, e C. TÁCITO, *Conceito de Autarquia,* Rev. de Direito Administrativo, 1968 (4), p. 24 e ss.

[65] Note-se que a auto-administração comunal se enquadrava coerentemente no dualismo Estado/sociedade próprio do século XIX. Nos termos desta matriz, a sociedade (burguesia) considerava que a *Selbstverwaltung* comunal era uma forma de organização que lhe pertencia e da qual fazia uso contra o Estado – cf. E. FORSTHOFF, *Traité de Droit Administratif*

A participação dos interessados na administração comunal e a limitação da intervenção estatal eram, pois, as condições básicas da autarquia na qual estavam implícitas a personalidade jurídica, a finalidade pública, um património autónomo e uma larga discricionaridade no exercício da actividade administrativa[66]. Deste modo «a autarquia assume, relativamente à função administrativa, um significado análogo ao que tem a representação popular na função legislativa, como representação de um âmbito mais restrito de interesses»[67]. Representação burguesa no Parlamento e autoadministração comunal, eis as duas formas de autodeterminação – de autogoverno *(Selbstregierung)*, como então se dizia – dos cidadãos face ao Estado, encabeçado no Monarca[68].

### 1.2. *A dupla noção de autarquia*

Mas as correntes organicistas, entretanto surgidas, não tardaram, a ver a autarquia, simultaneamente, duas coisas: um ente que se auto--administra e um órgão do Estado[69], erigindo, assim, a relação entre

---

*Allemand,* cit., p. 680; KLAUS STERN, *Das Staatsrecht der Bundesrepublik Deutschland,* I, München, 1977, p. 297-321 (esp. 309 e ss.), e PIEDAD GARCIA, ESCUDEIRO MARQUEZ e BENIGNO P. GARCIA, *El Nuevo Regimen Local Español (Estudio Sistematico de la Ley 7/1985 de 2 de Abril, Reguladora de las Bases del Regimen Local),* Barcelona, 1985, p. 39.

[66] Cf. G. TREVES, *ob. cit.,* p. 277 e ss.

[67] Cf. G. TREVES, *Ibidem.*

[68] Cf. G. TREVES, *Ibidem.*

[69] Neste sentido GIERKE, PREUSS e G. JELLINEK, *apud.,* S. ROMANO, *II Comune,* cit., p. 602 e ss. Esta concepção da dupla natureza da autarquia reconduz-se, no fim de contas, à doutrina do duplo tipo de funções comunais, a saber: funções próprias *(eigene Angelegenheiten)* e funções delegadas pelo Estado *(Auftragangelegenheiten).* Acrescente-se, já agora, que, numa primeira formulação, assente na teoria que reduzia a personalidade jurídica da comuna ao fisco comunal, as funções próprias desta limitavam-se à administração económica, considerando-se toda a administração com poderes de *imperium* como exercício de funções delegadas – cf. S. ROMANO, ob. e *loc. ult. cits.* Sobre a teoria de distinção entre funções comunais próprias e delegadas (cujo antecedente mais remoto que conhecemos é o art. 49.º do Decreto da Assembleia Constituinte de 14 de Dezembro de 1789, que dispunha: «les corps municipaux auront deux espéces de fonctions a remplir, les unes propres au pouvoir municipal, les autres propres de l'Administration general de l'Etat et delegueés par elle aux municipalités – v. J. L. SANCHEZ DIAZ, *Competencia y autonomia municipal,* Rev. Est. Vid. Local, 1980, p. 91 e ss.; U. BORSI, *Le Funzione del Comune Italiano,*

o ente autárquico e o Estado em elemento essencial para a determinação do conceito de *Selbstverwaltung*. Desta sorte, perde relevo o elemento representativo – tão influente na origem do conceito e na etimologia do vocábulo – para se delinear o que não tardaria a designar-se por conceito jurídico de autarquia[70].

Não admira, pois, que, nos meados do século passado, nos deparemos com um conceito jurídico e um conceito político de autarquia. Em sentido jurídico a autarquia consiste no reconhecimento pelo Estado de uma comunidade política não soberana; em sentido político, a autarquia tem a ver com uma dada organização interna das comunidades autárquicas (eleição popular ou nomeação régia dos administradores autárquicos)[71].

### 1.3. *A proposta de «selfgovernment» de* GNEIST

Esta problemática vai, porém, receber o grande contributo de R. GNEIST que, após ter estudado a administração local inglesa, propôs para o continente o sistema de *selfgovernment*. Ora, a adopção deste sistema vai implicar, segundo GNEIST, que o conceito político de autarquia deixe de ter por fulcro o eleitorado – a participação dos interessados na administração dos interesses comunais – para ser entendido de um modo negativo, como administração a cargo de pessoas que *não* são funcionários de carreira. A autarquia perde, assim, em termos políticos, o ponto de contacto com a sua própria origem e converte-se numa administração gratuita ou «honorária» levada a cabo por pessoas de nomeação régia, escolhidos de entre residentes na respectiva localidade[72].

---

Trad. di Dir. Amm. di ORLANDO, II, 2.ª parte, p. 427 e ss.; L. GIOVENCO, *ob. cit*, p. 87 e ss.; WOLFF-BACHOF, *ob. cit.,* II, p. 223 e ss., e ainda PIEDAD GARCIA, ESCUDERO MARQUEZ e BENIGNO P. GARCIA, *ob. cit.,* p. 36 e ss.

[70] Cf. G. TREVES, *ob. cit.,* p. 277 e ss.

[71] Cf. G. TREVES, *ob. cit.,* p. 279.

[72] Cf. S. ROMANO, *li Comune,* cit., p. 578 e ss.; G. TREVES *ob. e loc. cits.;* JULIUS WIDTMAN, *Kommunale (Selbstverwaltung),* Evangälisches Staatslexikon, 2.ª ed., 1975, col. 2295, e KONRAD Frhr. von ROTBERG, *Kommunatrecht,* Evangälisches Staatslexikon, 3.ª ed., 1987, col. 1818.

As considerações jurídicas, por sua vez, vão centrar-se sobre a pessoa colectiva pública que se perfila ao lado da tradicional pessoa colectiva de direito privado, *o fisco comunal*[73].

Todavia, a noção de autarquia local vai formando-se no continente sobre os esteios da personalidade jurídica, da eleição popular e do reconhecimento de uma esfera própria de interesses, tudo em nítido contraste com o *selfgovernment* concebido como administração a cargo de agentes não remunerados e nomeados pela Coroa entre os residentes na respectiva circunscrição local[74].

Por sua vez, o modelo de administração local *(rectius, de local government)* proposto por GNEIST – compreensível sobretudo a luz do retrocesso político experimentado após o fracasso da Constituinte de Frankfurt[75] –, já na época, não correspondia ao existente em Inglaterra. De facto, o *selfgovernment,* concebido como uma administração dos assuntos locais por funcionários não remunerados e nomeados pela Coroa, não é mais o sistema inglês a partir sobretudo da *Municipal Reform Act* de 1836. É que, as cidades e os condados ingleses foram adquirindo personalidade jurídica e o direito de escolher os seus próprios administradores, não se podendo, pois, correctamente afirmar que o chamado «auto-governo» inglês se caracterizava pela ausência de personalidade jurídica das colectividades locais[76]. Deste

---

[73] Cf. G. TREVES, *ob. cit.,* p. 279.

[74] Assim, os únicos elementos (em nada essenciais) comuns às duas formas de gestão comunitária – à autarquia continental e ao *selfgovernment* na visão de GNEIST – residem na gratuitidade do cargo de administrador e no facto de este ser residente na respectiva localidade – cf. G. TREVES, *ob. cit.,* p. 282.

[75] Perante um Executivo forte e centralizador, nada melhor para garantir os direitos da sociedade civil do que entregar a administração municipal a cidadãos nomeados pelo rei que exercessem a função gratuitamente. Nomeação régia de *senhores locais* – «classe socialmente independente pela inteligência e propriedade» – e gratuidade no desempenho dos cargos municipais, eis os instrumentos de garantia da autonomia das comunidades locais face, quer à influência da administração central, quer ao poderio dos partidos políticos – cf. G. TREVES, *ob. e locs. cits.*

[76] Neste sentido se pronunciava ainda no início do presente século S. ROMANO, *Il Comune,* cit., p. 579. Influenciado certamente pela obra de GNEIST, este autor parece situar a diferença entre o «autogoverno» local anglo-saxónico e a autarquia continental no facto de esta, ao contrário de aquela, não fazer parte da administração directa do Estado. Esta opinião não é, porém, de aceitar, uma vez que a administração inglesa, mesmo hoje em dia, é fundamentalmente uma administração local, um *local government* (terminologia que os ingleses usam de preferência a *selfgovernment).* Cf. o que dizemos a seguir no texto e PIEDAD GARCIA, ESCUDERO MARQUEZ e BENIGNO P. GARCIA, *ob. cit.,* p. 24 e ss.

## 58  Estudos sobre Autonomias Territoriais, Institucionais e Cívicas

modo, o que verdadeiramente distingue – desde a referida reforma local inglesa e, em larga medida, ainda no presente – o *selfgovemment* da autarquia continental tem a ver com o facto de não existir, pelo menos em termos funcionais, na grande maioria dos sectores da administração inglesa, uma autêntica administração central (*rectius, estadual*) e na consequente ausência de uma administração periférica do Estado. Efectivamente, em Inglaterra as atribuições estaduais (próprias do Estado, no continente) são, fundamentalmente e em larga escala, exercidas pelas comunidades locais, cujos órgãos eleitos pelas respectivas populações as prosseguem de acordo com os seus próprios interesses[77]. A distinção em causa está, assim, inequivocamente ligada à diversa maneira de organizar, em termos administrativos, o exercício da generalidade das atribuições comunitárias: estas podem ser repartidas entre o Estado-administração e as comunidades locais (ou outras), ou atribuídas, essencialmente, a estas últimas. No primeiro caso estão os países em que o surgimento do Estado moderno se deu à custa da redução dos poderes das comunas e demais colectividades estamentais, ou seja, os países que seguiram, na sua organização administrativa, o modelo napoleónico; no segundo caso, estão os países do *selfgovernment (rectius,* do *local government),* em que as funções da comunidades (mormente, as funções económicas e sociais), nunca foram significativamente centralizadas numa organização administrativa estadual[78].

---

[77] Cf. G. Treves, *ob. cit.,* p. 281 e ss., e João Lourenço, *Contributo para uma analise do conceito de descentralização,* Direito Administrativo, n.º 4 (Jul.-Agost. de 1980), p. 257. Assinale-se a este propósito que, paradoxalmente, as tendências actuais são, exactamente, no sentido de uma maior e mais decisiva intervenção dos poderes estaduais. A complexidade cada vez maior das funções económicas e sociais da administração, aliada à exigência crescente de tecnologias caras e avançadas, têm conduzido ao desenvolvimento, em termos funcionais, da Administração Geral Britânica, não obstante os poderes locais manterem grande parte da sua importância e intervenção no conjunto do sistema – cf. João Lourenço, *ob. cit.,* p. 257.

[78] Cf. J. Lourenço, *ob.* e *loc. cits.* Em Inglaterra não faz, assim, sentido falar de descentralização pela simples razão de que nunca chegou a haver centralização, como aconteceu nos países tributários do sistema napoleónico. Recorde-se que a esta concepção das comunidades locais como suporte da maioria das tarefas administrativas subjaz a ideia de garantia dos cidadãos perante o arbítrio da Administração central – cf. Rogério Soares, *A propósito de um projecto legislativo, o chamado Código do Processo Administrativo Gracioso,* R.L.J., ano 115.º, p. 177. Sobre a evolução do *selfgovemment,* ver, entre outros,

Não obstante a inegável influência da obra de R. GNEIST, a sua proposta não teve êxito, pois a base eleitoral da autarquia nunca chegou a ser esquecida. O próprio desenvolvimento das instituições democráticas, aliado à expansão das actividades públicas, conduziu mesmo a ver entes autárquicos em todos os entes públicos na medida em que se auto-administrassem sem qualquer outra intervenção que não fosse a expressa num mero controlo da legalidade. A ideia de participação dos cidadãos na administração dos seus próprios interesses volta, assim, à base da autarquia, passando a constituir o *punctum saliens* do seu conceito jurídico. Este refere-se, agora, não apenas à pessoa jurídica pública que unifica a colectividade local (autarquia, em sentido restrito), mas também, e sobretudo, à ideia de autogoverno *(Selbstregierung)* reconhecido à comunidade seu substrato[79].

### 1.4. *O esvaziamento da noção de autarquia*

Esta evolução foi, contudo, interrompida pelos regimes nacinal--socialista e fascista, que suprimiram os pressupostos da autarquia – quando não tentaram mesmo o desaparecimento da própria terminologia[80]. Excluída a eleição popular e obtida a submissão completa dos entes locais à administração central, já não se podia falar de autarquia, a não ser como uma mera fórmula vazia. Daí que, durante o período em que vingaram esses regimes a expressão autarquia tenha sido convertida em mera embalagem da personalidade jurídica

---

C. LIMON, *Organización del goberno local en Inglaterra,* Bol. Mexicano de Derecho Comparado, 1974(7), p. 145 e ss., e, de algum modo, C. BONOMI, *Le forme di organizzazione per la collaborazione fra gli enti locali in Gran Bretagna,* Riv. Tri. Dir. pubb., 1978, p. 1557 e ss. Quanto ao papel e importância do *selfgovernment* para a democracia, pode ver-se DILYS M. HILL, *Democratic Theory and Local Government,* Londres, 1974, *maxime,* p. 20 e ss.

[79] Refira-se a este propósito que S. ROMANO, tendo começado por definir a autarquia como a capacidade das pessoas jurídicas para administrarem os seus próprios interesses, veio, mais tarde, a alargar esse conceito no sentido de nele integrar as comunidades públicas, mormente quando estas elegem os seus órgãos. Cf. G. TREVES, *ob. cit,* p. 282.

[80] Em Itália, uma circular do Ministro do Interior, de 21 de Agosto de 1939, exigia mesmo que a expressão «entes autárquicos» desaparecesse do léxico jurídico e da linguagem corrente – cf. E. GUSTAPANE, *«Autarchia». Profilo storico de un termine giuridico in desuso,* Rev. Trim. di Diritto Pubblico, 1980, p. 297.

## 60 Estudos sobre Autonomias Territoriais, Institucionais e Cívicas

pública que, entretanto, começa a proliferar como expediente técnico da administração estadual (administração indirecta)[81].

### 1.5. *O retorno a noção originária de autarquia*

No segundo pós-guerra, regressa-se ao conceito originário de autarquia, em que o direito do ente (pessoa jurídica pública) e o direito da colectividade (auto-administração) são perspectivados como dois aspectos da mesma realidade jurídica. Nem podia ser de outro modo, a menos que se reduzisse o termo autarquia a uma inutilidade, como mais uma designação da personalidade jurídica pública[82]. É que, o que verdadeiramente existe, antes de mais, é a comunidade à qual é reconhecida a autarquia – a autoprossecução de interesses próprios. Mas a comunidade, para relevar juridicamente, carece de uma organização que o direito percepcione como um ente. Eis a razão da personalidade jurídica pública da colectividade, que mais não é do que uma exigência insuprimível da autonomia reconhecida à comunidade de residentes numa localidade. É, naturalmente, esta e não a personalidade jurídica que é relevante para autarquia. A personalidade jurídica é apenas um instrumento de que a comunidade autárquica carece para realizar a sua autarquia, instrumento esse que também a administração estadual e a própria administração autárquica utilizam para administrar os seus serviços.

---

[81] A proliferação da personalidade jurídica pública como expediente da administração central sem que isso, obviamente, possa acarretar autarquia ou verdadeira descentralização, é um facto completamente reconhecido pela generalidade dos autores: entre outros, v. AFONSO QUEIRÓ, *Descentralização,* Dicionário Jurídico da Administração Pública, III, p. 570. Sobre a evolução traçada, v. também, AFONSO QUEIRÓ, *A Descentralização Administrativa «sub espécie iuris»,* Coimbra, 1974, p. 8 e ss.

[82] E. FORSTHOFF, *ob. cit.,* p. 863 e ss., continua a falar de autarquia *(Selbstverwaltung)* para referir as tarefas normalmente desempenhadas pelo Estado postas a cargo das colectividades públicas munidas de personalidade jurídica. Partindo do alargamento das competências sociais e económicas do Estado contemporâneo e do controlo deste sobre determinadas pessoas colectivas públicas, o autor não descobriu outro caminho que não fosse o de expandir o conceito de autarquia, reduzindo-o à noção de personalidade jurídica pública. É óbvio que a expressão autarquia perde, assim, todo o seu préstimo, tornando-se completamente supérfula. Neste sentido, v. G. TREVES, *ob. cit.,* p. 283.

Por isso mesmo, a autarquia tem de referir-se ao modo como os componentes da colectividade participam na sua administração. Por outras palavras: a autarquia tem a ver com aqueles direitos políticos ou de liberdade (de democracia) dos cidadãos, com o *status activus* do indivíduo, *status* este que reveste uma importância superior quando em presença de entes territoriais[83]. A autarquia diz, assim, respeito aos indivíduos que constituem a colectividade e, naturalmente, ao ente que unifica essa colectividade, em cuja administração aqueles participam[84].

É evidente que, se os titulares dos órgãos do ente autárquico fossem nomeados pelo Estado, então já não seria a colectividade que se administrava, mas sim o Estado que administraria a colectividade, o que conduziria, inevitavelmente, à transformação das comunidades locais em segmentos da própria administração (indirecta) do Estado. É que, subtraída aos autarcas[85] a gestão dos seus próprios interesses, dificilmente se poderia continuar a perspectivar como interesses autónomos, os interesses prosseguidos por uma hetero-administração que os visados não têm possibilidade de controlar[86].

---

[83] Cf. GIUSEPPE GROSSO, *Note sull'autonomia locale,* Studi in memoriam di Carlo Esposito, I, 1972, p. 391-397 (esp. 396), e KLAUS STERN, *ob. cit,* p. 305 e ss. Sobre os direitos fundamentais, expressão do *status activus* do cidadão, v., entre outros, VIEIRA DE ANDRADE, *Os Direitos Fundamentais na Constituição Portuguesa de* 1976, Coimbra, 1983, esp. p. 41 e ss. e 192 e ss.

[84] O que dizemos para a administração autónoma local vale para a administração autónoma institucional. Em ambos os casos nos deparamos com uma colectividade diferente da estadual a prosseguir *interesses próprios.* Convém, todavia, não confundir estas duas formas de administração autónoma: é que, para além de apenas a administração autónoma de base territorial gozar, entre nós, de garantia constitucional bastante forte, a administração autónoma de base institucional destina-se a gerir este ou aquele interesse específico da respectiva colectividade e não os mais diversos *interesses próprios* como sucede com as autarquias territoriais. Não admira, pois, que sendo o espaço autónomo local mais rico e variado que o espaço autónomo institucional, sobre as autarquias locais incida uma «tutela externa» mais frouxa – cf. B. MACHADO, *ob. cit.,* p. 16 e s.; M. ESTEVES DE OLIVEIRA, *Direito Administrativo,* cit., p. 184 e ss., e as nossas *Considerações,* cits., esp. p. 12 e ss. e 33 e ss.

[85] É óbvio que os *autarcas* são os elementos que constituem o substracto pessoal da autarquia: os munícipes, os paroquianos (ou fregueses), etc, e não, como é moda dizer-se entre nós, os eleitos (para os órgãos das autarquias) locais.

[86] Evidentemente que se o ente não for independente do Estado, então a sua vontade reduzir-se-à a muito pouco ou mesmo a nada. É o que julgamos acontecer com a chamada

# Estudos sobre Autonomias Territoriais, Institucionais e Cívicas

No fim de toda a evolução acabada de referenciar, a autarquia vem a ser concebida como a capacidade de uma comunidade para se administrar a si própria, mediante o desenvolvimento de uma actividade com a mesma natureza e eficácia jurídica da actividade administrativa do Estado[87]. Assim entendida, a ideia de autarquia possui toda a operacinalidade para comportar as diversas «autonomias» – territoriais ou institucionais – cuja manifestação no mundo jurídico se reconduza a uma eficácia infralegal (administrativa). Por outras palavras: a autarquia vem, assim, a cobrir o conceito de administração autónoma, quer esta seja dministraçao autónoma territorial (autarquias locais), quer administração autónoma institucional (autarquias institucionais)[88].

Naturalmente que, de todas as «autonomias» que uma concepção não estatizante de administração pública reivindica, é a autonomia local – a autonomia das «províncias» territoriais[89] – aquela que maior sedimentação histórica possui e maior concretização prática alcançou. Por isso, não admira que a vejamos constitucionalmente consagrada em termos muito precisos[90] e que seja em relação a ela que a problemática da autarquia tem sido fundamentalmente reconduzida ou mesmo reduzida[91]. É que, autarquia é sobretudo autarquia das

---

«autarquia colunar» do sistema dos países de «centralismo democrático», na qual, não obstante haver órgãos eleitos na base, as comunidades locais estão completamente subordinadas à cúpula do Estado – cf. G. Treves, *ob. cit.,* p. 285. Sobre a evolução do governo local num país de «centralismo democrático», veja-se António Reposo, *La reforma del governo locale nella Repubblica Democratica Tedesca,* Riv. Tri. dir. Pub., 1978, p. 116 e ss. Sobre a incompatibilidade entre o sistema do «centralismo democrático» e a descentralização, v. B. Machado, *ob. cit.,* p. 95 e ss.

[87] Cf. G. Zanobini, *Corso di Diritto Amministrativo,* I, 8.ª ed., Milão, 1958, p. 125; C. M. Iaccarino, *ob. cit.,* p. 119; L. Giovenco, *ob. cit.,* p. 10; C. Biagini, *ob. cit.,* p. 1653, e V. Vallina Velarde, *ob. cit.,* p. 49 e ss. S. Cassese, *Autarchia,* Enc. del Dir., IV, p. 326 e ss., estabelece um paralelismo entre os poderes fundamentais do Estado (legislação, execução e jurisdição), e os poderes derivados dos entes locais (autonomia normativa, autarquia e autotutela). Sobre este aspecto, v., entre nós, Bigote Chorão, *ob. cit.,* p. 810.

[88] Cf. S. Romano, *li comum,* cit., p. 592 e ss.

[89] B. Machado, *ob. cit.,* p. 61.

[90] Ver o art. 5.º da Constituição Italiana, o art. 28.°, 2. da Lei Fundamental Alemã, o art. 137.º da Constituição Espanhola e o art. 6.º da C.R.P.

[91] Pelo menos entre nós a ideia de autarquia não tem tido outro sentido que não seja o de autarquia territorial – cf. *infra,* nota 113.

A Autonomia Local 63

comunidades territoriais locais, isto é, autonomia local, conceito integral e complexo cuja compreensão exige uma análise dos seus traços mais típicos, como sejam os que materializam as ideias de «autonomia normativa», «indirizzo político», «auto-administração», etc.[92].

Em suma, a menos que persistamos numa concepção reducionista, cremos que a noção de autarquia – designadamente, para o que aqui nos interessa: a análise da autarquia local – consubstancia toda a riqueza autonómica das comunidades territoriais descentralizadas. Enfim, autonomia local e autarquia local são expressões que se equivalem, expressões sinónimas[93].

## 2. O princípio da autonomia local

Reagindo contra a tradicional centralização política e administrativa do Estado português, acentuada, em grande parte, à custa de uma *praxis* política e administrativa que vingou durante toda a vigência do Estado Novo, a Constituição de 1976 veio consagrar uma autêntica autonomia para as nossas comunidades territoriais locais[94]. Não admira, pois, que logo ao próprio nível dos princípios fundamentais – traves mestras de toda a nossa textura constitucional – se caracterize o Estado português como um Estado unitário, o qual respeita na sua organização a autonomia local – art. 6.º, n.º 1. A este princípio da autonomia local foi, aliás, consagrado todo um título constitucional – o título VIII, da Parte III – sob a rubrica de *Poder Local*[95], tendo-se erigido em volta dele uma barreira que o próprio

---

[92] Cf. G. Giovenco, *ob. cit.*, p. 12.

[93] Aliás, se alguma diferença há entre essas expressões, ela residirá no facto de a primeira ter uma conotação mais material (autonomia) enquanto a segunda uma conotação mais formal ligada à eficácia administrativa (autarquia).

[94] Recorde-se que esta ideia das «autonomias locais» não é mais do que a versão actual (isto é, no *quadro* do Estado moderno) da fórmula canonista «rex in regno suo est imperator» usada para afirmar a plenitude do poder do rei (e do ordenamento que originava) face aos ordenamentos gerais do Império e da Igreja. Sobre esta problemática, ver F. Calasso, *Autonomia (Storia)*. Enc. del Dir., IV, p. 349 e ss.; C. Biagini, *ob. cit.*, p. 1633 e ss., e V. Vallina Velarde, *ob. cit.*, p. 43 e ss.

[95] Convém salientar que a expressão «poder local» foi entre nós, introduzida pela actual Constituição. Proposta pela Comissão de Sistematização para a rubrica do título em

## 64      *Estudos sobre Autonomias Territoriais, Institucionais e Cívicas*

poder de revisão constitucional está impedido de transpor – art. 288.º, *n)* (art. 290.º, *o)*, antes da 2.ª revisão constitucional)[96].

Veio, assim, reconhecer-se às comunidades locais uma verdadeira autonomia *face* ao Estado-administração, erigindo-se as autarquias locais em administração autónoma. Isto é, as autarquias locais existem não para realizarem interesses gerais da organização central do Estado, mas para prosseguirem os interesses específicos das respectivas populações através de órgãos próprios – através de órgãos cujos titulares são eleitos pelas pessoas residentes ou ligados à respectiva circunscrição territorial autárquica. Realização de interesses próprios (específicos das respectivas colectividades) através de órgãos próprios (eleitos pelos próprios componentes das colectividades), eis o que caracteriza as autarquias locais como administração autónoma (administração não estadual, portanto)[97].

Com a Constituição de 1976, as autarquias locais deixaram de constituir meros instrumentos da administração indirecta ou mediata do Estado, para surgirem como entidades autónomas, como entidades cuja esfera própria de auto-administração o Estado *respeita*[98]. Por

---

causa, ela não figurava em nenhum dos projectos apresentados pelos partidos políticos à Assembleia Constituinte, salvo uma referência esparsa no projecto do MDP/CDE, aliás sem qualquer interesse, dado nele se conceberem os órgãos do poder local como órgãos do Estado – cf. J. MIRANDA, O *conceito de poder local,* Estudos sobre a Constituição, I, 1977, p. 317 e ss.

[96] O princípio da autonomia local constitui um dos três subprincípios (ou princípios especiais) de caracterização do Estado português, cujo princípio superior ou princípio geral é o da unidade – «o Estado (português) ê unitário». Os outros dois subprincípios são o da autonomia regional e o da descentralização da administração pública – art. 6.º da C.R.P. – cf. G. CANOTILHO, *ob. cit.,* 4.ª ed., p. 121, e G. CANOTILHO e V. MOREIRA, *ob. cit.,* 2.ª ed., 1.º vol., anots. ao art. 6.º.

[97] Convém lembrar que a ideia de autonomia local não será adequadamente concebível senão como expressão da democracia no âmbito das comunidades locais. Os órgãos destas são eleitos por aqueles que são, afinal, os destinatários da actuação desses órgãos. Naturalmente que não se exige a eleição de todos os órgãos autárquicos, mas apenas dos órgãos deliberativos – neste sentido o art. 241.º, n.º 1, da C.R.P. Entre nós, a lei consagrou a eleição directa dos executivos municipais e a eleição indirecta dos executivos paroquiais (à excepção do presidente da Junta de Freguesia) – cf. a L.A.L. nas versões da Lei n.º 79/77 e do Decreto-Lei n.º 100/84.

[98] Com o enquadramento das autarquias locais na Administração indirecta do Estado concordou a generalidade da doutrina no domínio da Constituição anterior, doutrina que, no fundo, mais não fez do que reconhecer a realidade. Cf. entre outros, M. CAETANO, *ob. cit.,* I,

## A Autonomia Local

isso mesmo, se compreende que o nosso legislador constituinte não se tenha bastado em consagrar a existência das autarquias locais, antes haja imposto ao Estado (unitário) o respeito pela «autonomia das autarquias locais». O pleonasmo a que, deste modo, se chegou compreende-se perfeitamente se tivermos em conta o regime centralizador que uma prática, em larga medida *a latere* da própria constituição de 1933, forjou[99].

Mas o reconhecimento das comunidades locais como entidades dotadas de interesses, órgãos e vida própria, diversos dos interesses, órgãos e vida do Estado, foi considerado tão relevante para a organização democrática do Estado português que os constituintes de 1976 foram ao ponto de erigir as autarquias locais em órgãos do poder político. Desta sorte, o poder político do Estado-comunidade não se esgota nos órgãos da soberania, tendo também por manifestação as autonomias político-administrativas das regiões autónomas e o poder

---

p. 129 e ss., e A. P. PIRES DE LIMA, *A Tutela Administrativa nas Autarquias Locais,* 2.ª ed., Coimbra, 1968, p. 27 e ss. É claro que os autores sempre reservaram às autarquias locais um lugar especial no conjunto da Administração indirecta do Estado, um lugar de menor subordinação face à organização administrativa central do Estado. M. CAETANO reconhece mesmo às autarquias locais um lugar fora da Administração indirecta do estado, pois «as autarquias locais correspondem a substractos cujos interesses próprios existem antes e independentemente do Estado». Todavia, a falta de democraticidade do regime conjugada com a ausência de efectivos poderes e com a forte dependência dos órgãos autárquicos face ao Governo, não permitia assinalar senão uma *nuance* ao comparar as autarquias locais com as demais pessoas colectivas públicas da administração indirecta do Estado. Efectivamente, na prática do Estado Novo, as autarquias locais constituíram mais uma estrutura de desconcentração da Administração do Estado do que uma verdadeira estrutura de descentralização administrativa – cf. V. MOREIRA, *As Regiões, a autonomia municipal e a unidade do Estado,* cit., p. 11, e G. CANOTILHO e V. MOREIRA, *ob. cit.,* 2.ª ed., 1.º vol., anots. ao art. 6.º. A ideia das autarquias locais como administração indirecta do estado pode ver-se em S. ROMANO, *li Comune,* cit., p. 508, e TEODOSIO MARCHI, *Gli Uffici Locali dell'Amministrazione Generale dello Stato,* Trat. di Dir. Amm. di ORLANDO, II, 1.ª Parte, p. 7.

[99] É óbvio que o pleonasmo podia evitar-se recorrendo, por exemplo, à expressão «autonomia das comunidades locais». Nem por isso estaríamos perante uma expressão mais acertada. É que estando as autarquias locais para as comunidades locais como está o Estado para a comunidade nacional, a expressão em causa tem, para além de uma forte sedimentação histórica, o condão de traduzir uma específica expressão política organizada das colectividades de pessoas residentes na circunscrição autárquica. Aliás o pleonasmo é frequente na linguagem jurídica para reforçar termos cujo conteúdo a linguagem foi esvaziando; neste caso estão, entre outros, as expressões «Estado soberano», «democracia pluralista», etc. Quanto a esta última, cf. BARBOSA DE MELO, *Democracia e Utopia (Reflexões),* Porto, 1980, p. 47.

local[100], o que nos permite falar com redobrado vigor, de uma divisão territorial ou vertical de poderes[101], ao lado da clássica divisão horizontal de poderes. Isto é, a autonomia local no nosso actual texto constitucional está orientada, não apenas para a eficácia e funcionalidade do conjunto da administração pública, mas também para a realização da democracia e equilíbrio dos diversos pólos de poder que o pluralismo social nos consente[102].

Ora, tendo em conta a configuração constitucional da autonomia local, forçoso é concluir que o legislador ordinário[103] – a quem cabe

---

[100] Conscientemente ou não, o constituinte de 1976 adoptou um conceito de poder político que traduz uma certa *policracia* ou pluralidade de centros de decisão política. O poder político distribui-se, assim, não só – como era tradicional – pelos órgãos de soberania, mas também, pelas regiões autónomas (dos Açores e da Madeira) e pelo poder local – cf. B. MACHADO, *ob. cit.,* p. 31 e 51; J. MIRANDA, O *Conceito do poder local,* cit., p. 381, e G. CANOTILHO e V. MOREIRA, *ob. cit,* 2.ª ed., 1.º Vol., anot. I ao art. 6.º.

[101] Cf. J. MIRANDA, *ob. e loc. ult. cits.,* e G. CANOTILHO e V. MOREIRA, *ob. cit.,* 2.ª ed., 2.º vol., p. 40. No fundo, estamos perante uma concepção de organização do poder político do Estado que tem subjacente a própria realidade social tal como hoje em dia se nos apresenta: uma sociedade *pluralista* com uma pluralidade de centros de poder e de decisão. Ora, tendo em conta esta *poliarquia* social, o Estado democrático – se o não quisermos totalitário – tem de conferir relevância *limitada* ao chamado «vector da democraticidade centrípeta assente na maioria política nacional» (B. MACHADO); tem por outras palavras, de distribuir o poder político também pelos diversos centros verticalmente espalhados pelo território nacional – cf. B. MACHADO, *ob. cit.,* p. 31, 51, 65 e ss.; B. MELO, *ob. cit.,* p. 44; LUCAS PIRES, *ob. cit.,* p. 158; G. CANOTILHO e V. MOREIRA, *ob. e loc. cits.;* N. RODRIGUES MORO, *Autonomia de los entes territoriales locales en la Constituicion espanola de* 27 *de Deciembre de* 1978, Rev. Est. de la Vida Local, n.º 213 (Jan.º-Mar. 1982), p. 140, em comentário à sentença do Tribunal Constitucional espanhol de 2 de Fevereiro de 1981. Sobre a problemática aqui apontada, ver também VIEIRA DE ANDRADE, *Grupos de interesses, pluralismo e unidade política,* Bol. Fac. Direito, Supl. XX, 1973, p. 2 e ss.; Acrescente-se ainda que o poder local na sua manifestação histórica mais sedimentada de *poder municipal* chegou a ser integrado como quarto poder na divisão clássica (horizontal) de poderes – cf. *ob.* U. BORSI, *ob. cit.,* p. 425 e ss.

[102] Cf. M. ESTEVES DE OLIVEIRA, *Direito Administrativo,* cit., p. 191 e ss. Em suma, o nosso Constituinte de 1976 procurou desmantelar o lastro centralizador do Estado através da diminuição qualitativa das tarefas doEstado-pessoa, tarefas essas que aumentaram imenso no último meio século não só à custa de uma apropriação discutível de atribuições próprias das comunidades infraestaduais, mas também, pela crescente e avassaladora assumpção de tarefas comunitárias por parte do Estado contemporâneo.

[103] Dado a autonomia das comunidades locais constituir um limite material à revisão constitucional – limite dedutível de diversas disposições constitucionais, *(maxime* dos arts. 6.º, n.º 1, e 237.º e ss.) e expressamente previsto no art. 288.º, *n) –,* o próprio legislador constitucional (de revisão) está impedido de eliminar a autonomia local.

a delimitação material dos diversos espaços (níveis) autonómicos – está bastante limitado neste campo. De facto, à lei está vedado pôr em causa os espaços autonómicos que o Estado – na sua manifestação constituinte – se limitou a reconhecer e respeitar. Nestes termos não pode a lei extinguir ou permitir a extinção das autarquias locais em geral ou de qualquer dos seus níveis territoriais no todo ou em parte do território nacional[104], bem como criar outros tipos de autarquias locais diversos dos constitucionalmente previstos, a saber: freguesias, municípios e regiões administrativas[105] no Continente e freguesias e municípios nas Regiões Autónomas[106]. De igual modo está vedado ao legislador esvaziar o conteúdo mínimo – o conteúdo essencial[107] –

---

[104] Significa isto que não é admissível a extinção pura e simples de uma autarquia local, ou seja, a «desautarquização» total ou parcial de qualquer zona do país. Cf. *infra*, nota 107.

[105] A propósito das regiões administrtivas é de salientar duas notas. Em primeiro lugar, as regiões administrativas que a nosa Constituição prevê, são verdadeiras autarquias supramunicipais e não meras circunscrições da administração estadual como acontece, em grande parte, com os nossos distritos. Em segundo lugar, é da máxima urgência a instituição das regiões administrativas, não só para evitar que as atribuições municipais, apenas cabalmente desempenháveis a níveis supramunicipais, venham a ser expropriáveis a favor da administração estadual, mas também para que o adequado equilíbrio do Estado *unitário* português não seja abalado com o funcionamento das regiões autónomas, funcionamento este sempre propício a colocar estas no mesmo pé do Estado e a anular a elevação (distanciamento) que este tem de manter, quer no Continente, quer nos arquipélagos atlânticos. Cf. V. Moreira, *ob. cit.,* p. 15 e ss.

[106] E óbvio que o princípio do reconhecimento das autonomias locais com o significado que a nossa Constituição lhe quis imprimir não implicava a fixação constitucional dos diversos tipos de autarquias locais, podendo estes ficar na disponibilidade do legislador ordinário como sucede com a criação de novas formas de organização autárquica nas grandes áreas urbanas e nas ilhas. Acrescente-se já agora, que o que este dispositivo constitucional pretendeu foi possibilitar ao legislador, por um lado, uma configuração própria para as áreas metropolitanas no quadro e aquando da instituição das regiões administrtivas no Continente e, por outro lado, a organização territorial autárquica daquelas ilhas que, em virtude de abarcarem mais de um município, não constituirem a base de *uma* autarquia. Manifestação embrionária de uma organização autárquica própria nas ilhas pode ver-se nos conselhos de ilha previstos no Estatuto Político-Administrativo dos Açores.

[107] Cf. Wolff-Bachof, *ob. cit,* II, p. 219. O que seja o conteúdo essencial da autonomia local é algo difícil de precisar. Parece-nos, porém, que nela se deve incluir a proibição da eliminação das estruturas e tipos de autarquias locais, tal como historicamente se foram sedimentando, e a interdição da inversão de sentido do *princípio da subsidiariedade,* segundo o qual os interesses públicos que uma comunidade mais pequena pode prosseguir com vantagens para essa comunidade não devem ser imputadas a uma comunidade maior e mais distanciada da pessoa humana, princípio este que – saliente-se – vai aqui entendido, não

## 68 Estudos sobre Autonomias Territoriais, Institucionais e Cívicas

da autonomia das diversas colectividades territoriais locais, quer transformando as suas atribuições em atribuições do Estado-administração, quer reduzido essas atribuições a algo insignificante. Quer dizer, a lei não pode deixar de reconhecer a cada autarquia local[108] um conjunto de atribuições que permitam a satisfação integral de um núcleo de interesses que, por se manifestarem ou serem sentidos *qua tale* ao nível dessa comunidade menor, melhor podem ser realizados por ela do que pela comunidade nacional corporizada no Estado. Naturalmente que ao dizermos isto, não ignoramos quão ampla é – mesmo assim – a liberdade com que o legislador se pode movimentar. Basta referir que à lei compete estabelecer todo o *estatuto* das autarquias locais[109], bem como pronunciar-se sobre a existência concreta de cada autarquia local, sempre que o pressuposto comunitário

---

com o sentido liberal (burguês) que postula um Estado mínimo, mas com o sentido que impede tão-só um Estado (*rectius,* uma administração estadual) total(izante), não se pondo deste modo em causa qualquer princípio referente à democracia económica e social tal como é exigida pela nossa Constituição – neste sentido, v. o parecer da Comissão Constitucional n.º 3/82, *Pareceres da Comissão Constitucional,* 18.º Vol., p. 147; em sentido diferente, v. Gomes Canotilho, *ob. cit,* 4.ª ed., p. 72 e 394. Útil para a compreensão do conteúdo essencial da autonomia local será o recurso à dogmática relativa ao conteúdo essencial dos direitos fundamentais (recurso esse que se imporá se aquela for concebida como um direito fundamental das comunidades locais – assim G. Canotilho e V. Moreira, *ob. cit.,* 2.ª ed., 2.º vol., p. 113). Sobre o conteúdo essencial dos direitos fundamentais v. Vieira de Andrade, *Os Direitos Fundamentais,* cits., p. 233 e ss. Quanto ao princípio da subsidiariedade v. *infra,* II.3.1. *in fine.* Relativamente alguns aspectos aqui aflorados v. ainda as nossas *Considerações,* cits., p. 20, nota 20, e *infra,* nota 230.

[108] Embora tradicional, entre nós, a uniformidade de regime jurídico das autarquias de um mesmo nível autárquico – eventualmente atenuada apenas pela legislação especial relativa aos municípios de Lisboa e Porto, ressalvada pela L.A.L. (v. o art. 6.º do Decreto-Lei n.º 100/84) – nada impede que esse regime possa ser diversificado, designadamente quando, através de uma diversificação, se consegue uma autonomia jurídica mais de acordo com a realidade autónomica. Esta hipótese está, aliás, prevista na Constituição no que respeitais regiões administrativas – art. 255.º (era o art. 256.º, n.º 1, antes da 2.ª revisão constitucional).

[109] Convém referir que constitui reserva da Assembleia da República a regulamentação das matérias mais importantes referentes às autarquias locais: 1) reserva *absoluta* nas matérias referentes ao estatuto dos titulares de poder local, ao regime de criação, extinção e modificação territorial das autarquias e às consultas directas aos eleitores a nível local (art. 167.º, *l), n),* e *o));* 2) reserva *relativa* nas matérias referentes ao regime geral de elaboração e organização dos orçamentos das autarquias locais, ao estatuto das autarquias locais, incluindo o regime das finanças locais e à participação das organizações de moradores no exercício do poder local (art. 168.º, n.º 1, *p), s),* e *t)).*

se ache concretizado[110]. Cabe, pois, ao legislador desenvolver e concretizar a autonomia local, confiando às comunidades menores todas aquelas tarefas comunitárias, cuja realização por elas traduza uma vantagem para o funcionamento democrático do Estado e para a eficiência da administração publica no seu todo. Por outras palavras, o legislador deve guiar-se aqui pelo *principio da subsidariedade,* o qual postula a autonomia máxima das comunidades locais[111].

Em suma, o princípio constitucional da autonomia local implica o reconhecimento da existência de assuntos próprios (privativos) das comunidades locais, relativamente aos quais estas dispõem de uma faculdade de direcção político-administrativa[112] para determinar livremente os seus próprios fins. Por isso a lei, ao concretizar a autonomia local, não pode deixar de delimitar um conjunto de atribuições autonómicas e um conjunto significativo em termos de se adequar ao referido princípio da subsidariedade.

Justamente porque o princípio da autonomia local possui o alcance assinalado é que a expressão autarquia local tem vindo a perder a simpatia da doutrina e dos próprios textos legais. O que se compreende facilmente, se tivermos em conta que o centralismo autoritário experimentado em numerosos países durante o presente século, para além de ter esvaziado as autarquias locais do seu conteúdo mais genuíno e significativo, usou e abusou da expressão em causa. Assim, não admira que a Constituição Italiana de 1947 ignore o próprio

---

[110] A criação, extinção e modificação territorial de cada autarquia local compete à lei – arts. 238.º, n.ᵒˢ 3 e 4, e 249.º, lei que pode ser um decreto legislativo regional (art. 229.º, *g)*) ou mesmo um decreto-lei desde que a lei, a elaborar nos termos do art. 167.º, *n),* tal preveja. Tradicionalmente essa tarefa tem sido, entre nós, reservada ao Parlamento – cf. arts. 44.º–50.º, 235.º–254.º e 311.º–314.º do Código Administrativo, e Lei n.º 27/77, de 11 de Abril (que criou o município da Amadora).

[111] Cf. *infra,* II.3.1.2. Relativamente à definição constitucional ou legal das atribuições locais, pode, em teoria, optar-se entre um *sistema enumerativo* ou um *sistema de cláusula geral* – cf. J. L. Sanchez Dias, *ob. cit.,* p. 88 e ss. Entre nós, optou-se pelo sistema de cláusula geral – arts. 237.º, n.º 2, e 242.º da C.R.P. Por isso, a enumeração constante do art. 2.º da L.A.L. tem apenas um carácter exemplificativo. De resto, este sistema é o que melhor quadra com o princípio da subsidariedade.

[112] Cf. *infra,* II.4.2.

# 70 Estudos sobre Autonomias Territoriais, Institucionais e Cívicas

termo autarquia[113], enquanto a nossa veio falar em *autonomia* das autarquias locais[114].

## 3. A autonomia local e a administração pública

Partindo de uma concepção pluralista de administração pública, a Constituição de 1976[115] veio imputar esta, não apenas ao Estado--sujeito – como tem sido tradicional entre nós –, mas também a outros centros autónomos de interesses, entre os quais desempenham um papel não dispiciendo as colectividades territoriais menores. Estas constituem hoje um suporte importantíssimo da administração da *respublica* que, assim, deixou de ser monopólio do Estado para se converter numa administração policêntrica[116]. Daí a necessidade de situarmos a administração autónoma local, fazendo ressaltar as relações existentes entre ela e as demais formas de administração pública. É exactamente o que agora vamos tentar, posicionando a autonomia local face à administração estadual, face à administração regional e face à administração institucional.

### 3.1. *A autonomia local e a administração estadual*

### 3.1.1. Âmbito e formas da administrarão estadual

Falamos aqui.de administração estadual para referir aquela parcela de administração pública imputável ao Estado-pessoa jurídica,

---

[113] O Constituinte italiano de 1947 fala de «autonomia» (arts. 5.º e 116.º), de «autonomias locais» (art. 5.º) e de «entes autónomos» (arts. 115.º e 128.º). A própria literatura jurídica utiliza cada vez menos a expressão autarquia local. Fruto do grande labor de S. ROMANO e G. ZANOBINI (depois de larga elaboração além-Alpes por STEIN e sobretudo GNEIST), o conceito de autarquia tem vindo progressivamente a decair – cf. G. TREVES, *ob. cit.,* p. 291, e E. GUSTAPANE, *ob. cit,* p. 200 e ss. (esp. 209).

[114] Quanto ao uso, entre nós, da expressão «autarquias locais», v. *supra,* nota 64.

[115] Neste aspecto não houve qualquer alteração com a 1.ª e 2.ª revisões constitucionais, havendo apenas a notar a elevação ao texto constitucional do espaço autonómico universitário – dignidade que tal bem merece.

[116] De «administraciones públicas» fala a Constituição Espanhola – art. 149.º, n.º 1, 18.º.

*A Autonomia Local* 71

isto é, aquela actividade administrativa necessária à definição e prossecução dos interesses próprios da comunidade nacional – interesses,
portanto, diferentes, divergentes ou mesmo contrastantes com os interesses próprios de outras colectividades (territoriais ou funcionais)
administrativamente autónomas[117]. Quer dizer: administração estadual é toda a acção administrativa desenvolvida pelo Estado para a
realização dos interesses nacionais, interesses nacionais cuja prossecução e concretização compete sempre, pelo menos em última instância, ao suporte administrativo orgânico do Estado – o Governo[118].
Naturalmente que o Estado pode servir-se de vários expedientes para
atingir este desiderato, originando assim diversas formas de administração estadual.

Nestes termos o Estado, para administrar os interesses nacionais,
pode reservar às autoridades do topo da hierarquia todo o poder de
decisão, limitando-se os serviços subordinados a preparar e a executar

---

[117] Cf. M. S. GIANNINI, *Autonomia pub.*, cit., p. 364; B. MACHADO, *ob. cit.*, p. 9, e as
nossas *Considerações*, cits., p. 10, nota 10.

[118] E claro que administração estadual em termos materiais, é também a actividade
administrativa levada a cabo por órgãos (predominantemente) não administrativos como
seja, designadamente, a actividade de gestão do pessoal não político da Presidência da
República pelo Presidente da Republica, do pessoal não político da Assembleia da República pela respectiva presidência, dos juízes pelo Conselho Superior da Magistratura e dos
agentes do Ministério Público pela Procuradoria Geral da República. Em todos estes casos
(e não só...) nos deparamos com administrações estaduais não governativas, cujas acções
(administrativas), constituindo instrumentos imprescindíveis do próprio funcionamento dos
respectivos órgãos de soberania, apenas são sindicáveis perante o S.T.A. ou S.T.J. (nesta
hipótese se colocam os actos de gestão dos juízes pelo Conselho Superior da Magistratura –
caso em que o S.T.J. exerce uma actividade de controlo contencioso-administrativo de mera
legalidade) – cf. AFONSO QUEIRÓ *Lições* (1976), cits., p. 98 e ss., e M. ESTEVES DE OLIVEIRA,
*Anotação do Ac. do S.T.A* (1.ª *Sec)*, de 5 de Novembro de 1981, *in* Direito Administrativo,
n.º 10 (Nov.-Dez. de 1981), p. 294 e ss., e o que se dispõe, presentemente, no art. 26.º,
n.º 1, alíneas *6), c)* e *d)* do E.T.A.F. (aprovado pelo Decreto-Lei n.º 129/84, de 27-4).
Certamente que este «auto-governo» da magistratura tem a ver com a separação clássica
entre Administração e Justiça e com a própria independência dos juízes, potenciada se a
própria movimentação dos magistrados for levada a cabo por um órgão que os represente.
Anote-se, por fim, que o vício de um certo «corporativismo» inerente à composição do
Conselho Superior da Magistratura deixou de subsistir com a 1.ª revisão constitucional: de
facto, no art. 220.º da C.R.P. (antes da 2.ª revisão era o art. 223.º) estabelece-se agora uma
maioria de vogais não eleitos pelos juízes embora a maioria continue a ser constituída por
magistrados judiciais.

# 72 Estudos sobre Autonomias Territoriais, Institucionais e Cívicas

o que aqueles decidem *(concentração administrativa*[119]*)* ou delgar em órgãos seus subordinados – centrais ou locais – o essencial desse poder decisório *(desconcentração administrativa orgânica)*[120]. Mas a administração estadual pode também ser entregue, através do expediente da *devolução de poderes* ou *de competências,* a pessoas colectivas de direito público criadas para esse efeito – caso em que teremos uma *desconcentrarão personalizada*[121] ou a pessoas colectivas de

---

[119] Considerando a multiplicidade e diversidade das tarefas actualmente a cargo do Estado, dificilmente será concebível a existência de uma administração totalmente concentrada. O que efectivamente há são administrações mais ou menos concentradas, como é óbvio.

[120] A desconcentração administrativa orgânica pode ser vertical (ou horizontal) conforme a delegação de poder decisório *(ope legis* ou mediante o instituto da *delegação de competências)* seja feita a favor de um órgão ou serviço (central ou local) situado na estrutura vertical (hierárquica) ou na estrutura horizontal (de «staff») da administração da pessoa colectiva do Estado. Assim e a título de exemplo, se a delegação se operar de um Director-Geral para uma ou várias Direcções de Serviços ou Delegações Regionais (ou locais) – teremos uma desconcentração vertical funcional e uma desconcentração vertical territorial, respectivamente; se, por sua vez, a delegação se operar de um Director-Geral para um Gabinete de Estudos, um Gabinete de Planeamento ou para um outro qualquer instrumento de «staff» do Director-Geral – teremos uma desconcetração horizontal. Exemplo típico, entre nós, de desconcentração vertical territorial é o Governador Civil, representante no distrito da pessoa colectiva estadual e imediatamente subordinado ao Ministro da Administração Interna (art. 404.º do Código Administrativo), o qual, embora receba ordens e instruções de qualquer Ministro (art. 410.º do C.A.), dispõe de competência decisória relativamente às matérias referidas nos arts. 407.º e 408.º do C.A. Note-se que em França o *Prefeito* constitui simultaneamente uma desconcentração vertical territorial da administração central e uma concentração horizontal a nível departamental de tarefas que poderia ser desempenhadas por delegações de cada Ministério (como acontece entre nós a nível distrital). Sobre esta problemática, cf. M. CAETANO, *ob. cit.,* I, p. 524; AFONSO QUEIRÓ, *Desconcentração,* Dicionário Jurídico da Administração Pública, III, p. 580, e *Lições* (1976), cits., p. 103 e ss.; B. MACHADO, *ob.cit.,* p. 4 e ss.; M. ESTEVES DE OLIVEIRA, *Direito Administrativo,* cits., p. 199 e ss. e S. CORREIA, *Noções,* cits., p. 128 e ss. Sobre o *Prefeito* francês ver, entre outros, ANDRÉ DE LAUBADERE, *Traité de Droit Administratif,* Tome I, 8.ª ed., Paris, 1980, p. 145 e ss.; F. DO AMARAL, *Direito Administrativo e Ciência da Admnstração,* cit., II, p. 95 e ss. Quanto às origens do termo «desconcentração», v. G. SAUTEL, *Vocabulaire et exercice du puvoir administratif: aux origens du terme «desconcentration»,* Le Pouvoir- -Mélanges offerts a G. Burdeau, Paris, 1977, p. 981 e ss.

[121] E certo que, entre nós, se tem falado para estes casos de *descentralização técnica* ou *por serviços* o que nos parece inadequado, pois somos de opinião que a descentralização administrativa implica sempre a existência de uma colectividade administrativamente autónoma, isto é, de uma colectividade humana baseada numa solidariedade de interesses próprios (exclusivos), interesses cuja definição e prossecução são, pois, suas atribuições naturais.

## A Autonomia Local

direito público já existentes como instrumentos unificadores de colectividades humanas suportes de administrações autónomas – caso em que teremos uma *desconcentração autárquica*[122].

---

Ao dizermos isto estamos obviamente a rejeitar a ideia de que a descentralização se tenha de reconduzir necessariamente a pessoas colectivas públicas de base territorial como pretende J. LOURENÇO, *Contributo,* cit., p. 262 e ss. Para a postura tradicional desta questão ver, entre outros, M. CAETANO, *ob. cit,* p. 248 e ss.; AFONSO QUEIRÓ, *Descentralização,* cit., p. 572 e ss., e *Lições* (1976), cits., p. 105 e ss.; F. DO AMARAL, *Direito Administrativo e Ciência da Administração,* cit., II, p. 6; M. ESTEVES DE OLIVEIRA, *Direito Administrativo,* cit., p. 186 e ss.; S. CORREIA, *Noções,* cits., p. 129 e ss., e JOSÉ A. SILVA PENEDA, *Descentralização,* Polis, II, cols. 132 ess. Em Espanha v., por todos, J. L. SANCHEZ DIAS, *ob. cit.,* p. 97 e ss., autor que fala de delegação intersubjectiva e de descentralização para referir o que nós designamos por desconcentração orgânica e desconcentração personalizada. Em França, por sua vez, ver, por todos, A. DE LAUBADERE, *ob. cit.,* I, p. 100 e ss. No sentido do texto, embora sem baptizarem expressamente esta forma de administração como desconcentração, v. A. QUEIRÓ, *A Descentralização Administrativa «sub specie iuris»,* cit., p. 19 e ss.; B. MACHADO, *ob. cit.,* p. 13 e ss., e J. LOURENÇO, *ob. e loc. cits.*

[122] Também neste caso nos deparamos com uma forma de desconcentração da administração estadual, pois trata-se da devolução de poderes relativos a atribuições que apenas à pessoa colectiva estadual dizem respeito, poderes pelos quais esta é responsável em última instância, gozando de uma verdadeira tutela administrativa sobre os órgãos autárquicos que os exercem – cf. sobre esta problemáica, VITO RIGGIO, *L'utilizzazione degli uffici degli enti locale nella politica di decentramento,* Foro Amm., 1973, II, p. 711 e ss. A propósito, refira-se que julgamos ser este o melhor enquadramento das nossas autarquias na concepção que vingou durante a vigência da Constituição de 1933. É claro que se a devolução disser respeito a atribuições próprias da comunidade autárquica – embora anteriormente imputadas ao Estado por força de uma visão estatizante da administração pública – então já estaremos perante uma verdadeira descentralização da administração do Estado. Toda esta problemática, porém, anda ligada à distinção, tradicional desde a revolução Francesa, entre funções próprias das autarquias e funções delegadas nas autarquias, distinção sempre presente em países como a Itália e a Alemanha onde o centralismo estadual – mais tardio e menos intenso do que o verificado em países de maior influência napoleónica – nunca conseguiu absorver totalmente o espaço autonómico local – cf. *supra,* nota 69. Ainda a este propósito, convém não confundir a descentralização autárquica com a desconcentração orgânica em órgãos autárquicos – casos do nosso Presidente da Câmara na configuração que lhe era dada pelo Código Administrtivo, do «Maire» francês até 1982, e, ao que julgamos, dos Reitores das Universidades estaduais portuguesas: em todos estes casos se trata de órgãos simultaneamente da administração estadual e da administração autárquica o que não é nada consentâneo com a ideia de autonomia, mormente quando tais órgãos são eleitos pelos componentes da colectividade autónoma – cf. B. MACHADO, *ob. cit.,* p. 20 e ss., e as nossas *Considerações,* cits., p. 62, nota 119; sobre o «maire» francês pode ver-se A. DE LAUBADERE, *ob. cit,,* I, p. 275 e ss.

Em ambas estas duas últimas hipóteses nos deparamos com a chamada administração indirecta[123] ou mediata do Estado, em que este prossegue os seus interesses – os interesses da colectividade nacional – através de interposta pessoa jurídica pública, criada ou aproveitada para o efeito. Evidentemente que em nenhuma destas hipóteses se pode falar de uma verdadeira descentralização administrativa, uma vez que não há aqui lugar a uma autêntica transferência de atribuições do Estado-administração, mas tão só a uma transferência de poderes relativa a atribuições de que o Estado não abre mão[124].

Ao dizermos isto não ignoramos as assinaláveis diferenças existentes entre estas formas de desconcentração da administração estadual[125], diferenças que se traduzem sobretudo no maior ou menor grau de dependência do sujeito em quem se desconcentra face ao sujeito desconcentrado. Deste modo, no caso da desconcentração orgânica, os órgãos ou agentes em que tal desconcentração se efectua, porque se encontram integrados numa relação de hierarquia, estão sujeitos aos poderes hierárquicos dos órgãos superiores da administração do Estado, ou seja, aos poderes de direcção, de superintendência (hierárquica) e disciplinar; no caso, porém, da desconcentração da administração estadual a favor de pessoas colectivas públicas, sendo estas pessoas jurídicas – por isso mesmo autónomas face ao

---

[123] Constante da constituição de 1976 – art. 202.º, *d)* –, a designação de administração indirecta tem sido reservada para a administração estadual a cargo de pessoas jurídicas instituídas para esse efeito. Pela nossa parte nada se opõe a que ela abarque também a administração estadual desconcentrada nas autarquias. Esta desconcentração deve, aliás, ter por base, além da responsabilidade designadamente financeira da administração estadual, a aceitação das autarquias, sob pena de ser posto em causa o conteúdo essencial da autonomia local.

[124] Cf. A. Queiró, *A Descentralização Administrativa «sub specie iuris»,* cit., p. 22 e ss.; B. Machado, *ob. cit,* p. 4, e J. Lourenço, *Contributo,* cit., p. 255.

[125] É claro que estas formas de desconcentração administrativa também são utilizáveis pelos outros tipos de administração pública, nomeadamente pela administração autónoma local. Deste modo e ao contrário do que por vezes se é levado a pensar, a desconcentração é um expediente geral da administração pública e não um expediente reservado à administração do Estado. A própria Constituição – art. 265.º, n.º 2, permite aos órgãos da freguesia a desconcentração das suas tarefas nas organizações de moradores (versão da 2.ª revisão constitucional) – v. o art. 16.º da actual L.A.L. (Decreto-Lei n.º 100/84) que remete para a lei regulamentadora dessas organizações o âmbito e o modo de exercício das tarefas nelas delegadas pelas assembleias de freguesia. O art. 19.º da anterior L.A.L. (Lei n.º 79/77) limitava essa delegação a tarefas administrativas que não envolvessem o exercício de autoridade.

Estado-pessoa –, encontram-se integradas numa relação de tutela administrativa, o que tem como consequência estarem sujeitas a um controlo por parte da administração central do Estado de maneira a prosseguirem os interesses gerais da colectividade nacional para que foram «mandatadas». Quer isto dizer que, neste último caso, temos duas pessoas colectivas públicas a colaborarem na realização (na efectivação) do *mesmo* interesse público que, muito embora imputado ao Estado, foi por este posto a cargo de um instituto público ou de uma autarquia. Daí que não surpreenda que o Governo disponha de instrumentos para evitar que o interesse geral seja desvirtuado ou transformado mesmo em interesse próprio do instituto público ou autarquia encarregada de o prosseguir. Que isto é assim não há qualquer dúvida: a própria Constituição de 1976 refere que compete ao Governo, no exercício das suas funções administrativas, dirigir os serviços e a actividade da administração directa do Estado e superintender na sua administração indirecta – cfr. art. 202.º, *d)*, da C.R.P. na redacção da Lei Constitucional n.º 1/82[126].

Em suma: porque está em causa a realização de tarefas que cabem por inteiro à administração do Estado, a esta compete zelar pela sua correcta e adequada realização, o que se conseguirá através da *direcção* dos serviços da sua administração directa e através da *superintendência* (ou da *tutela de superintendência* ou *de orientação)*[127] sobre as unidades orgânicas da sua administração indirecta.

### 3.1.2. A autonomia local face à administração estadual

Sombreados a traços ténues os contornos da administração pública polarizada na pessoa colectiva do Estado, é a altura de situarmos face a ela a administração que gravita em torno dos centros constituídos pelas autarquias locais. Por outras palavras, há que surpreender e

---

[126] No texto de 1976 falava-se, incorrectamente, em «dirigir os serviços e a actividade da administração directa e indirecta do Estado». É no domínio da administração indirecta que tem pleno cabimento a *tutela administrativa:* controlo da oportunidade e conveniência dos actos do instituto ou autarquia – cf. A. P. Pires de Lima, *A Tutela Administrativa,* cit., p. 62 e ss.

[127] Cf. as nossas *Considerações,* cits., p. 16 e ss.

caracterizar o tipo de relações que intercedem entre estes dois pólos da administração pública.

Ora, como já tivemos oportunidade de referir, o princípio da autonomia das colectividades locais implica a existência de uma verdadeira autonomia destas face ao Estado, o que significa que as autarquias locais têm a seu cargo a selecção e satisfação de necessidades próprias (exclusivas), diferentes, divergentes ou mesmo contrastantes com as necessidades gerais da comunidade nacional[128]. Daí que entre a administração encarregada da satisfação destas necessidades e a administração dos intresses próprios (das comunidades) locais não possa haver lugar a qualquer relação do tipo de hierarquia ou de tutela administrativas, uma vez que é da natureza destas relações estabelecerem-se entre órgãos ou entes que têm a seu cargo a realização de um *mesmo* interesse público.

Quer dizer que as colectividades locais definem e prosseguem, através dos seus órgãos, interesses que, por serem interesses alheios à administração do Estado, estão fora da intervenção e alcance desta. Nestes termos o Governo (ou o seu representante local) não pode exercer uma verdadeira tutela sobre as autarquias locais como a que – como vimos – exerce sobre a sua administração indirecta. Por isso quando a nossa Constituição diz que compete ao Governo «execer a tutela sobre a administração autónoma» (art. 202.º, *d*))[129], está a esta-

---

[128] Cf, autores citados, *supra,* nota 117.

[129] Na redacção resultante da Revisão Constitucional de 1982. Antes, falava-se incorrectamente de «superintender na administração autónoma» o que, todavia, era interpretado – e correctamente – no sentido de uma mera tutela de coordenação – cf. B. Machado, *ob. cit.,* p. 17 e ss.

Relativamente ao próprio uso do termo tutela, é de referir que não raramente anda associado à ideia de considerar os municípios como «menores» (patente, de resto, na designação generalizada das autarquias locais como entes públicos «menores»). Daí a frequente proposta ou a efectiva substituição desse termo pelo termo controlo: assim e a mero título de exemplo, v., no que respeita a Espanha, R. Bocanegra Sierra, *Nueva configuración de la tutela sobre las corporaciones locales,* Documentación Administrativa, 182, (Abr.-Jun. 1979), p. 376, e a actual *Ley de Bases del Regimen Local* (Lei n.º 1/1985, de 2 de Abril) que apenas usa o termo controlo, e, no que respeita à França depois da Reforma Local da Lei de 2 de Março de 1982, Xavier Delcros, *Le Controle de Legalité des Actes Administratifs des Autorités Comunales, Departamentales et Regionales,* Études et Documents, Conseil d'État, 1987, p. 23-29 (23 e ss.). Por sua vez em Itália tem-se tradicionalmente utilizado o termo controlo: sobre este, v. o tratamento já clássico que lhe dispensou Ugo Forti, *Controlli delle Ammninistrazione Comunale,* Trat. Dir. Amministrativo di Orlando, II, 2.ª parte.

belecer uma relação entre a administração estadual e a administração autárquica completamente diferente da que designamos pelo nome de tutela administrativa. Na análise de B. MACHADO, entre o Estado e as autarquias locais existe uma mera relação de supra-ordenação--infra-ordenação dirigida à *coordenação de interesses distintos* (os interesses nacionais com os interesses autónomos locais) e não uma relação de supremacia-subordinação dirigida à definição e realização do mesmo interesse (o interesse da administração estadual)[130]. Por isso podemos afirmar que a tutela exercida sobre as autarquias locais – se assim nos é permitido falar – é uma *tutela de coordenação,* (uma *tutela externa),* orientada para a definição e fixação dos limites ao «reconhecimento» das manifestações da autonomia e não um tutela dirigida a fixação dos pressupostos vinculantes do próprio conteúdo das manifestações de vontade do ente tutelado (*tutela interna ou tutela de orientação* ou de *tutela de superintendência)*[131]. Isto é, a autoridade tutelar tem de cingir-se a *reconhecer* ou não, dentro de certos limites previamente estabelecidos na lei[132], as decisões dos entes dotados de autonomia[133].

---

[130] *Ob. cit.,* p. 17.

[131] Cf. B. MACHADO, *ob. cit.,* p. 17 e s.; G. CANOTILHO e V. MOREIRA, *ob. cit.,* 2.ª ed., 2.º vol., anot. VI ao art. 202.º e anots. ao art. 243.º e as nossas *Considerações,* cits., p. 16 e ss. Com B. MACHADO, podemos dizer «que a tutela interna, ou seja, a tutela baseada na definição e na defesa do mesmo interesse que ao órgão tutelado cumpre prosseguir, só poderia ser uma tutela exercida pelo próprio substracto pessoal da autarquia, isto é, pela comunidade da circunscrição constituída em corpo eleitoral ou em órgão de fiscalização – designadamente através do *referendum* administrativo» *(ob. cit.,* p. 19). Relacionado com esta questão tenha-se, em conta o n.º 3 do art. 241.º da C.R.P.: nos termos deste normativo, acrescentado pela Lei Constitucional n.º 1/82, «os órgãos das autarquias locais podem efectuar consultas directas aos cidadãos recenseados na respectiva área por voto secreto, sobre matérias incluídas na sua competência exclusiva, nos casos, nos termos e com eficácia que a lei estabelecer». Sobre os referendos em geral, v. B. DE MELO, C. DA COSTA e V. DE ANDRADE, *Estudo e Projecto de Revisão Constitucional,* cit., p. 157 e ss. Acrescente-se que com a 2.ª revisão constitucional foi introduzido entre nós o referendo nacional com carácter vinculativo (art. 118.º da C.R.P.).

[132] Cf. *supra,* II.2, *in fine.*

[133] O facto de a tutela sobre as autarquias locais ser uma tutela de mera coordenação, não nos pode iludir quanto à existência de certos meios de «tutela indirecta» ou tutela técnica bastante mais eficazes do que as formas de tutela «clássica». Assim uma política crescentemente assente na planificação económica e no recurso a incentivos de vária ordem implica, cada vez mais, uma actuação do poder central sempre predisposto a reduzir o espaço de actuação da vontade do ente autárquico – cf. B. MACHADO, *ob. cit,* p. 23 e ss.

# 78    *Estudos sobre Autonomias Territoriais, Institucionais e Cívicas*

A tutela será aqui apenas uma «faculté d'empêcher»[134], «un frein»[135] admissível para obstar a que as decisões das autarquias extravazem das suas atribuições e invadam as atribuições da administração estadual ou as atribuições de outras autarquias ou administrações autónomas. Daí a exigência a favor do ente descentralizado de um recurso contencioso (para os tribunais administrativos) contra as eventuais ilegalidades[136] cometidas pela autoridade de tutela no

---

[134] M. WALINE, tfpwí / B. MACHADO, *ob. cit.,* p. 21.

[135] DEMBOUR, *apud* S. CORREIA, *Noções,* cits., p. 202.

[136] A ideia de que o controlo sobre as atribuições próprias da administração autárquica deve cingir-se a um mero controlo de legalidade dos actos em que aquelas se efectivam, é uma constante – cf., *inter alii,* E. BECKER, *Selbstverwaltung,* Staatslexikon (Recht, Wirtschaft und Gesellschaft), VII, 1962, cols. 49 e ss.; WOLLF-BACHOF, *ob. cit.,* II, p. 221; KLAUS STERN, *ob. cit.,* p. 312; U. FORTI, *ob. cit.,* p. 663 e ss.; L. GIOVENCO, *ob. cit.,* p. 16 e 344; V. VALLINA VELARDE, *ob. cit.,* p. 53 e 58 e R. BOCANEGRA SIERRA, *ob. cit.,* p. 318 e ss. Por imperativo da autonomia local, a tutela sobre as autarquias não pode incidir sobre os próprios órgãos locais ou sobre a actividade global das comunidades locais.

Isto que acabamos de dizer nada significa, todavia, quanto ao momento e às formas de tutela (de mera legalidade) a exercer sobre os actos das autarquias locais: assim, quanto ao momento da tutela, nada impede que ela seja exercida *a priori,* o que, de resto, deverá acontecer sempre que a tutela *a posteriori* seja ineficaz (v. as nossas *Considerações,* cits., p. 59, nota 109); por sua vez quanto às formas de tutela, tirante a *tutela de orientação* (por vezes designada incorrectamente tutela de direcção) que é, por natureza, incompatível com uma tutela de mera legalidade, são admissíveis todas as outras formas, isto é, a *tutela inspectiva* (que ninguém contesta), a *tutela correctiva* (quando esteja em causa repor a legalidade) e mesmo (embora excepcionalmente) a *tutela substitutiva* (quando tenha por objectivo executar as decisões jurisdicionais que anulem ou declarem inválidos os actos administrativos «autárquicos» – v. art. 9.º, n.º 4, do Decreto-Lei n.º 256-A/77, de 17 de Junho). Naturalmente que a tutela correctiva – sucessiva ou, por maioria de razão, se for preventiva – deve ser admitida em tais domínios com especiais cautelas: ela deve visar sempre a coordenação dos interesses «locais» com interesses *específicos* do Estado e não a mera reposição da legalidade, pois esta é *função* dos tribunais. Deste modo, parece-nos desprovido de apoio constitucinal a redução da tutela sobre os actos das autarquias locais à *tutela inspectiva* como pretendiam G. CANOTILHO e V. MOREIRA, *ob. cit.,* 1.ª ed., anot. II, ao art. 243.º, e está subjacente ao prescrito no art. 91.º, n.º 2, da Lei n.º 79/77, de 25 de Outubro (ver agora a Lei n.º 87/89, de 9-9 – Lei da Tutela das Autrquias Locais –, que relativamente a este aspecto não veio introduzir alterações – v. esp. o seu art. 3.º). R. BOCANEGRA SIERRA, *ob. cit.,* p. 586 e s., reflectindo uma ideia tradicional em Espanha, exige mesmo que a tutela sobre as corporações locais se circunscreva à suspensão da eficácia dos respectivos actos administrativos e à subsequente remissão para os tribunais competentes. Todavia, ideias deste tipo colocam-nos a questão de saber se esta crescente conversão da *tutela administrativa* em *tutela jurisdicional* não leva à supressão pura e simples da tutela administrativa, como legitimamente observa XAVIER DELCROS, *ob. cit,* p. 24, a propósito da

# A Autonomia Local

exercício desta com o fim de obter a anulação (ou a declaração de invalidade) jurisdicional da medida de tutela e, consequentemente, a eficácia da decisão autárquica ilegalmente agredida pela tutela[137]. Naturalmente que isto implica, antes de mais, uma distrinça clara entre atribuições estaduais (da administração do Estado) e as atribuições próprias das autarquias, ou seja, uma distrinça entre necessidades nacionais – que, por dizerem respeito a toda a população enquanto congregada na comunidade nacional, devem ser imputadas para efeitos da sua satisfação ao Estado – e necessidades particulares das comunidades locais[138]. Ora esta destrinça tem que assentar no chamado *princípio da subsidiariedade* «segundo o qual a instância superior não deve chamar a si senão aquelas atribuições que a instância inferior não tem capacidade para levar a cabo por iniciativa e acção próprias»[139]. Isto é, às comunidades locais devem ser reconhecidas todas aquelas atribuições indispensáveis à satisfação das necessidades colectivas que elas possam satisfazer com vantagem em termos humanos, técnicos e financeiros às demais instâncias superiores ou inferiores. É claro que o que sejam em cada momento e lugar as necessidades locais é algo que não se pode definir *apriori* e de uma vez por todas, pois o

---

Lei francesa de 2 de Março de 1982. Aliás, esta «fuga para o juiz» parece inscrever-se numa certa panjurisdicionalização da administração, mormente da sua actividade tradicional de controlo, panjurisdicionalização essa que, para além de fazer apelo frequentemente a uma concepção um tanto ingénua da jurisdição como poder acima de qualquer suspeita, corre o risco de brigar, ultrapassados que sejam certos limites, com princípios estruturantes da nossa ordem constitucional como seja nomeadamente o princípio da separação e interdependência de poderes.

A respeito da tutela administrativa sobre os actos dos órgãos autárquicos é de referir que ela não confunde com o chamado «regime de tutela» que, fundamentalmente, se concretiza na *suspensão temporária* da autonomia no seu vector da auto-administração – cf. B. MACHADO, *ob. cit.,* p. 16; S. CORREIA, *Noções,* cits., p. 130 e 211, e JOSÉ G. QUEIRÓ, *Autarquia Local,* Polis, I, cols. 472-477, esp. 475.

[137] Cf. B. MACHADO, *ob. cit.,* p. 17 e ss., e M. ESTEVES DE OLIVEIRA, *Direito Administrativo,* cit., p. 198 e ss.

[138] B. MACHADO, *ob. cit.,* p. 15.

[139] B. MACHADO, *ob. cit.,* p. 29 e 64; V. VALLINA VELARDE, *ob. cit.,* p. 36; as nossas *Considerações,* cits., p. 20, nota 30, e VIEIRA DE ANDRADE, *Autonomia Regulamentar e Reserva de Lei,* cit., p. 26 e ss. Para uma visão do princípio da subsidiariedade como indicador da função do sistema político no sistema social, v., BAPTISTA MACHADO, *Administração, Estado e Sociedade – Exercícios de Reflexão,* Caderno II, (pol.), U.C.P., Porto. 1980, p. 175 e ss.

âmbito material autonómico é relativo e pressupõe uma graduação que necessariamente terá a ver com a crescente extensão e complexidade das tarefas das diversas administrações públicas e com a consequente interdependência e imbricamento entre elas[140].

### 3.2. *A autonomia local e a administração regional*

Referimo-nos aqui à administração pública imputada às regiões autónomas[141] e interessa-nos saber qual a posição que a autonomia local ocupa no quadro e âmbito de cada um dos nossos arquipélagos dos Açores e da Madeira. Por outras palavras: o facto da existência de regiões autónomas no Portugal insular terá alguma implicação para a autonomia das colectividades locais dessas regiões[142]?

---

[140] Por isso há quem se interrogue se, em vez de autonomia não seria mais adequado falar de cooperação e de solidariedade – cfr. M. S. GIANNINI, *Il riassetto dei poteri locali,* Riv. Trib. Dir. Pubb., 1971, p. 450, e J. MARIE PONTIER, *apud* V. VALLINA VELARDE, *ob. cit.,* p. 47. É óbvio que a autonomia na prossecução de interesses próprios nunca poderá postergar uma solidariedade mínima entre as diversas autarquias, entre os diversos tipos (níveis) de autarquias e entre as autarquias e a comunidade nacional – solidariedade que, no mínimo, deverá assegurar a satisfação das necessidades vitais de cada uma das colectividades autárquicas e da comunidade nacional. Sobre esta problemática, encarada na sua dimensão financeira, ver G. CASADO OLLERO, *El Sistema Impositivo de Ias Comunidades Autónomas,* Granada, 1981, p. 41 e ss., e B. MACHADO, *Participação,* cit, p. 33 e ss.

[141] Não nos interessam, assim, as regiões administrativas que, uma vez instituídas, serão autarquias supramunicipais. Quando ao possível lugar das regiões administrativas no quadro da administração pública, v. V. MOREIRA, *ob. cit.,* p. 11 e ss., e J. LOURENÇO, *As Regiões Administrativas,* cits. Antes da 2.ª revisão constitucional previam-se também as regiões-plano que constituiam (meras) formas de desconcentração (orgânica) da administração estadual do planeamento. Quanto à organização do planeamento, v. M. BRANDÃO ALVES, *Descentralização e desconcentração: algumas incidências ao nível da organização do planeamento,* Estudos de Economia, II (Jan.-Mar. de 1982), p. 209 e ss.

[142] Naturalmente que existe, desde logo, uma implicação que tem a ver com as categorias de autarquias. Assim nos Açores e na Madeira não haverá lugar à instituição de regiões administrativas (art. 238.º da C.R.P.), o que bem se compreende se tivermos em conta designadamente a dimensão territorial e populacional destes arquipélagos. Isto não quer dizer que não haja lugar à instituição de formas de cooperação intermunicipal como sucede com os conselhos de ilha nos Açores – ver os arts. 79.º–82.º do Estatuto Político-Administrativo deste arquipélago.

No sentido afirmativo parecia ir a letra (redacção primitiva) do art. 229.°, n.° 1, *g)*, da C.R.P., ao referir que as regiões autónomas têm atribuições[143], entre outras, a de «exercer o poder de orientação e de tutela sobre as autarquias locais» – texto que não deixava dúvidas quanto à sugestão de um certo *centralismo regional* compatível com uma ideologia «panregionalista» em nada consentânea com a verdadeira descentralização administrativa do Estado[144]. Exactamente porque uma interpretação literal de tal preceito conduziria ao resultado inaceitável e aberrante de transformar as autarquias locais insulares em meros instrumentos da administração regional (administração indirecta da região), é que se considerou, desde o início da vigência da Constituição de 1976, que o preceito em causa devia ser objecto de uma interpretação restritiva[145], interpretação restritiva no sentido de colocar as autarquias locais insulares numa situação de igualdade com as suas congéneres continentais.

Que isto devia ser assim, veio confirmá-lo a Lei Constitucional n.° 1/82 ao expurgar do preceito em causa qualquer menção ao «poder de orientação» (cfr. a actual redacção do art. 229.°, *i)*) – antes da 2.ª revisão constitucional era a alínea *h)*). Mas isso resultava já inequivocamente, em nossa opinião, da própria posição das regiões autónomas na estrutura vertical do Estado (unitário) português. Na verdade estas, ao contrário do que frequentemente vemos

---

[143] O corpo do art. 229.° da C.R.P. falava, na sua versão primitiva, inadequadamente de «atribuições», quando, no fundo, pretendia referir os «poderes» de acordo, aliás, não só com a epígrafe do artigo, mas também com o significado das regiões autónomas na estrutura vertical do Estado português.

[144] Cf. Bocanegra Sierra, *ob. cit.,* p. 389 e ss., e V. Vallina Velarde, *ob. cit.,* p. 35 e 39. Que as competências gerais de tutela sobre as autarquias locais, *hoc sensu,* constituem funções das regiões é o que acontece em Itália por força do art. 130.° da Constituição ao assinalar que «um órgão da região, constituído de forma estabelecida por lei da República, exerce, de forma descentralizada, o controlo da legalidade...» e o que se vem verificando em Espanha onde a Constituição permite, manifestamente, tal solução – cf. art. 148.°, n.° 2. Em Itália, porém, os Estatutos regionais, ancorados sobretudo numa interpretação extensiva evolutivo-democrática das normas constitucionais, tem – não raras vezes – ultrapassado as próprias fronteiras constitucionais e marginalizado os próprios entes locais – cf. V. Itália, *ob. cit.,* p. 1937, e R. Martin Mateo, *La garantia constitucional de las autonomias locales,* Rev. Est. Vid. Loc, 1980, p. 512.

[145] Cf. G. Canotilho e V. Moreira, *ob. cit.,* l.ª ed., anot. ao art. 229.°.

afirmado[146], constituem uma forma de *desconcentração política* do Estado e não uma descentralização política deste como sucede com o Estado federal descentralizado nos Estados federados[147]. Efectivamente, o estado regional[148] – ou parcialmente regionalizado como é o Estado português – não é politicamente um estado descentralizado a nível político já que as regiões não possuem *atribuições* próprias do Estado *(maxime* poder constituinte), mas são detentores apenas de *poderes* ou *competências* para prosseguirem atribuições políticas alheias – atribuições políticas do Estado que este não desejou transferir, descentralizando-se (cfr. epígrafe e corpo do art. 229.º da C.R.P.).

Ora, configurando as nossas Regiões Autónomas uma desconcentração política do Estado (unitário) português – isto é, uma desconcentração da função política *stricto sensu* (ou função «governamental») e da função legislativa –, mal se compreenderia que a instituição, por parte do nosso legislador constituinte de 1976, das nossas regiões atlânticas tivesse o sentido de reduzir ou eliminar a autonomia das respectivas autarquias locais. Na verdade, uma tal ideia daria corpo a um *centralismo regional* absolutamente incompatível com a concepção *policentrada* que preside a toda a organização das tarefas comunitárias na nossa actual Constituição[149] e contrastaria

---

[146] Cf. J. Miranda, *Autonomia legislativa,* cit., p. 307, e *A Constituição de* 1976, cit., p. 37, e G. Canotilho e V. Moreira, *ob. cit,* 2.ª ed., 1.º vol., anot. IV ao art. 6.º.

[147] Cf. J. Lourenço, *Contributo,* cit., p. 270. Por curiosidade é de referir que, enquanto o termo «descentralização» começou por ser utilizado no plano político, alargando-se depois ao campo administrativo, o termo «desconcentração» surgiu no plano administrativo, alargando-se depois ao domínio político – cf. G. Sautel, *ob. cit.,* p. 981 e ss. Aliás, a utilização originária das expressões descentralização política e desconcentração administrativa foi feita com o sentido que atribuímos no texto à descentralização política e desconcentração orgânica – v. por exemplo, entre nós, J. Frederico Laranjo, *Princípios e Instituições de Direito Administrativo,* Coimbra, 1888, p. 39 e ss., e, em geral, C. Girola, *Teoria del Decentramento Amministrativo,* Turim, 1929, p. 63 e ss.

[148] Sobre a problemática do Estado regional(izado), embora tendo em conta a Constituição de 1933 e, designadamente, a nossa situação colonial após a revisão constitucional de 1971, ver Lucas Pires, *ob. cit.,* p. 11 e ss. e 35 e ss.

[149] Concepção que se consubstancia, como resulta de diversas referências do texto, numa desconcentração política (reconhecimento das regiões autónomas), numa descentralização administrativa territorial (reconhecimento das autarquias locais) e numa descentralização administrativa institucional (reconhecimento de autonomia a corporações não territoriais). O (super)conceito que abarca todas estas variantes (e não só) é o de *descentração,* sobre o qual se ordenam as seguintes situações, caminhando das mais para as menos «independentes»:

flagrantemente com o que acontece nos próprios Estados federais, nos quais os Estados federados, não obstante consubstanciarem uma verdadeira *descentralização política* (ou uma descentralização estadual), estão totalmente impedidos de pôr em causa a autonomia das respectivas colectividades locais.

Além disso, constituindo as autarquias locais realidades históricas anteriores ao próprio Estado (em sentido moderno), as normas constitucionais que as reconhecem, limitam-se, até certo ponto, a ter uma eficácia fundamentalmente declarativa[150], isto é, a declarar uma realidade que, à semelhança dos direitos fundamentais *(rectius,* dos direitos, liberdades e garantias), de algum modo, se impõe ao Estado. Daí que para a autonomia local se reivindique e se consagre uma protecção que, na prática, não difere da tutela dispensada aos próprios direitos fundamentais[151]. Em conclusão: as autarquias locais insulares estão face aos órgãos das Regiões Autónomas – Assembleia Legislativa Regional e Governo Regional – na mesma posição em que se encontram as autarquias locais do continente face ao Governo da República – ou o que é a mesma coisa – na posição em que se

Cf. *supra,* II.3.1.1 e as nossas *Considerações,* cits., p. 9, nota 9 e 11, nota 11.

[150] Em estrita técnica jurídica não parece muito correcto falar de normas constitucinais declarativas ou constitutivas já que o carácter *constitutivo* é atributo de toda a norma constitucional na medida em que gera como efeitos a conformação do quadro sócio-político e a configuração de todo o ordenamento jurídico. Daí que a terminologia utilizada no texto tenha um sentido meramente descritivo do conteúdo daquelas normas.

[151] Neste sentido, o art. 28.º da *Bonner Grundsgesetz.* Ver também o que diremos adiante no ponto II.5.

## 84     *Estudos sobre Autonomias Territoriais, Institucionais e Cívicas*

encontrariam se nao tivessem sido instituídas as regiões autóno-mas[152]. Ou seja, as autarquias locais insulares dispõem da *mesma* autonomia de que disfrutam as autarquias locais no continente: umas e outras são autónomas *no quadro do Estado* e não *no quadro da região autónoma* em que, eventualmente, se localizam. Aliás, esta ideia não é minimamente posta em causa pelo facto de os órgãos regionais poderem vir a assumir certas competências relativamente às respectivas autarquias locais como acontece com as assembleias legis-lativas regionais, que podem ser admitidas a criar e extinguir autar-quias locais (art. 229.º, *j)*) nos termos da lei da A.R. (arts. 167.º, *n)*, 238.º, n.º 4, e 249.º) ou a elevar as povoações à categoria de vilas ou cidades (art. 229.º, *m)*) nos termos da lei geral da República, e com os governos regionais, que têm a seu cargo a tutela das autarquias locais (art. 229.º, *l)*) nos termos da lei da A.R. (arts. 243.º e 168.º, n.º 1, *s)*): é que, nestes casos, os órgãos regionais limitam-se a execu-tar as leis, exercendo as mesmas competências que, no continente, pertencem ao Governo (e/ou à A.R.)[153].

De resto, acrescente-se que à mesma conclusão se haveria de chegar a partir do princípio da igualdade na sua dimensão de não discriminação (art. 13.º, n.º 2), aplicado às autarquias locais por força do art. 12.º, n.º 2, da Constituição. Na verdade, o respeito de um tal princípio constitucional não pode deixar de implicar que *todas* as autarquias disponham de idêntica configuração – ou seja, que todas elas constituam formas de (verdadeira) descentralização administrativa do Estado português independentemente da sua localização ser no continente ou nas ilhas atlânticas[154].

---

[152] Instituição que, diga-se de passagem, significou a desconcentração das tarefas estaduais a nível insular, desconcentração essa já embrionariamente presente no regime insular que foi vingando a partir dos finais do século passado e cuja última configuração podemos ver no Estatuto dos Distritos Autónomos das Ilhas Adjacentes (cf. a sua última redacção constante do Decreto-Lei n.º 36453, de 4 de Agosto de 1947).

[153] Nestes termos, não têm razão aqueles que vêem na regionalização – consubstan-cie-se esta numa desconcentração política do Estado ou na instituição de um nível autárquico supramunicipal – um perigo para o esvaziamento das autarquias locais (primárias). Sobre esta problemática, tendo em conta o que se passa em Itália, na R.F.A. e na Inglaterra, v. IGNAZIO DE MARCO, *Breve note interna di governo degli enti locali,* Foro Amm., 1977, p. 1981 e ss., *maxime,* 1987 e ss.

[154] Cf. o que dissemos antes no texto. Sobre o princípio de igualdade, v. CASTANHEIRA NEVES, *O Instituto dos «Assentos» e a Função Jurídica dos Supremos Tribunais,* Coimbra,

### 3.3. *A autonomia local e a administração institucional*

Aceite a ideia de uma administração autónoma institucional[155], é o momento de a relacionar com a administração autárquica territorial, fazendo realçar o posicionamento desta no conjunto da administração pública.

Ora, há que dizer que entre as autarquias locais e a administração autónoma institucional não há lugar a qualquer tipo de relações, mormente das do tipo que vimos estabelecerem-se entre a administração autárquica territorial e a administração estadual (ou administração reginal). Dito de outro modo: as autarquias locais não comportam, nem podem comportar, administrações autónomas institucionais (ou territoriais, como é óbvio), administrações estas que apenas o Estado no exercício das suas atribuições soberanas – poder constituinte e poder legislativo ordinário – pode reconhecer[156]. Por isso, entre as autarquias institucionais e as autarquias locais, não pode haver lugar a qualquer relação de tipo vertical, mas tão só a relações de tipo horizontal. De facto, constituindo umas e outras pessoas colectivas públicas infra-ordenadas face ao Estado, apenas perante os competentes órgãos deste terão de prestar contas pela legalidade da sua actuação: também as autarquias institucionais, enquanto prossecutoras de interesses colectivos próprios dos seus substratos pessoais[157], podem

---

1983, p. 121-146; G. CANOTILHO, *Constituição Dirigente e Vinculação do Legislador,* Coimbra, 1982, p. 380-396; ALMENO DE SÁ, *Administração do Estado, Administração Local e o Princípio da Igualdade no Âmbito do Estatuto do Funcionário,* sep. do n.º esp. do B.F.D. – «Estudos em Homenagem ao Prof. Doutor António de Arruda Ferrer Correia», 1985, p. 69-81; MARIA DA GLÓRIA FERREIRA PINTO, *Princípio da Igualdade. Fórmula Vazia ou Fórmula «Carregada» de Sentido,* sep. do n.º 358 do B.M.J., Lisboa, 1987, e J.M. BANO LEON, *La Igualdad como Derecho Público Subjectivo,* Revista de Administración Publica, 114 (1987), p. 179-195. Quanto à aplicação dos direitos fundamentais – de que o direito a igual tratamento constitui um deles – às autarquias locais, v. *infra,* nota 230.

[155] Cf. *supra,* ponto I.

[156] Também neste domínio nos parece que o Estado se limita, de algum modo, a reconhecer a autonomia. Efectivamente é do interesse nacional (da comunidade nacional no seu todo) que certos interesses sejam definidos e prosseguidos pelos grupos a que, por natureza, esses interesses se imputam. Cf. *supra,* nota 150.

[157] Resultado de certas necessidades colectivas surgidas no seio de grupos de pessoas em virtude da sua actividade profissional, cultural, económica ou outra, têm interesses que – simultaneamente públicos e privados – devem ser prosseguidos pelos próprios interessados

86     *Estudos sobre Autonomias Territoriais, Institucionais e Cívicas*

estar sujeitas apenas a uma *tutela de coordenação* por parte da administração do Estado. Esta limitar-se-á, assim, a impedir que a actividade desenvolvida pelos órgãos das colectividades de base funcional ultrapasse a sua esfera autonómica, invadindo os interesses nacionais (da comunidade nacional no seu todo) ou os interesses próprios de outras colectividades autárquicas[158].

Também as autarquias institucionais têm por base o reconhecimento de que as necessidades colectivas surgidas no seio de certos grupos de pessoas, substratos de entidades funcionais, devem ser satisfeitos pelos próprios interessados através de órgãos eleitos[159]. Reconhecimento, cuja concretização não só vai no sentido da afirmação da ideia de participação como temperante do vector representativo da democracia, mas também e sobretudo tem o condão de conseguir uma maior proficiência no desempenho da função administrativa na actual sociedade técnica[160].

---

sob controlo do Estado. É claro que tudo isto tem a ver com o esbater do antagonismo entre o Estado e a sociedade e com a consequente interpenetração destes dois pólos da realidade. A este respeito, aliás, fala-se mesmo de uma «socialização» do Estado na medida em que este abre cada vez mais a sua instância do poder de decisão aqueles «poderes de facto» que se defrontam no seio da sociedade – cf. ROGÉRIO SOARES, *Direito Público e Sociedade Técnica,* Coimbra, 1969, esp. p. 53 e ss.; B. MACHADO, *ob. cit.,* p. 38 e ss., e S. CORREIA, *Noções,* cits., p. 119.

[158] Isto não significa que a tutela tenha de se verificar sempre e relativamente a qualquer tipo de autarquias, pois pode muito bem acontecer que à administração estadual não seja conferida pela Constituição ou pela lei qualquer competência nesse sentido, ficando as autarquias apenas sujeitas ao controlo dos tribunais. Isto mesmo é o que julgamos acontecer com a Ordem dos Médicos (cf. o respectivo estatuto). Daqui não se deduza, como parece pretender V. VALLINA VELARDE, *ob, cit.,* p. 51 (referindo-se à autonomia local), que os actos das autarquias não podem ser objecto de controlo, senão por parte dos tribunais: é que a administração estadual, enquanto *executora* da vontade dos órgãos soberanos do Estado e prossecutora dos interesses nacionais a que se encontra vinculada, não pode deixar de exercer a tutela sobre a actuação autárquica – cf. *supra,* nota 136.

[159] Que a selecção dos titulares dos órgãos das colectividades institucionais deve assentar em eleições, exige-o a própria Constituição para as associações públicas (art. 267.º, n.º 3).

[160] A este respeito podemos afirmar que a descentralização institucional tem muito mais a ver com a eficiência da administração pública no desempenho das tarefas comunitárias do que com a ideia de participação dos cidadãos na satisfação das necessidades que mais lhes dizem respeito. *Hoc sensu,* as autarquias institucionais serão ainda, essencialmente, uma forma de descentralização técnica, não no sentido corrente que a reconduz a uma nova forma de desconcentração personalizada, mas no sentido de que são fundamentalmente razões de eficiência da própria administração pública – não da administração estadual – que

Ao dizermos isto, contudo, não podemos deixar de salientar que a autonomia institucional, não obstante o seu enquadramento no âmbito da administração pública e o seu significado quer participativo quer de eficiência administrativa, possui um alcance bem mais modesto que o desempenhado pelas autarquias locais. É que, como pessoas colectivas públicas de fim múltiplo que são, estas últimas constituem autênticas escolas de democracia e instâncias de educação[161], não admirando, assim, que, entre nós, não só constituam pólos do poder político mas também vejam a sua posição garantida face ao próprio poder de revisão constitucional (art. 288.º, *n)*, da C.R.P.), o que, naturalmente, não sucede com as colectividades institucionais. Estas, ao contrário, porque estão ao serviço de fins especiais e não integram a totalidade dos cidadãos, detêm uma posição de autonomia menos vincada e mais disponível face ao legislador que, deste modo, a poderá moldar em larga medida.

Em resumo, enquanto as autarquias locais devem ter a seu cargo todas as tarefas comunitárias que, numa concepção pluralista do Estado, não haja razão séria para imputar à estrutura estadual nos termos já referidos[162], as autarquias institucionais apenas terão como objectivo a satisfação de necessidades específicas (por razões de ordem técnica) de certos grupos não territoriais e não uma *Allzuständigkeit*[163].

## 4. **Os vectores da autonomia local**

Como já incidentalmente referimos, o conceito de autonomia local é um conceito de evidente complexidade pelo que há que decompô-lo nas suas componentes características para, através da sua análise, obtermos uma ideia global dele, ou seja, o seu conceito integral[164].

---

estão na base do reconhecimento pelo soberano (constituinte ou constituído) da autonomia a colectividades de base funcional – cf. *supra*, II.2.

[161] Cf. M. S. Giannini, *Autonomia pubb.*, cit., 365., p. 365; E. Becker, *oh. cit.*, col. 47; I. von Münch, *Verwaltung und Verwaltungsrecht, in* H.-V. Erichsen e W. Martens, *ob. cit.*, p. 35 e ss., e Dilys M. Hill, *ob. cit.*, p. 23 ess.

[162] Cf. *supra*, II. 3.1.1.

[163] Sobre esta, cf. Wollf-Bachof, *ob. cit.*, II, p. 203 e ss.

[164] Cf. J. Lourenço, *Contributo*, cit., p. 12, e V. Vallina Velarde, *ob. cit.*, p. 49.

Produto espontâneo da realidade social, a autonomia local tem como pressuposto a existência de *comunidades humanas naturais,* de núcleos sociais identificáveis em razão do território e baseados numa solidariedade de interesses[165]. E exactamente esta solidariedade de interesses entre os residentes de determinada circunscrição que se impõe à comunidade nacional e, consequentemente, ao ordenamento jurídico que, deste modo, vai fazer coincidir as comunidades locais reais com os entes territoriais locais legais. E claro que este reconhecimento dos residentes de determinada região como substrato adequado à criação de pessoas colectivas territoriais não põe em causa – antes implica – a ideia do art. 6.º, n.º 1, da C.R.P., ideia que, no plano jurídico, traduz o princípio da unidade do ordenamento jurídico. Quer dizer, os entes territoriais locais devem ser considerados e respeitados como membros da comunidade nacional, como partes integrantes do Estado-comunidade, que, embora situados num plano inferior ao que se situa o Estado (no plano da autonomia, portanto), detêm um espaço autonómico irredutível – um conteúdo essencial *(Wesensgehalt)* – em que se podem movimentar com liberdade, espaço esse em que dispõem de uma competência universal *(Aufgabenallzustängkeit)*[166].

### 4.1. *A autonomia normativa*

Ora, como componente primeira e principal da autonomia local, temos a *autonomia normativa* que se exprime na aptidão das autarquias locais[167] para elaborarem, no domínio dos seus interesses próprios, no domínio da sua *reserva* de autonomia, regulamentos cuja emissão não carece de qualquer autorização específica do legislador, regulamentos que, do ponto de vista da sua vinculação à lei, são *independentes,* pois apenas dependem das normas constitucionais que

---

[165] Cf. B. MACHADO, *Participação,* cit., p. 27.

[166] Cf. B. MACHADO, *Ibidem;* V. VALLINA VELARDE, *ob. cit.,* p. 49, e WOLLF-BACHOF, *ob. cit.,* II, p. 203 e *supra,* nota 107.

[167] Agora a C.R..P. atribui o poder regulamentar autónomo às autarquias locais e não, como acontecia no texto de 1976, às assembleias das autarquias locais. Esta alteração realizada pela 1.ª revisão constitucional é de louvar, pois parece-nos que deve ser a lei a indicar qual os quais os órgãos competentes para o exercício do poder normativo em causa.

reconhecem a autonomia local e das normas legais que a concretizam, efectivam ou desenvolvem. Trata-se assim do poder de que as autarquias locais dispõem para editar *regulamentos autónomos*[168],

---

[168] Cf. as nossas *Considerações*, cits., p. 18, nota 27. Como se depreende do texto, apenas os regulamentos que tenham por base uma zona de autonomia – um domínio exclusivo – configuram verdadeiros regulamentos autónomos: estes são assim regulamentos independentes relativos a assuntos próprios. Deste modo, não é correcto falar de regulamentos autónomos relativamente aos regulamentos independentes em geral, uma vez que estes, quando admitidos (v. *supra,* nota 25), não têm por suporte um *domínio reservado* à produção regulamentar primária do Governo, mas tão-só um *domínio não ocupado especificadamente* pelo legislador (isto é, um domínio enquadrado pelas «leis em geral») – cf. Afonso Queiró, *Lições,* (1976), cits., p. 422 e ss.; Garcia de Enterria, *Legislación Delegada, Potestad Reglementaria y Control Judicial,* Madrid, 1972, p. 60 e ss., e Clavero Arévalo, *ob. cit.,* p. 10. Idêntica ideia vale para os regulamentos delegados ou autorizados que, no quadro de uma adequada concordância prática entre a reserva (relativa) da A.R. (art. 168.º, n.º 1, da C.R..P.) e a autonomia local (arts. 237.º e ss., *maxime,* 242.º, da C.R.P.), venham a ser admitidos, por remissão do legislador, em alguns aspectos do chamado *domínio legislativo por natureza,* já que tais regulamentos apenas serão admitidos se e na medida em que o legislador, caso a caso, os autorize, correspondendo assim a um *alargamento* do poder regulamentar das autarquias locais e não a uma *expansão dos assuntos próprios* destas – cf. Afonso Queiró, *ob. ult. cit.,* p. 431 e ss., esp. 433, e *Teoria dos Regulamentos,* cit., p. 17, e Vieira de Andrade, *Autonomia Regulamentar e Reserva de Lei,* cit., p. 6 e ss. A este propósito refira-se que a autonomia local pode mesmo levar à aceitação de regulamentos autónomos das autarquias locais em *matérias legislativas por natureza* – neste sentido, v. Vieira de Andrade, *ob. ult. cit.,* p. 29 e ss., que tem em conta apenas a matéria dos direitos, liberdades e garantias fudamentais.

Dos verdadeiros regulamentos autónomos se aproximam, no entanto, aqueles regulamentos que o Executivo seja admitido a editar em matérias vedadas ao legislador, como é o casos dos regulamentos previsto no art. 37.º da actual Constituição Francesa – cf. *Le Domaine de la Loi et du Reglement.* (Actas do Colóquio que teve lugar nos dias 2 e 3 de Dezembro de 1977 em Aix-en-Provence), P.U. d'Aix-Marseille, 1978. Todavia, Louis Favoreu, *Les Reglements autonomes existent-ils?,* cits., p. 15 e ss., interroga-se acerca do préstimo da distinção entre regulamentos autónomos e regulamentos subordinados, uma vez que a constante penetração do domínio regulamentar pelo legislador e a difícil distinção em termos de extensão das matérias a cargo do poder regulamentar têm vindo, com um claro apoio da jurisprudência do Conseil d'État e do Conseil Constitutionnel a tornar impossível uma tal distinção. E isto não obstante se acentuar que o poder legislativo evolui para uma função mais de contolo da política geral do que de monopólio da produção normativa do Estado, evolução, aliás, associada à constatação do que Savatier designou por «inflacção legislativa e indigestão do corpo social» – v., para uma síntese desta temática, J. Rjvero, Relatório Final do Colóquio referido, *Le Domaine de la Loi,* cit., p. 261 e ss.

Sobre a problemática da vinculação dos regulamentos à lei, v., para além das obras referidas na nota 25 e na presente, D. Jesch, *Ley e Administración,* Madrid, 1978 e, sobre o princípio da legalidade em geral designadamente sobre a crise que o afecta, S. Fois, *Legalità (principi di),* Enc. del dir., XXIII, pp. 659 e ss.

90     *Estudos sobre Autonomias Territoriais, Institucionais e Cívicas*

regulamentos que entre nós, apenas podem ter por objecto a chamada normação corrente – isto é, a regulamentação necessária à adequada «gestão» dos interesses próprios (exclusivos) imputados às comunidades locais, e não a própria organização fundamental dos entes locais, isto é, os próprios estatutos cuja elaboração cabe à A.R.[169]. Deste modo, a autonomia normativa não se identifica, como pretendem alguns autores[170], com uma qualquer faculdade regulamentária, ou seja, com uma capacidade para emitir comandos gerais e abstractos dotados de eficácia externa, mas é, antes, sinónimo da capacidade para a elaboração de regulamentos autónomos – de regulamentos livremente emitidos no exercício de uma competência permanente para a prossecução das atribuições próprias (exclusivas) de uma comunidade[171]. Efectivamente, não nos parece que a simples emissão de regulamentos complementares ou mesmo delegados (ou autorizados) se articule minimamente com o conceito de autonomia que, como vimos, tem ínsita a ideia de não sujeição ou subordinação[172].

### 4.2. *A autonomia política*

Distinta da faculdade jurídica que se exprime na autonomia normativa, é a chamada *autonomia política* ou, mais correctamente, a autonomia político-administrativa que se traduz no poder de desenvolver uma acção política própria, entendida, esta, no sentido rigorosamente científico do termo, como a possibilidade de estabelecer, relativamente a uma determinada esfera de interesses (esfera autonómica), uma linha de acção própria ou um pograma administrativo próprio, programa cuja definição e implementação estão ao dispor da liberdade conformadora (liberdade de decisão política) da comu-

---

[169] Cf. *supra,* 1.2.5.

[170] Assim, G. ZANOBINI, *Autonomia pubblica e privata,* cit., p. 182; M. S. GIANNINI, *Autonomia pubb.,* cit., p. 357 e ss., e *Diritto Amministrativo,* cit., p. 105, e A. SANDULLI, *Manuale,* cit., p. 52. Cf. *supra,* nota 15.

[171] Cf. L. GIOVENCO, *ob. cit.,* p. 8, e S. CORREIA, *Noções,* cits., p. 193 e ss.

[172] Ao dizer isto não ignoramos que a autonomia normativa comporta diversos níveis – cf. *supra,* I.1.2.

nidade autónoma através dos seus órgãos democraticamente legitimados[173].

Receando que, ao falar-se de autonomia política para os entes locais, se introduzissem no seio do ordenamento estadual factores de perturbação que conduzissem a colocar tais entes ao nível dos órgãos constitucionais do Estado, discutia-se, ainda não há muito tempo, se o traço típico da autonomia local seria efectivamente a autonomia de orientação político-administrativa. Tais temores, porém, encobriam uma concepção imperfeita de orientação político-administrativa. De facto, o poder de dar a si próprio uma orientação – poder de autodeterminação – é característica de todos os sujeitos jurídicos que não sejam meros expedientes técnicos de concretização da orientação de outro(s) sujeito(s), poder que, não obstante estar sujeito a limitações concretizadas na lei, não pode, de todo, ser eliminado. Ora sempre que este poder diga respeito a um ente exponencial de um ordenamento jurídico geral – isto é de uma comunidade que compreende pessoas de qualquer idade, sexo, religião, categoria, classe, etc. – é, por definição, um poder de direcção política. Daí que o Estado, as regiões autónomas e as autarquias locais, tenham todos um poder de

---

[173] Por vezes fala-se, a este propósito, de discricionaridade. Todavia, esta expressão, concebida para traduzir a margem de livre decisão da administração na execução das leis, afigura-se-nos inadequada para significar a liberdade de decisão política de que gozam (os órgãos democraticamente legitimados das autarquias: é que estas para além desta liberdade de decisão também gozam de discricionaridade que lhes seja conferida pelas leis e, nomeadamente, pelos regulamentos autónomos que elas emitem no exercício dessa liberdade de decisão – cf. GERD SCHMIDT-EISCHSTAEDT, *Verwaltungsermessen und politische Entscheidung der Gemeinde, in* Kommunale Selbstverwaltung in der Gegenwart – Festschrift für Richard Seegen, Stuttgart, 1987, p. 113-120 (114 e ss.), e PETER BADURA, *Das normative Ermessen beim Erlaß von Rechtsverordnungen und Satzungen, in* Gedächtnisschrift für Wolfgang Martens (ed. de Peter SELMER e Ingo von MÚNCH), Berlin-New York, 1987, p. 25 e ss.

Idêntica objecção nos merece a expressão discricionaridade do legislador (ou discricionaridade legislativa), já que a *liberdade conformadora* ou *constitutiva do legislador* continua a configurar-se radicalmente diferente da discricionaridade administrativa, mesmo naqueles casos em que o legislador esteja vinculado por normas constitucionais impositivas – v. sobre esta temática, G. CANOTILHO, *Constituição Dirigente e Virtculação do Legislador,* cit., p. 219 e ss., e *Direito Constitucional,* cit., 4.ª ed., p. 128, 138 e 739.

Quanto ao que dizemos no texto, v. também M. S. GIANNINI, *Autonomia, (Saggio...),* cit., p. 976 e ss., e *Autonomia pubb.,* cit., p. 364 ess.; L. GIOVENCO, *ob. cit.,* p. 9; V. VALLINA VELARDE, *ob. cit.,* p. 49 e ss.; B. MACHADO, *Participação,* cit., p. 9, e as nossas *Considerações,* cits., p. 21 e ss. e 30 e ss.

direcção política, cujo conteúdo varia em razão da natureza e das funções da comunidade e do respectivo ente exponencial. Mas constituindo a comunidade estadual a única comunidade soberana, apenas a orientação política do ente Estado dispõe de atributos próprios do poder soberano. Daí que em relação aos entes locais seja mais exacto falar de autonomia política-administrativa do que de autonomia política simplesmente[174].

Em suma, a autonomia local também comporta, como traço essencial a autonomia política, autonomia que, no fundo, reside no «facto de o órgão fundamental dos entes locais territoriais ser o povo em corpo eleitoral e de, consequentemente, tais entes derivarem a respectiva orientação político-administrativa, não do Estado, mas da sua própria comunidade, ou seja, da maioria da própria comunidade. Donde resulta que tal orientação pode divergir da do Estado, e até contrastar com ela, quando não haja correspondência de maioria na comunidade estatal e nos entes territoriais»[175]. É, aliás, esta dimensão política inerente a toda e qualquer comunidade territorial, enquanto prossecutora de interesses indiferenciados das respectivas populações, que faz das autarquias locais uma categoria à parte face aos entes não territoriais (isto é, face às autarquias institucionais)[176].

### 4.3. *A auto-administração*

Intimamente ligado ao que acabamos de dizer e, portanto, estritamente conexo com a autonomia política encontramos, como característica típica da autonomia local, a figura organizatória da *auto-admi-*

---

[174] M. S. GIANNINI, *Autonomia pubb.,* cit., p. 364-365. Pela razão a que acabamos de aludir, S. CORREIA, *Noções,* cits., p. 190 e ss. e 193, reserva a noção de *autonomia política* para as pessoas colectivas públicas que compartícipem com o Estado no exercício da função política e da função legislativa, designando por *autonomia de orientação* a capacidade de determinação dos objectivos e das grandes linhas de actuação das comunidades locais através de órgãos representativos da população que, para o efeito, apreciam livremente os respectivos interesses.

[175] Cf. M. S. GIANNINI, *Autonomia pubb.,* cit., p. 364; G. CANOTILHO e V. MOREIRA, *ob. cit.,* 2.ª ed., 2.º vol., anot. I ao art. 243.º, e as nossas *Considerações,* cits., p. 10, nota 10.

[176] Cf. M. S. GIANNINI, *Autonomia pubb.,* cit., p. 364; V. VALLINA VELARDE, *ob. cit.,* p. 50, e as nossas *Considerações,* cits., p. 21 e s. e 30 e ss.

*nistração*[177], a qual consiste em confiar os cargos directivos dos entes de base associativa a pessoas físicas escolhidas directamente pelos associados, acumulando estas, deste modo, as qualidades jurídicas de titulares dos órgãos dirigentes e de sujeitos representativos dos associados. De facto seria de todo incompreensível que as comunidades locais fossem administradas por órgãos alheios a essas comunidades, isto é, hetero-administradas. É que, como já tivemos ocasião de dizer[178], isso conduziria irremediavelmente a prover nos cargos directivos dos entes autárquicos, não os titulares pretendidos pelo corpo eleitoral da respectiva comunidade local e, por conseguinte, os titulares à partida mais idóneos para interpretar os correspondentes interesses e desenvolver a *acção própria* em que a autonomia se consubstancia, mas sim pessoas estranhas que, por isso mesmo, não estariam nas melhores condições para efectivar o *campus* autonómico que constitui a *ratio essendi* das comunidades territoriais locais.

Ora, justamente porque as comunidades locais prosseguem todo um nível – o nível primário – dos interesses indiferenciados das respectivas populações (isto é, dispõem de uma autonomia de orientação política[179]), compreende-se que as escolhas dos titulares dos seus órgãos assumam uma dimensão eminentemente política, bem patente no facto de as eleições revestirem aí um carácter acentuadamente partidário. Entre nós, com algum exagero[180], consagrou-se

---

[177] Cf. L. GIOVENCO, *ob. cit.*, p. 11. A propósito, refira-se que a autonomia política e a auto-administração nem sempre andam necessariamente associadas: por um lado, é perfeitamente admissível, embora com alguns riscos para o princípio da democraticidade a que deve obedecer qualquer forma de (verdadeira) descentralização administrativa, reconhecer uma autonomia política a entes cujos órgãos disponham de titulares nomeados por um poder estranho ao respectivo ente (mormente pelo poder central); por outro lado, a auto-administração nem sempre implica a autonomia política como acontece com as chamadas autarquias institucionais que não dispõem desta (v. as nossas *Considerações,* cits., p. 30 e ss.) ou mesmo com as autarquias locais quando a uma auto-administração (formal) não corresponde uma (efectiva) autonomia política em virtude daquela repousar num sistema (de funcionamento) autoritário. Todavia, a autonomia das comunidades locais, e mormente a sua vertente política, só será viável num regime não autoritário. Sobre o que aqui dizemos, v. G. GIROLA, *Teoria del Decentramento,* cit., p. 60 e ss.

[178] Cf. *supra,* II.1.4.

[179] Cf. *supra,* II.4.2.

[180] Presentemente injustificável uma vez que se encontra consolidado o regime democrático e suficientemente implantado o correspondente sistema partidário. Todavia, o que

# 94 Estudos sobre Autonomias Territoriais, Institucionais e Cívicas

mesmo um sistema de eleições locais que à excepção das eleições para as assembleias de freguesia, assenta estritamente em eleições partidárias, em eleições cujos candidatos são apenas os seleccionados e apoiados pelas forças partidárias.

### 4.4. A «autonomia» administrativa

Outra característica da autonomia local exprime-se no reconhecimento às autarquias locais de uma *personificação* ou *personalização* própria: estas são pessoas colectivas próprias e não meros órgãos da administração estadual[181]. E são pessoas colectivas próprias justamente porque, sendo dotadas de autonomia nos termos que vimos referindo, não podem prescindir deste instrumento organizatório que as perspectiva como verdadeiros centros de imputação jurídico-pública. Daí que, ao contrário do que acontece com a administração indirecta em que a pessoalização pode ser mais ou menos imperfeita[182], na

---

acontece entre nós não anda longe do que se passa na generalidade dos países democráticos, onde as eleições locais assumem uma importância que ultrapassa o âmbito local, projectando-se frequentemente o seu resultado na sorte dos próprios governos (centrais).

[181] Dizemos administração estadual e não também administração regional, porque as autarquias locais – *todas* as autarquias locais – configuram uma descentralização administrativa do Estado e não uma descentralização administrativa das regiões autónomas. Por outras palavras: as autarquias locais insulares são *independentes* da respectiva região autónoma, isto é, não se integram nesta de modo a estabelecer-se entre esta e aquelas uma relação de tutela. E contra isto não se argumente com a circunstância de a tutela sobre as autarquias locais das regiões autónomas estar entregue aos governos regionais: é que, efectivamente, a tutela em causa não é uma tutela *regional* – uma tutela específica, mas a tutela *estadual* – a mesma que em relação às autarquias locais do continente é exercida pelo Governo (da República), tutela, cujo regime a definir pelo legislador nacional (art. 168.º, n.º 1, *s), da* C.R.P.), consta presentemente da Lei n.º 87/89 de 9-9. Cf. *supra*, ponto II.3.2., *infine* e Ac. do T.C. 82/86 (D.R., I Série, de 1-4-1986).

[182] Actualmente assiste-se mesmo a um fenómeno de «despersonalização» substancial dos entes que configuram as administrações indirectas. O que não admira se tivermos em conta que a instituição de tais administrações se prende com a realização dos interesses do ente que delas se socorre, realização que tanto pode exigir o recurso a esquemas técnico-organizatórios «puros» – administração directa ou administração indirecta – como lançar mão de soluções híbridas ou mistas – cf. AFONSO QUEIRÓ, *A descentralização administrativa* «*sub specie iuris*», cit, p. 19 e ss.

## A Autonomia Local

administração autárquica a personalização tem de ser completa[183]. Por isso, não admira que a nossa Constituição considere as autarquias locais como pessoas colectivas territoriais» (art. 237.º, n.º 2)[184].

Aliás, um outro aspecto necessariamente implicado nesta característica da personalização, traduz-se no que, entre nós e sem qualquer preocupação de rigor, se designa tradicionalmente, por «autonomia administrativa»[185], definida como o poder conferido aos órgãos das pessoas colectivas públicas para praticar actos administrativos (definitivos e executórios segundo uma terminologia corrente no nosso país[186]). Todavia, esta nota – que não pode deixar de se verificar em relação às organizações públicas que gozem de personificação própria, mormente em relação àquelas dessas organizações que constituem pólos de uma (verdadeira) descentralização administrativa como acontece com as autarquias locais – também se verifica frequentemente em relação a órgãos hierarquicamente dependentes e até em relação a entidades privadas quando, temporariamente, investidas no exercício de funções públicas.

### 4.5. *A autonomia financeira*

Uma outro aspecto essencial, um pressuposto mesmo da própria autonomia local, é a *autonomia financeira:* sem esta não haverá condições de uma efectiva autonomia das comunidades locais. Na

---

[183] Como já referimo – *supra,* II. 1, *in fine* –, esta característica das autarquias locais, foi, durante algum tempo, subsumida na expressão autarquia. Todavia, como então observámos, esta expressão tem como condão adjectivar a autonomia local: esta é autárquica porque é de nível administrativo.

[184] Expressão que, diga-se de passagem, seria desnecessária se tivesse por (único) sentido afirmar a característica da personalização das autarquias locais: na verdade, constituindo estas verdadeiros pólos de descentralização administrativa do Estado, uma tal característica torna-se irrecusável. Mas a expressão em causa deve ter aqui o sentido (útil) de realçar o carácter *territorial* das autarquias: estas têm no território o seu elemento estruturante principal, pois é através dele que se delimita o substracto pessoal de cada autarquia, se individualizam os interesses «próprios» a satisfazer e se identificam os objectos (pessoas e bens) sobre que incidem os poderes e deveres dos entes autárquicos – cf. G. CANOTILHO e V. MOREIRA, *ob. cit,* 2.ª ed., 2.º vol., anot. IV ao art. 237.º.

[185] V. as nossas *Considerações,* cits., p. 23 e ss.

[186] Para a sua crítica, v. as nossas *Considerações,* cits., p. 23, nota 35.

# 96 Estudos sobre Autonomias Territoriais, Institucionais e Cívicas

verdade, estas apenas terão condições de autonomia na medida em que disponham de receitas *suficientes* para a prossecução integral dos seus interesses próprios, receitas aplicáveis livremente, segundo orçamento privativo próprio, às despesas decididas por exclusiva autoridade dos órgãos da respectiva comunidade local[187].

Ao enunciarmos desta maneira a autonomia financeira das autarquias locais, estamos já a admitir que ela não tem de coincidir com a autosuficiência económica, entendida como o poder de que um ente dispõe para decidir de todas a suas fontes de financiamento, nem que todas as suas receitas tenham de configurar-se como *receitas próprias* das comunidades locais, isto é receitas cujo montante se destine *in toto* ao conjunto ou a cada uma das categorias de autarquias em termos de se poder afirmar que estas constituem os verdadeiros titulares dessas receitas. Com efeito, as comunidades locais também podem alcançar a sua suficiência financeira à custa de transferências da administração estadual, nomeadamente, através da participação em receitas estaduais, conquanto que tais transferências obedeçam a critérios objectivos legalmente definidos que não impliquem qualquer tipo de vinculação ou de dependência face à administração estadual, nem constituam o suporte de intoleráveis desigualdades económicas e fiscais entre as autarquias[188].

Mas, como é fácil de ver, a autonomia financeira das comunidades locais não pode deixar de implicar que uma parte significativa das suas receitas se configure como receitas próprias. Na verdade, a lei deve atribuir às autarquias no seu conjunto ou a cada uma das suas categorias (níveis) – *maxime,* aos municípios[188] –, receitas próprias,

---

[187] V., entre outros, L. GIOVENCO, *ob. cit.,* p. 14 e ss.; V. VALLINA VELARDE, *ob. cit.,* p. 52 e ss., e S. CORREIA, *Noções,* cits., p. 184.

[188] Por isso, afastam os *subsídios* e *comparticipações* considerados como instrumentos de dependência das autarquias locais face à administração central. V., a este propósito, os preceitos pertinentes das sucessivas versões da Lei das Finanças Locais (L.F.L.) – art. 16.º da Lei n.º 1/79, de 2-1, art. 18.º do Decreto-Lei n.º 98/84, de 29-3, e art. 13.º da Lei n.º 1/87, de 6-1 – que proibem quaisquer formas de subsídios ou comparticipações por parte do Estado, institutos públicos ou fundos autónomos, para além dos casos excepcionais e estritamente definidas em que se admite a concessão de auxílio financeiro.

[189] Na verdade, num sistema autárquico como o nosso, com três níveis sobrepostos de autarquias, tanto as freguesias como as regiões administrativas apenas se compreendem enquanto estritamente perspectivadas a partir da autarquia-base (autarquia-paradigma):

nomeadamente certos impostos cobrados nas respectivas circunscrições, impostos que assim se configurarão como verdadeiros impostos locais[190].

E certo que a nossa Constituição, ao contrário do que se verifica noutros ordenamentos constitucionais[191], apenas estabelece como receitas (constitucionalmente) próprias – receitas obrigatórias ou reservadas às autarquias – as receitas provenientes da gestão do património autárquico e as cobradas pela utilização dos serviços autárquicos (art. 240.º, n.º 3), ou, em relação aos municípios, ainda uma *parcela,* a definir por lei, das receitas provenientes dos impostos directos do Estado (art. 254.º)[192]. Todavia, isto não impede que o

---

o município. Assim, as freguesias constituem, dum ponto de vista material, fundamentalmente uma forma de desconcentração personalizada (constitucionalmente imposta) dos municípios, configuração essa mais que evidente em relação às freguesias da sede dos municípios. Por sua vez, as regiões administrativas surgem-nos na sua veste constitucional principalmente como autarquias supra-municipais, pólos de comunidades com dimensão humana, técnica e financeira adequada à realização daqueles interesses *locais* que os municípios, em virtude sobretudo da sua pequena dimensão, não estão minimamente em condições de concretizar.

[190] Os impostos são locais justamente porque, por força da Constituição ou da lei, às autarquias locais cabe a titularidade da respectiva receita *(Steuerertragshoheit),* não interessando para tal qualificação que as autarquias locais também disponham da competência (administrativa) fiscal *(Steuervewaltungshoheit)* ou do poder (normativo) fiscal *(Steuergesetzgebungshoheit).* Este último poder é mesmo negado aos municípios na R.F.A. (v. autores e locais citados na nota seguinte), enquanto entre nós se fala, a este propósito, de um poder fiscal *derivado* (assim ALBERTO XAVIER, *Manual de Direito Fiscal,* Lisboa, 1974, p. 138 e ss., e 308 e ss., autor que, deste modo, contesta a opinião daqueles que recusam às deliberações autárquicas, que têm por objecto instituir um imposto previsto na lei ou fixar a respectiva taxa dentro de limites legalmente consentidos, a natureza regulamentar). Sobre este último aspecto, v. também a seguir no texto.

[191] V., a título de exemplo, o art. 106.º, (6), da Lei Fundamental da R.F.A. que reserva aos municípios a receita do imposto fundiário *(Realsteuer)* e aos municípios ou às associações de municípios os impostos locais de consumo e de luxo, e o art. 142.º da constituição espanhola que, *expresis verbis,* refere que as finanças locais se «sustentarão fundamentalmente de impostos locais». Relativamente à R.F.A é de acrescentar que o preceito constitucional mencionado também confere aos municípios o direito de elevar, nos termos da lei, as taxas do imposto fundiário – sobre este poder (normativo) fiscal dos municípios e, designadamente, sobre a qualificação que é de lhe atribuir, v., por todos, H. PAULICK, *Lehbuch des Allgemeinen Steuerrechts,* 3.ª ed., Köln. Berlin. Bonn. München, 1977, p. 37 e ss., e K. TIPKE, *Steuerrecht,* 6.ª ed., Köln, 1978, p. 69 e ss.

[192] Embora tanto as receitas do n.º 3 do art. 240.º como a receita do art. 254.º constituam receitas constitucionalmente reservadas (às autarquias em geral e aos municípios,

Estudos sobre Autonomias Territoriais, Institucionais e Cívicas

legislador possa – e deva – atribuir às autarquias locais outras receitas, mormente impostos, que conduzam, designadamente, à justa repartição das receitas públicas pelo Estado e pelas autarquias e à necessária correcção das desigualdades entre autarquias do mesmo grau (art. 240.º, n.º 2, da C.R.P.)[193]. Deste modo, se a Constituição não exige a existência de impostos locais, também não impede que a lei os consagre: e efectivamente a lei (a Lei das Finanças Locais) tem consagrado, entre as receitas próprias dos municípios, alguns impostos municipais, sobretudo através da progressiva conversão em impostos municipais de certos impostos tradicionais do Estado[194].

A este propósito, há mesmo que dizer algo mais: em nossa opinião, não vemos qualquer obstáculo intransponível a que a lei[195] possa delegar nas autarquias locais (mormente nos municípios[196]) – alguns aspectos do poder normativo relativos aos elementos essenciais dos impostos[197]. A tal entendimento não se opõe, ao menos em termos

---

respectivamente), apenas relativamente às primeiras o legislador se encontra estritamente vinculado em termos de as não poder retirar às autarquias. Pois, quanto à parcela dos impostos directos a destinar aos municípios, o legislador apenas está vinculado a defini-la (sob pena de inconstitucionalidade por omissão) e, uma vez definida, a não a retirar pura e simplesmente aos municípios, gozando, quanto ao mais, de um amplo poder de conformação, nomeadamente, para fazer incidir a referida parcela directamente sobre os impostos directos cobrados na respectiva circunscrição municipal e/ou sobre a receita global nacional desses mesmos impostos.

[193] Isto é, com vista ao equilíbrio financeiro entre o Estado e as autarquias e destas entre si – cf. G. CANOTILHO e V. MOREIRA, *ob. cit.*, 2.ª ed., 2.º vol., anot. IV ao art. 240.º.

[194] V., para este efeito, os preceitos das diversas versões da L.F.L.: art. 5.º, *a),* da Lei n.º 1/79, art. 3,º, n.º 1, *a),* do Decreto-Lei n.º 98/84, e art. 4.º da Lei n.º 1/87.

[195] Lei ou Decreto-Lei autorizado, dada a reserva parlamentar constante dos arts. 106.º, n.º 2, e 168.º, n.º 1, *i),* da C.R.P.

[196] Cf. *supra,* nota 189.

[197] Que são apenas os enumerados no art. 106.º, n.º 2, da C.R.P. – v. por último, os Acs. do T.C. 205/87 (D.R., I Série de 3-7-1987) e 461/87 (D.R., I Série, de 15-1-1988). Quanto aos outros elementos (elementos *hoc sensu* não essenciais) dos impostos, não está vedada, em princípio, ai ntervenção regulamentar, e, designadamente, a intervenção regulamentar autárquica. E isto vale justamente para a liquidação e cobrança dos impostos, uma vez que a palavra lei utilizada no art.º 106.º, n.º 3, da C.R.P., está aqui empregada num sentido material, como sinónimo de norma jurídica geral e abstracta – cf. G. CANOTILHO e V. MOREIRA, *ob. cit.,* 1.ª ed., p. 241; BRAZ TEIXEIRA, *Princípios de Direito Fiscal,* Coimbra, 1979, p. 72, nota 29, e N. SÁ GOMES, *Curso de Direito Fiscal,* (pol.), Lisboa, 1980, p. 316 e ss.; em sentido diferente vendo aí uma reserva de lei ou decreto-lei, v. SOARES MARTINEZ, *Manual de Direito Fiscal,* Coimbra, 1983, p. 95, e G. CANOTILHO e V. MOREIRA, *ob. cit,*

*A Autonomia Local* 99

absolutos, a reserva material (substancial) de lei na configuração que lhe é dada pelos preceitos constitucionais contidos nos arts. 106.º, n.º 2, e 168.º, n.º 1, *i)*, da C.R.P., uma vez que esta há-de compatibilizar-se, segundo o princípio da concordância prática, com a autonomia normativa local consagrada no art. 242.º da C.R.P.[198]. Naturalmente que a lei que proceda a uma tal delegação tem de ser muito mais completa e exigente na densificação do seu articulado do que as leis de autorização legislativa (ao Governo): nomeadamente essa lei não poderá deixar de se pronunciar especificamente em relação a cada um dos elementos essenciais do imposto em causa e de traçar, com respeito a cada um deles, um quadro bem delimitado e adequadamente preenchido quanto aos seus aspectos mais relevantes. Por sua vez, a utilização por parte das autarquias locais de um tal poder normativo fiscal – como, de resto é o que se verifica nas deliberações relativas ao *se* e ao *quanto* das derramas municipais e relativamente ao *quanto* da taxa da contribuição autárquica sobre prédios urbanos (art. 16.º, n.º 1, *b)*, do Código da Contribuição Autárquica)[199] – tem

---

2.ª ed., 1.º vol., anot. VI ao art. 106.º. N. Sá Gomes, *Lições de Direito Fiscal*, II, Lisboa, 1985, p. 89 e s., todavia, integra a liquidação e a cobrança na reserva de lei a que se referem os arts. 106.º, n.º 2, e 168.º, n.º 1, *i)*, da C.R.P.

[198] No sentido aqui preconizado ia a lição de Afonso Queiró, *Lições* (1976), cits., p. 431 e 70, nota 2, posição depois abandonada em *Teoria dos Regulamentos*, cit., p. 17. A ideia do texto é, todavia, afirmada por Vieira de Andrade, *Autonomia Regulamentar e Reserva de Lei*, cit., p. 5, e por N. Sá Gomes, *ob. cit.*, p. 352 e ss., embora este último autor, na esteia de Afonso Queiró, fale de regulamentos autónomos, quando, na verdade, se trata de regulamentos delegados ou autorizados cujo fundamento reside na autonomia normativa local – v. Vieira de Andrade, *ob. ult. cit.*, p. 6-9, e as nosas *Considerações*, cits., p. 18, nota 27. Contra a possibilidade, entre nós, de tais regulamentos claramente se pronunciam G. Canotilho e V. Moreira, *ob. cit.*, 2.ª ed., 2.º vol., anot. VI ao art. 240.º.

[199] A não seguir este entendimento, não vemos como salvar a constitucionalidade das derramas, pois a fixação pelos órgãos municipais (assembleias municipais nos termos do art. 39.º, n.º 1, *b)*, da L.A.L., presentemente contida no Decreto-Lei n.º 100/84 do *se* e do *quanto* (relativo) destes adicionais briga com o disposto no art. 106.º, n.º 2, da C.R..P. que reserva a lei a fixação *da taxa* (e não apenas os *limites* da taxa como prescrevia o § 1.º do art. 70.º da Constituição de 1933). Assim não admira que autores como Braz Teixeira, *ob.cit.*, p. 78, nota 28, e C. Pamplona Corte-Real, *Curso de Direito Fiscal*, I volume, Lisboa, 1982, p. 103 (embora este com dúvidas), se tenham justamente pronunciado pela inconstitucionalidade das derramas. O que acabamos de observar vale *mutatis mutandis* para o art. 16.º, n.º 1, *b)*, do Código da Constituição Autárquica.

A este propósito, é de referir que a L.F.L. tem vindo a limitar progressivamente as hipóteses de derramas. Efectivamente, enquanto a Lei n.º 1/79 (art. 12.º) previa derramas a

# 100 *Estudos sobre Autonomias Territoriais, Institucionais e Cívicas*

de fazer-se com o escrupuloso respeito doutros princípios constitucionais relevantes como são, designadamente, o princípio da igualdade de todos os cidadãos independentemente do lugar onde residam e o princípio da solidariedade entre todas as comunidades infra-estaduais e entre estas e a comunidade nacional[200].

Depois, a autonomia financeira implica que as autarquias locais disponham de liberdade para estabelecer o destino das suas receitas e para realizar as correspondentes despesas. Deste modo, o legislador (e, bem assim, os demais órgãos do Estado) está impedido de interferir no destino das receitas autárquicas, como por exemplo, consignando-as ou afectando-as a algumas das despesas da correspondente autarquia[201]. Isto é sobretudo evidente relativamente às receitas constitucionalmente próprias das autarquias em cujo destino o legislador está absolutamente proibido de interferir. Mas isto é igualmente válido, por princípio, em relação às receitas autárquicas por imposição legal

---

favor dos municípios e das freguesias, o Decreto-Lei n.º 98/84 (art. 12.º) deixou de prever derramas a favor de freguesias e, mais recentemente, a Lei n.º 1/87 veio prescrever em termos muito estritos que «a derrama tem carácter excepcional e só pode ser aprovada para ocorrer ao financiamento de investimentos urgentes e ou no quadro de contratos de equilíbrio financeiro» (art. 5.º, n.º 2).

[200] Cf. G. Casado Ollero, *ob. cit.,* p. 3 e ss., e o que dissemos *supra,* nota 26. A ideia do texto tem, de resto, um outro suporte. É que, tendo o princípio da legalidade fiscal (na extensão e intensidade que geralmente se lhe assinala) por fundamento decisivo a ideia de autotributação, não se vê como esta ideia possa ser prejudicada pelo reconhecimento de algum poder (normativo) fiscal a órgãos cujos titulares constituem uma representação directa dos contribuintes. Aliás, estamos em crer que terá sido esta a razão que levou o legislador da 1.ª revisão constitucional a permitir que as Assembleias Regionais penetrem no domínio da reserva parlamentar relativa aos impostos quando tal seja especificamente autorizado por lei (da A.R.), lei esta que também aqui há-de ser mais exigente e completa do que as leis de autorização legislativa – v. o art. 229.º *f)* (depois da 2.ª revisão constitucional passou a ser a alínea *i)*) da C.R.P., e o entendimento que dele faz o T.C. nos Acs. 91/84, in *Acórdãos do Tribunal Constitucional,* 4.º vol., p. 5 e ss., 42/85 (D.R., I Série, de 6-4-1985), 348/86 (D.R., I Série, de 9-1-1987) e 267/87 (D.R., I Série, de 31-8-1987). Com a 2.ª revisão constitucional as Assembleias Regionais, que passaram a designar-se por Assembleias Legislativas Regionais, viram o seu poder tributário alargado à adaptação do sistema fiscal nacional às especificidades regionais nos termos da lei-quadro da A.R. (art. 229.º, n.º 1, *i)*, da C.R.P.).

[201] Pois parece-nos evidente que o legislador está constitucionalmente interdito de consignar ou afectar a despesas do Estado (ou de outras pessoas colectivas públicas) receitas autárquicas. Cf. nota seguinte.

A Autonomia Local

(receitas legalmente próprias): também relativamente a estas o legislador está impedido de traçar o seu destino, nomeadamente através da sua consignação ou afectação a certas despesas autárquicas, a menos que tal intervenção legal respeite os limites decorrentes da necessidade de deixar intocado o núcleo essencial da autonomia financeira local e do princípio da proporcionalidade[202].

Por outro lado a autonomia financeira local exige, no que respeita à realização das despesas, que estas sejam efectivadas sem dependência de qualquer formalidade prévia, mormente sem a necessidade de qualquer autorização de terceiros (rectius, dos órgãos de tutela), ideia que, refira-se, não briga em nada com um sistema de controlo preventivo da legalidade a realizar pelo Tribunal de Contas através do visto[203].

Por fim, a autonomia financeira também abarca um aspecto que diz respeito aos documentos financeiros: as autarquias locais devem dispor de poder para elaborar, aprovar e alterar os orçamentos próprios e os planos de actividades e, bem assim, para elaborar e aprovar os balanços e contas. Trata-se, pois, da autonomia orçamental e contabilística de que as autarquias não podem naturalmente prescindir[204].

---

[202] Neste preciso sentido, v. o Ac. do T.C. 452/87 (D.R., I Série, de 2-1-1988), em que se afastou a inconstitucionalidade material de uma norma que previa a afectação a certas despesas municipais das receitas provenientes das taxas de registo e de licenciamento de cães. Todavia, o preceito em referência não suportou o teste da inconstitucionalidade orgânica e acabou por ser declarado inconstitucional, com força obrigatória geral. Acrescente-se que, como resulta do texto, o legislador também não pode retirar às autarquias receitas que lhes sejam proporcionadas em consequência da prossecução de tarefas de carácter nacional – como eram as do registo e licenciamento de cães do Ac. referido – salvo se essa retirada for acompanhada da desoneração das autarquias da prossecução de tais tarefas ou de uma compensação financeira adequada.

[203] V., o que dissemos supra, nota 136 quanto a tutela preventiva da legalidade da actuação autárquica. Não compreendemos assim que não seja exigido o visto do Tribunal de Contas relativamente à contratação do pessoal autárquico.

[204] Para além destes aspectos, é de referir ainda que a autonomia financeira local engloba também uma gestão patrimonial própria.

## 5. As garantias da autonomia local

É agora a altura de nos pronunciarmos sobre as garantias da autonomia local, isto é, sobre os meios ou instrumentos de que as autarquias locais dispõem para obstar, de um maneira eficaz, às eventuais agressões de que podem ser alvo por parte dos diversos óigãos estaduais, regionais ou de autarquias de grau superior. Ora neste domínio, surge-nos como primeiro e mais importante garantia a instituição da autonomia das comunidades locais através da própria *consagração constitucional,* consagração que – não é demais realçar – tem a amplitude e o significado profundo que já tivemos oportunidade de sublinhar[205]. Exactamente porque a autonomia local constitui um vector fundamental da realização do Estado democrático português (art. 6.°, n.° 1, da C.R.P.) é que não surpreende que ela perpasse toda a parte organizatória da Constituição e, sobretudo, constitua uma das matrizes fundamentais onde imbrica o próprio funcionamento, em democracia, da gestão comunitária nacional. Daí que as autonomias locais se ergam em barragem inultrapassável pelo próprio legislador (constitucional) de revisão: isto mesmo está prescrito no art. 288.°, alínea *n)*, ao estabelecer que as leis de revisão constitucional terão de respeitar a autonomia das autarquias locais, preceito que implica necessariamente a inconstitucionalidade material de qualquer lei (de revisão) constitucional que olvide as autonomias locais. Nestes termos, face a uma lei de revisão que enverede por um tal caminho, os tribunais devem recusar a sua aplicação (art. 207.°) e o Tribunal Constitucional deve ser solicitado a declará-la inconstitucional com força obrigatória geral (art. 281.°, n.° 1, *a)*), bem como o Presidente da República deve promover o controlo preventivo da sua constitucionalidade (art. 278.°, n.° 1)[206].

Uma questão que, a este propósito, se poderia levantar, seria a de saber se a autonomia local, como limite material ao próprio poder de revisão da constituição, não resultaria já directamente da própria concepção de estado democrático, subjacente ao nosso texto constitucional de 1976 e expressa, designadamente, em preceitos como os

---

[205] Cf. *supra,* II.2.

[206] Cf. Afonso Queiró, *Lições* (1976), cits., p. 329, e G. Canotilho e V. Moreira, *ob. cit.,* 2.ª ed., 2.° vol., p. 505, e G. Canotilho, *Direito Constitucional,* 4.ª ed., p. 758.

A *Autonomia Local*                    103

contidos nos arts. 6.º, n.º 1, 202, *d)*, e 237.º, n.º 1. É que a ser assim –
como efectivamente julgamos que é – então tornar-se-ia prescindível
toda e qualquer menção expressa à autonomia local, a título de limites materiais ao poder de revisão, resultando do próprio articulado
constitucional um verdadeiro limite *textual implícito*[207] ao poder de
disposição normativa do legislador de revisão. Contudo, este problema,
como vimos, não chega a levantar-se, dado o preceito constitucional
expresso nesse sentido, o que nos dispensa de mais considerações.

Naturalmente que se a autonomia local se impõe ao próprio
legislador constitucional, por maioria de razão ela implica o respeito
do legislador ordinário – Assembleia da República[208], Governo e
assembleias legislativas regionais[209] – e de quaisquer outros titulares
de poder normativo, sendo arguíveis de inconstitucionalidade todas e
quaisquer normas jurídicas[210] que a ponham em causa. Deste modo,
as normas que desrespeitem a autonomia local devem ser desapli-
cadas pelos tribunais se e quando tenham ocasião de as aplicar e
devem ser declaradas inconstitucionais pelo Tribunal Constitucional

---

[207] Cf. G. CANOTILHO, *Direito Constitucional,* 4.ª ed., p. 578.

[208] Refira-se, a este propósito, que a Lei Constitucional n.º 1/82 veio acentuar o
pendor parlamentar(ista) do regime português. De facto, o Parlamento veio congregar em
si toda uma série de competências que, anteriormente, pertenceram a outros órgãos de
soberania. Vejamos os índices mais importantes que jogam nesse sentido: 1) o Governo
passou a ser *politicamente* responsável apenas perante a A.R. (arts. 193.º e 194.º, n.º 1); 2)
os membros do Tribunal Constitucional são eleitos directamente (10 membros) ou indirectamente (3 membros cooptados pelos 10 membros eleitos) pela A.R. (art. 294.º, n.º 1),
quando antes, a Comissão Constitucional – antecessora, em larga medida, do Tribunal
Constitucional – era composta por um membro designado pelo Presidente da República, 3
membros designados pelo Conselho da Revolução, 4 membros designados pelo Supremo
Tribunal de Justiça e Conselho Superior da Magistratura e apenas um membro eleito pela
Assembleia da República; 3) a instituição, como tal, de uma *reserva absoluta* de competência legislativa e o sensível alargamento da *reserva relativa* a favor da A.R. (arts. 167.º e
168.º); 4) a rejeição de *regulamentos independentes* com o sentido de regulamentos que
executem «as leis em geral»; 5) a eleição pela A.R. de 7 membros para o Conselho Superior
da Magistratura (art. 223.º, n.º 1, *h)); etc, etc.* Todos os preceitos citados nesta nota são da
versão resultante da 1.ª revisão constitucional.

[209] Cf. art. 115.º, n.ᵒˢ 1, 2 e 3, da C.R.P. Assinale-se que o poder legislativo das
assembleias legislativas regionais está neste domínio especialmente limitado – cf. arts. 167.º,
*f), l), n),* e *o),* e 168.º, n.º 1, *p), s)* e *t),* da C.R.P.

[210] Relativamente à inconstitucionalidade das normas regulamentares, v. AFONSO QUEIRÓ,
*Lições* (1976), cits., p. 507 e ss.

## 104 Estudos sobre Autonomias Territoriais, Institucionais e Cívicas

a requerimento das entidades referidas no art. 281.°, n.° 2, ou por iniciativa do próprio Tribunal Constitucional nos termos e verificados que sejam os pressupostos referidos no n.° 3 desse mesmo artigo[211].

Idêntica garantia constitui neste domínio também a possibilidade, constitucionalmente estatuída, do controlo preventivo da constitucionalidade dos diplomas legislativos (e decretos regulamentares regionais que regulamentem leis gerais da República) a pedido do Presidente da República e Ministro da República respectivo, e do controlo – nos limitados termos e com a modesta eficácia com que está consagrado no art. 283.° – das omissões legislativas inconstitucionais[212] a solicitação do Presidente da República ou do Provedor de Justiça[213]. Em ambos os casos podemos deparar com leis ou omissões legislativas lesivas das esferas autonómicas territoriais locais, comportamentos esses que, como é óbvio, têm de ser controlados sob pena de se instaurar uma *praxis* constitucional nada consentânea com os esteios do Estado democrático português, assente na democracia representativa temperada com alguns ingredientes de participação directa dos cidadãos e de diversas comunidades.

Semelhante desiderato desempenha ainda o controlo pelo Tribunal Constitucinal da legalidade dos diplomas regionais que violem as leis gerais da República como o são indiscutivelmente, por exemplo, a Lei das Autarquias Locais e a Lei das Finanças Locais[214]. Também,

---

[211] Difícil será configurar a legitimidade dos órgãos regionais referidos no art. 281.°, n.° 2, *g)*, da C.R.P. para requererem a declaração de inconstitucionalidade de normas que violem as autonomias locais. Isto porque estes órgãos regionais apenas podem intervir para efeitos da declaração de inconstitucionalidade de normas que violem os direitos da respectiva região, violação esta que não vemos que possa coincidir com o pôr em causa da autonomia autárquica infraregional.

[212] Sobre as omissões inconstitucionais de *interpositio legislatoris,* veja-se o tratamento *ex professo* de GOMES CANOTILHO, *Constituição Dirigente e Vinculação do Legislador,* cit., *maxime,* p. 325 e ss.

[213] Relativamente a legitimidade dos presidentes das assembleias legislativas regionais para intervirem neste campo, remetemos para o que dissemos na nota 211.

[214] Constantes respectivamente do Decreto-Lei n.° 100/84 e da Lei n.° 1/87. O referido controlo, dada a frequente vocação centralizadora manifestada pelos entes regionais nos Estados regionalizados ou dotados de regiões autónomas, não deixa de ser extremamente importante e significativo, a fim de evitar fenómenos de *centralismo regional,* o qual, por se exercer mais perto das respectivas autarquias, se apresenta potencialmente como mais «opressor» do que o clássico centralismo estadual.

A Autonomia Local                                                    105

por este meio, as entidades competentes para desencadear um tal processo – as referidas no art. 281.º, n.º 2 – podem conseguir o respeito das leis aplicáveis a todo o território nacional e, consequentemente, o princípio da autonomia local que tais leis efectivem[215].

Não obstante todos estes instrumentos – controlo preventivo, por omissão e abstracto sucessivo da constitucionalidade e controlo abstracto da legalidade dos diplomas regionais – de tutela da Constituição e das leis da República (isto é, das leis nacionais) constituírem defesas importantes do princípio constitucional da autonomia local, não pode, porém, deixar de reconhecer-se que eles não traduzem mecanismos totalmente eficazes de defesa da autonomia. Isto fundamentalmente porque tais processos estão fora do alcance dos principais interessados – as comunidades locais. A estas assiste tão só a *esperança* de que venha a ser solicitada ao Tribunal Constitucional a remoção da ordem jurídica das normas que, por inconstitucionalidade ou ilegalidade, lesem a autonomia: é que, as autarquias locais não dispõem, neste domínio, de qualquer instrumento que leve necessariamente os órgãos competentes a requererem a inconstitucionalidade ou ilegalidade dos normativos que as ponham em xeque. Por outras palavras, as autarquias locais não dispõem de legitimidade directa ou indirecta para accionarem o Tribunal Constitucional. E isto não sofre qualquer derrogação pelo facto de, no quadro dos seus direitos, liberdades e garantias, as comunidades locais poderem recorrer ao Provedor de Justiça (art. 23.º) ou exercerem o direito de petição (art. 52.º, n.º 1) – direitos extensíveis às pessoas colectivas e, logicamente, às autarquias locais nos termos do art. 12.º, n.º 2[216]: é que, efectivamente, o exercício de tais direitos não tem outro efeito que não seja o de *lembrar* às entidades competentes a existência de

---

[215] É de referir que este problema da *legalidade* dos diplomas regionais, bem como dos diplomas dos órgãos de soberania que violem os direitos das regiões, ainda não foi objecto de qualquer processo junto do Tribunal Constitucional. Para isso, terá contribuído, em nossa opinião, o facto de o vício da inconstitucionalidade, estritamente aferido pela existência ou não de «interesse específico» da respectiva região, absorver, em larga medida, os casos que poderiam originar uma tal ilegalidade – v. os Acs. do T.C. 42/85 (D.R., I Série, de 6-4-1985), e 57/85 (D.R., I Série, de 11-4-1985).

[216] Cf. G. Canottlho e V. Moreira, *ob. cit.*, 2.ª ed., 1.º vol., anot. III ao art. 12.º, e R. Martin Mateo, *ob. cit.*, p. 24 e ss.

106 *Estudos sobre Autonomias Territoriais, Institucionais e Cívicas*

uma base para detonar o processo constitucional-garantístico, não havendo para as referidas entidades qualquer vinculatibilidade para darem andamento às solicitações recebidas. Isto é, trata-se de instrumentos fundamentalmente políticos (pese muito embora o forte pendor garantístico-constitucional do instituto do Provedor de Justiça[217]), cuja eficácia jurídica – como naturalmente se compreenderá – não deixa de ser fraca na medida em que fica dependente da boa vontade das entidades solicitadas a requererem a declaração de inconstitucionalidade e, no fim de contas, do funcionamento do sistema político--constitucional no seu conjunto.

Se as autarquias locais não podem desencadear, com eficácia bastante, directa ou indirectamente, a remoção do mundo jurídico pelo Tribunal Constitucional das normas inconstitucionais ou ilegais nos termos precedentemente analisados, outro tanto não se diga relativamente à remoção desses mesmos comandos normativos em cada caso concreto, caso concreto submetido sempre em última instância, no que à inconstitucionalidade (ou ilegalidade) se refere, ao Tribunal Constitucional. Na verdade, as nossas comunidades locais – à seme-

---

[217] Apesar de alguns autores se haverem pronunciado no sentido de ser concebido e perspectivado como um meio informal de defesa dos cidadãos apenas face à Administração pública (cf. VIEIRA DE ANDRADE, *Os Direitos Fundamentais,* cits., p. 338, e IDEM e BARBOSA DE MELO, in BARBOSA DE MELO, CARDOSO DA COSTA e VIEIRA DE ANDRADE, *ob. cit.,* p. 292 e ss.), o instituto do Provedor de Justiça continua – após a primeira e segunda revisões constitucionais – a caracterizar-se como uma garantia dificilmente enquadrável na clássica divisão tripartida de garantias graciosas (administrativas), garantias contenciosas (jurisdicionais) e garantias políticas. De facto o *ombudsman* português materializa uma instância garantística simultaneamente política e jurisdicional-constitucional: para esta segunda nota de qualificação tenha-se em conta o facto de o Provedor de Justiça dispor de legitimidade activa para desencadear o processo de fiscalização abstracta da constitucionalidade das normas (arts. 281.º, n.º 2, da C.R.P., e 45.º e 46.º da L.T.C. = Lei n.º 28/82) e processo de fiscalização da inconstitucionalidade por omissão (arts. 283.º da C.R.P., e 67.º e 68.º da L.T.C.). Semelhante enquadramento foi atribuído ao *Defensor del Pueblo* pela Constituição Espanhola de 1978, embora o *ombudsman* espanhol detenha maior peso garantístico-constitucional, dada a sua legitimidade activa para suscitar o recurso de *amparo* – cf. arts. 54.º e 162.º, n.º 1, *b),* da Constituição Espanhola e art. 46.º da Lei Orgânica 2/1979, de 3 de Outubro (Lei do Tribunal Constitucional). Cf. também NICOLÁS GONZALES/ DELEITO DOMINGO *Tribunaes Constitucionales. Organización y Funcionamiento,* Madrid, 1980, p. 63 e ss., e, entre nós, ALVES CORREIA, *Do Ombudsman ao Provedor de Justiça,* Estudos em Homenagem ao Prof. Doutor J. J. Teixeira Ribeiro, IV, Coimbra, 1980, p. 133 e ss.

A Autonomia Local                                                    107

lhança do que acontece com os cidadãos em geral[218] – podem desencadear processos que conduzam à pronúncia do guardião constitucional: para tanto carecem apenas de que a norma inconstitucional (ou ilegal) em causa – norma que, em desrespeito da Constituição (ou de lei geral da República), ponha em crise a autonomia das colectividades locais – seja objecto de uma aplicação concreta. Ora, perante uma aplicação concreta de uma tal norma, a autarquia ou autarquias afectada(s) dispõe(m) de legitimidade para interpor recurso para os tribunais[219] – em princípio para os tribunais administrativos –,

---

[218] O direito de recurso de inconstitucionalidade (ou de ilegalidade), previsto no art. 280.º, da C.R.P., configura una direito (*rectius,* uma garantia) fundamental *análoga* a que é de aplicar o regime dos «direitos, liberdades e garantias» constante nomeadamente dos arts. 18.º, n.os 2 e 3, 168.º, n.º 1, *h),* e 288.º, *d),* da C.R.P.

[219] Que os órgãos das autarquias locais podem recorrer contenciosamente dos actos de tutela que ultrapassem os estritos limites em que esta pode ser exercida, não constitui qualquer novidade – cf. *supra,* II, 3.1.2, e B. MACHADO, *Participação,* cit., p. 22. Esta ideia constituiu mesmo ponto assente no domínio do regime anterior em que as autarquias locais eram visualizadas como administração indirecta do Estado – cf. A. P. PIRES DE LIMA, *A Tutela Administrativa,* cit., p. 131 e ss. Nem se julgue que pelo facto de a lei – art. 15.º da Lei n.º 87/89, de 9-9 (antes vigorava o art. 93.º, n.º 2 da Lei n.º 79/77) – fazer referência *expressa* apenas ao recurso contencioso contra os actos de dissolução dos órgãos das autarquias locais, se pretendeu afastar a impugnação contenciosa-administrativa dos actos de «tutela» *normal.* Efectivamente, o contrário é que é verdadeiro: por ser indiscutível que um tal recurso resultava já do princípio constitucional da impugnabilidade dos actos administrativos definitivos e executóiios (art. 269.º, n.º 2, da C.R.P. na redacção anterior à l.ª revisão e art. 8.º, n.º 21 da Constituição de 1933, após a revisão de 1971) é que o legislador parlamentar teve de fazer expressa referência à impugnação dos actos de dissolução dos órgãos autárquicos. Isto porque, no silêncio da lei e dada a então inimpugnabilidade dos decretos – v. art. 16.º, n.º 1, da L.O.S.T.A. – tudo conduziria à não impugnação de tais actos, actos que, além de terem a forma de decreto (do Governo Central ou do Governo Regional respectivo), devem ser fundamentados e precedidos de um parecer da assembleia distrital ou regional respectiva (n.º 3 do art. 13.º da Lei n.º 87/89). Cf. AFONSO QUEIRÓ, *Lições* (1976), cits., p. 489 e ss., e M. ESTEVES DE OLIVEIRA, *Direito Administrativo,* cit., p. 158 e ss. Acrescente-se que a qualificarem-se tais actos como actos administrativos – qualificação que, no entanto, não deixa de ser problemática –, então o art. 15.º, da Lei n.º 87/89 resultaria supérfluo, dada a actual redacção do art. 268.º, n.º 4, da C.R.P. que garante recurso contencioso contra quaisquer actos administrativos (definitivos e executórios), *independentemente* da sua forma. Refira-se que os decretos e, bem assim, as outras formas de regulamentos do Governo são agora (desde 1-1-1985, data de entrada em vigor do E.T.A.F.) contenciosamente impugnáveis – v. sobre esta matéria, C. BLANCO MORAIS, *A Invalidade dos Regulamentos Estaduais e os Fundamentos da sua Impugnação Contenciosa,* sep. da Revista Jurídica, p. 95-147, e JOÃO RAPOSO, *Sobre o Contencioso dos Regulamentos Administrativos,* Lisboa, 1987.

## 108     *Estudos sobre Autonomias Territoriais, Institucionais e Cívicas*

pedindo a anulação ou a declaração de invalidade do acto que aplica a norma inconstitucional ou ilegal. Se o tribunal se decidir pela não aplicação da norma com fundamento em inconstitucionalidade (desde que a norma em causa conste de convenção internacional, de acto legislativo ou de decreto regulamentar) ou ilegalidade ou pela aplicação de norma já anteriormente declarada inconstitucional (ou ilegal) pelo Tribunal Constitucional ou Comissão Constitucional[220], então há lugar a recurso obrigatório por parte do M.P.[221] e recurso facultativo por parte da autarquia local afectada – ver arts. 280.º, da C.R.P. e 70.º e 72.º da L.T.C.; se o tribunal se decidir pela constitucionalidade (ou ilegalidade) da norma, então a autarquia local, uma vez esgotados os recursos ordinários (art. 70.º, n.º 3 da L.T.C.)[222] pode sucitar a pronúncia do Tribunal Constitucional. Só que este ao decidir-se pela inconstitucionalidade (ou ilegalidade), não a pode declarar com eficácia *erga omnes,* mas apenas com eficácia restrita ao caso *sub judice,* o que, naturalmente, tem como consequência a necessidade de cada uma das autarquias lesadas interpor o respectivo recurso se pretender obter a invalidade das medidas adoptadas ao abrigo do normativo inconstitucional (ou ilegal), e interpor esse recurso cada vez que o referido normativo seja objecto de aplicação[223]. É certo

---

[220] É de referir que este caso de recurso obrigatório do M.P. foi acrecentado pela L.T.C. (art. 70.º, n.º 1, *g)*), pois no art. 280.º, n.º 5, da C.R.P., apenas se prevê o caso de norma anteriormente julgada inconstitucional (ou ilegal) pelo T.C.

[221] A obrigatoriedade de recurso do M.P. assenta, no caso de desaplicação pelo tribunal *a quo* de norma constante de lei ou acto equivalente (isto é, de diploma promulgável), na presunção da constitucionalidade das leis (princípio do *favor legis),* enquanto, no caso de aplicação pelo tribunal *a quo* de uma norma já julgada inconstitucional pelo T.C. ou pela Comissão Constitucional, tem por justificação a necessidade de uniformização da jurisprudência constitucional e a afirmação do papel prevalente que aqui cabe ao T.C. – cf. G. CANOTILHO, *Direito Constitucional,* cit., 4.ª ed., p. 792 e ss. (301 e ss.), e CARDOSO DA COSTA, *A Justiça Constitucional em Portugal,* sep. do n.º esp. do B.F.D. «Estudos em Homenagem ao Prof. Doutor Afonso Queiró», Coimbra, 1987, *maxime,* p. 21 e ss., 38 e ss. e 44 e ss.

[222] Recorde-se que esta exigência da exaustão dos recursos ordinários não figura na Constituição (v. art. 280.º), embora coincida com que o que foi proposto no Projecto de Revisão Constitucional (v. o art. 197.º) subscrito por BARBOSA DE MELO, CARDOSO DA COSTA e VIEIRA DE ANDRADE.

[223] Este instrumento de garantia da Constituição e dos direitos e interesses legítimos do indivíduo, não obstante se aproximar em alguns aspectos do recurso de «amparo» espanhol e sul-americano ou da *Verfassungsbeschwerde* alemã federal, não se confunde

## A Autonomia Local

que o Tribunal Constitucional a pedido de qualquer dos seus juizes ou do Ministério Público[224], pode declarar, com eficácia *erga omnes,* a inconstitucionalidade (ou a ilegalidade) da norma questionada, desde que esta já haja sido julgada por si inconstitucional em três casos concretos. Todavia, esta declaração de inconstitucionalidade (ou ilegalidade) não podendo ser accionada pela autarquia interessada, fica assim dependente da (boa) vontade das entidades competentes para a promover – os juizes do próprio T.C. e o Ministério Público.

Pelo que acabamos de dizer podemos concluir por uma certa debilidade das garantias da autonomia local, debilidade essa que assenta, fundamentalmente, no facto de tais instrumentos garantísticos estarem fora do alcance dos próprios interessados – as autarquias locais. Na verdade, estas não dispõem de um autêntico mecanismo que lhes proporcione uma reacção eficaz face às violações da sua autonomia pelo legislador e pelos demais titulares de poder normativo sempre que o correspondente controlo esteja a cargo do Tribunal Constitucional. Ora, tendo em conta, exactamente, esta situação, aliada, aliás, a não instituição, entre nós, de qualquer «queixa constitucional»

---

com estes instrumentos de garantia dos direitos fundamentais. E isto, fundamentalmente, porque tanto o «recurso de amparo» como a *Verfassungsbeschwerde* estão primacialmente orientados para a tutela, o «amparo», do cidadão e não para a garantia da Constituição, pendor subjectivista esse bem acentuado no seu regime: 1) o cidadão pode amparar-se face a todos os actos jurídicos ou simples actuações materiais dos poderes públicos do Estado e demais entes públicos territoriais ou institucionais, bem como dos seus funcionários e agentes e não apenas face a actos que constituam aplicação de uma norma; 2) são susceptíveis de amparo apenas os direitos, liberdades e garantias fundamentais dos cidadãos e não a aplicação de normas que não digam respeito a esse domínio; 3) a decisão de outorga do amparo tem uma eficácia *erga omnes,* removendo do mundo jurídico a norma em que eventualmente se haja baseado o acto contra o qual foi requerida a protecção constitucional; 4) a queixa constitucional e o recurso de amparo estão, regra geral, subordinados ao princípio da *subsidiariedade,* isto é, apenas são admitidos na medida em que aos cidadãos não esteja aberta qualquer outra via jurisdicional.

[224] V. art. 82.º da L.T.C. Assinale-se que esta legitimidade processual activa dos juizes do T.C. vai, em certa medida, contra o princípio do pedido que postula que o T.C. actue apenas a pedido de pessoas e entidades com legitimidade para tal e não mediante a iniciativa dos juizes que o compõem. Daí talvez a razão de ainda se não ter verificado qualquer pedido de «generalização» do controlo concreto por parte dos juizes. Por sua vez, quanto à legitimidade do M.P., entende-se que ela caiba ao procurador-geral adjunto em serviço no T.C. – v. a apreciação desta problemática no Ac. 92/84 (D.R., I Série, de 16-11-1984) que proferiu a primeira «generalização» do controlo concreto. Cf. *supra,* nota 201.

# 110    *Estudos sobre Autonomias Territoriais, Institucionais e Cívicas*

a favor das autarquias locais como acontece na R.F.A.[225] ou qualquer recurso de «amparo» extensível às «corporações locais» (como é defendido em Espanha[226]), é que podemos rematar dizendo que as nossas comunidades locais continuam, neste aspecto, a assumir o papel de entes «menores», a configurar «pessoas imperfeitas»[227]. Logicamente que o lugar da autonomia local na nossa lei fundamental implicaria, a este nível, soluções mais arrojadas: não será, assim, demais desejar de *iure constituendo* que o Tribunal Constitucional possa ser accionado pelas autarquias locais a fim de que sejam declaradas, em termos abstractos e com eficácia absoluta, inconstitucionais ou ilegais as normas que ponham em xeque a sua autonomia[228].

---

[225] De facto, a autonomia das *Gemeinde* e das *Gemeindeverbände* está eficazmente garantida em termos jurisdicionais a nível da própria Lei Fundamental, pois esta instituiu a seu favor uma *Verfassungbeschwerde* em tudo idêntica à «queixa constitucional» consagrada a favor dos cidadãos – cf. arts. 28.º, (2) e 93.º, (1), 4, da *Grundsgesetz*. Esta mesma garantia *institucional* consta das diversas constituições dos *Länder* – cf., entre outros, WOLFF-BACHOF, *ob. cit.*, II, p. 192 e ss. (218 e ss.), e KLAUS STERN, *ob. cit.*, p. 313 e ss.

[226] Embora a Constituição de 1978 (art. 162.º, n.º 1) e a Lei Orgânica do Tribunal Constitucional (art. 46.º) não refiram o recurso de amparo a favor das «corporações locais», a doutrina entende que, dado a protecção dos direitos fundamentais se estender às pessoas colectivas, é lógico reconhecer às corporações locais legitimidade activa para empreenderem um tal recurso. Naturalmente que o recurso de amparo não foi pensado para a defesa directa das autonomias (como acontece com a *Verfassungsbeschwerde* alemã a favor das *Gemeinde),* mas não há dúvidas de que por este meio e com base na garantia dos direitos intimamente conexionados com a autonomia se obterá uma eficaz tutela jurisdicional desta, tutela que, no fim de contas, dependerá da maior ou menor generosidade com que venha a ser reconhecido o interesse legítimo para interpor o recurso de amparo – cf. R. MARTIN MATEO, *ob. cit.*, p. 624 e ss. Ora, quanto a esta questão, tende a prevalecer a ideia de que a legitimidade activa para o recurso de amparo apenas é de reconhecer às *entidades públicas* quando actuem sob a alçada de normas de direito privado ou quando assumam exclusivamente a defesa dos seus membros no cumprimento dos fins que lhes são próprios – cf. JOSÉ L. CASCAJO CASTRO-VICENTE GIMENO SENDRA, *El Recurso de Amparo,* Madrid, 1985, p. 97 e ss., e J. OLIVER ARAÚJO, *El Recurso de Amparo,* Palma de Mallorca, 1986, p. 291 e s. Acrescente-se, já agora, que idêntica argumentação chegou a ser sugerida na R.F.A., embora sem qualquer utilidade, dada a expressa consagração a nível da Lei Fundamental e das constituições dos *Länder* da «queixa constitucional» a favor do s municípios – v. autores e locs. cits.; WOLLF-BACHOF, *ob. cit.*, p. 221, e o que dissemos na nota anterior.

[227] GEORGE RENARD, *apud.* A. P. PIRES DE LIMA, *A Tutela Administrtiva,* cit., p. 52.

[228] Dado, porém, a garantia constitucional da autonomia local estar orientada, não para a existência ou manutenção de cada autarquia local individualmente considerada, mas para que um *mínimo* de tarefas comunitárias sejam levadas a cabo pelas comunidades locais, parece--nos que a legitimidade activa para desencadear a pronúncia abstracta do juiz constitucional deve ser reservada a instâncias que estejam para além de cada autarquia concreta como, por exemplo, um significativo grupo de autarquias, as associações de municípios, etc.

*A Autonomia Local* 111

Mas se a garantia da autonomia local através da accionação do Tribunal Constitucional é a que acabamos de ver, o mesmo se não diga relativamente às actuações ilegais. Com efeito, todas as medidas normativas ou individuais e concretas que violem as leis concretizadoras da autonomia local podem ser impugnadas contenciosamente pelas próprias autarquias, obtendo, deste modo, a invalidade dessas mesmas medidas e o consequente respeito da autonomia ilegalmente afectada. Aliás, é de referir que não há, presentemente, qualquer limitação à impugnação de medidas normativas (isto é, de regulamentos) ilegais como o aque vingou durante a vigência do art. 18.º da L.O.S.T.A. (1956-1985), preceito que, não obstante excluir expressamente apenas o recurso contencioso contra decretos regulamentares, veio a ser entendido pela jurisprudência do S.T.A. com o sentido alargado de excluir esse recurso contra quaisquer regulamentos do Governo[229].

Além destes mecanismos de garantia que se concretizam na actuação de órgãos jurisdicionais, dispõem as autarquias locais também de outros meios capazes de mobilizar o respeito das autonomias locais por parte dos poderes públicos. Estão nesta posição os instrumentos políticos que vão desde o exercício da liberdade de expressão e crítica até ao recurso ao Provedor de Justiça e ao direito de petição e os instrumentos graciosos (reclamação e recurso hierárquico). Mas, tanto os primeiros – utilizáveis face a quaisquer acções ou omissões dos órgãos de soberania e demais poderes públicos, como os segundos – utilizáveis face às actuações administrativas dos órgãos administrativos, estão minados pela precaridade mais que evidente no facto de a sua eficácia estar à inteira disposição e boa vontade dos órgãos e agentes aos quais são dirigidas estas solicitações políticas ou administrativas. De resto, os titulares dos órgãos administrativos estão sempre pouco disponíveis para reverem as suas actuações, ou

---

[229] Este sentido alargado do art. 18.º da L.O.S.T.A., expresso por exemplo no Ac. do S.T.A. (Pleno), de 18-1-1962 (v. R.L.J., ano 97.º, p. 298-300), colheu o apoio de Marcello Caetano, *Manual,* cit, II, p. 1327, e a contestação generalizada da doutrina a começar logo por Afonso Queiró, *Anot. ao Ac. do S.T.A.* (Pleno) referido, in R.L.J., ano 97.º, p. 300 e ss.; *Nota sobre o contencioso de normas administrativas,* R.D.E.S., ano I, p. 11 e s., 107 e ss. e 216 e ss.; *Lições* (1976), cits., p. 489 e ss. e *Anot.* in R.L.J., ano 112.º, p. 151 e ss. Sobre a evolução histórica do contencioso dos regulamentos no direito português, v. C. Blanco Morais, *A Invalidade dos Regulamentos Estaduais,* cit., p. 121 e ss., e João Raposo, *ob. cit.,* ponto 3.

as actuações dos seus subordinados, mesmo quando se encontram afectadas de manifesta ilegalidade.

Finalmente, a autonomia local goza ainda de garantias face a si própria, na medida em que as comunidades locais que lhe servem de suporte e, bem assim, os entes que as personificam não podem alienar ou renunciar à autonomia. Efectivamente, a auto-extinção de uma autarquia ou a sua auto-integração numa outra não constitui, por certo, uma manifestação (uma forma de exercício) da autonomia local[230].

Em suma, a autonomia das comunidades locais, como decorre do actual texto constitucional, não obstante a sua bem estruturada *garantia institucional*[231] ao nível da própria organização constitucional do poder político democrático do Estado português, comporta, no entanto, alguma debilidade ao nível dos instrumentos (remédios) – *maxime,* ao nível do instrumento garantístico que no Ocidente se identifica mesmo com *a garantia:* a garantia jurisdicional (recurso a um especial tipo de órgãos de soberania – os tribunais)[232] – de que as autarquias podem lançar mão para reporem, de uma maneira eficaz, a legalidade afectada por agressões anti-autonómicas[233].

---

[230] Ainda que se qualifique a autonomia local como um direito fundamental das comunidades locais (G. CANOTILHO e. V. MOREIRA, *ob. cit,* 2.ª ed., 2.º Vol., p. 113) – o que é bastante problemático (VIEIRA DE ANDRADE, *Os Direitos Fundamentais,* cits., p. 181 e s., excluí-a mesmo da *matéria* dos direitos fundamentais) –, e independentemente de saber se as exigências da auto-restrição (renúncia) devem ser as mesmas da hetero-restrição (restrição legal) aos direitos fundamentais, é óbvio que situações como a referida no texto são, de todo, inadmissíveis.

[231] Que, esclareça-se, nada tem a ver com a questão mencionada na nota anterior de saber se a autonomia local configura um (verdadeiro) direito fundamental.

[232] Isto não obstante tal instrumento estar, actualmente, longe de dar uma resposta cabal ao controlo de segmentos (cada vez mais significativos) da acção do Estado (v. g. o domínio da administração prestadora), segmentos onde um controlo *a posteriori* (como é típico do controlo jurisdicional) se revela, frequentemente, extemporâneo e ineficaz. Daí o apelo, em tais domínios, para um controlo *no (durante)* e *pelo procedimento* que assegure antecipadamente a qualidade (em termos de legalidade *lato sensu)* das decisões.

[233] Apesar do que afirmamos no texto, estamos cientes do salto qualitativo que a Constituição de 1976 significou relativamente à autonomia local. Salto que a consequente prática do poder local – mau grado alguns excessos consentidos sobretudo pela incapacidade da Administração estadual em exercer a tutela a que está constitucionalmente obrigada – veio potenciar através da dinâmica que criou, dinâmica que contrasta flagrantemente coma administração do Estado, uma máquina demasiado pesada para assumir a autoridade e a operacionalidade que a sua base democrática plenamente legitima e as exigências do nosso tempo reclamam.

# CONSIDERAÇÕES SOBRE A AUTONOMIA FINANCEIRA DAS UNIVERSIDADES PORTUGUESAS[*]

## Introdução

Estamos cientes de que falar, com rigor, de autonomia financeira a respeito das actuais universidades públicas (*rectius,* estaduais) portuguesas é, em larga medida, descabido, pois como teremos oportu-

---

[*] O texto que se segue foi elaborado num curto espaço de tempo – Janeiro e Fevereiro de 1984 – com a finalidade exclusiva de integrar uma colectânea internacional relativa à autonomia financeira das universidades, promovida pela Universidade de Granada com o patrocínio do Instituto de Estudios Fiscales. Por vicissitudes várias a colectânea referida não chegou a concretizar-se, pelo que decidimos publicar o presente trabalho no Número Especial do *Boletim da Faculdade de Direito de Coimbra*: «Estudos em homenagem ao Prof. Doutor António de Arruda Ferrer Correia», vol. III, 1993 (separata de 1987). Nesta decisão pesou sobretudo o facto de o nosso homenageado sempre se ter batido por um adequada autonomia universitária, como cabalmente o atestam o projecto de autonomia universitária que promoveu enquanto reitor e o seu contínuo empenhamento nesse objectivo como reitor honorário da nossa universidade.

As considerações, então elaboradas, mantêm-se praticamente inalteradas inclusivamente subsistem algumas referências, sobretudo de carácter informativo, cuja justificação – como facilmente se verá – reside no facto de o texto ser, originariamente, destinado a um público estrangeiro. Isto não quer dizer, todavia, que as presentes considerações tenham ficado totalmente intocadas. Efectivamente, como entretanto foi publicado o Decreto-Lei n.º 323/84 (que veio aumentar as competências dos reitores das universidades) e surgiram vários projectos relativos à autonomia das universidades – referimo-nos concretamente ao «Projecto de Lei da Autonomia Universitária» elaborado pelo Conselho de Reitores das Universidades Portuguesas e posto à apreciação dos órgãos das faculdades e departamentos universitários em inícios de 1985 e, mais recentemente, aos Projectos de Lei e à Proposta de Lei relativas à autonomia univeristária (entretanto caducados: esta por demissão do X Governo constitucional, aqueles por dissolução da Assembleia da República) –, tivemos agora, em conta aquele diploma e estes projectos para perspectivar a autonomia das universidades portuguesas.

Também aproveitámos esta oportunidade para dar, aqui e além, alguns retoques ao texto e acrescentar algumas referências bibliográficas.

nidade de ver ao longo destas notas, as nossas universidades não gozam, por enquanto, de uma situação cujo aspecto financeiro possa caracterizar-se através do recurso a uma tal expressão. Assim, o título a que subordinamos este texto, deve ser tomado pelo que ele efectivamente é: um mero pretexto para fazer o ponto da situação dos poderes financeiros de que dispõem actualmente as nossas universidades e, sobretudo, para nos interrogarmos sobre a evolução que, neste sector, a efectivação da autonomia universitária – como é exigida pela nossa Constituição – vai implicar.

Mas fazer o ponto da situação e esboçar o quadro da evolução próxima do vector financeiro das universidades portuguesas – quadro cujos contornos se vão delineando nos diversos projectos de autonomia universitária que vêm sendo elaborados – requer um enquadramento mais geral. É que, as finanças das universidades – como, de resto, as finanças de qualquer outra instituição – não constituem algo *a se,* mas tão-só um instrumento imprescindível à realização das próprias atribuições das instituições universitárias: a maior ou menor liberdade financeira destas será, pois, uma consequência directa da própria autonomia universitária. A cabal compreensão do aspecto financeiro das universidades implica, deste modo, que se proceda a uma análise, necessariamente sumária, do significado da autonomia universitária, tendo em conta, designadamente, a sua configuração jurídico-constitucional.

Como, porém, a configuração jurídico-constitucional da autonomia das universidades está completamente imbricada no entendimento constitucional da nossa administração pública – perspectivada globalmente como um conjunto de pólos que suportam uma verdadeira descentralização do Estado a nível administrativo –, há que trazer aqui à colação uma síntese desse entendimento, realçando o significado profundo do princípio constitucional da descentralização administrativa e descrevendo os diversos aspectos em que se consubstancia a autonomia das entidades (verdadeiramente) descentralizadas.

Assim, a análise da «autonomia» financeira das universidades portuguesas – para não se reduzir a uma visão distorcida ou parcelar da realidade – carece de ser integrada na análise da multifacetada autonomia universitária, a qual, por sua vez, requer que seja situada no enquadramento geral da descentralização administrativa. Nestes termos, vamos procurar fixar, num primeiro momento, a ideia de

*Considerações sobre a Autonomia Financeira das Universidades*     115

autonomia, delinear, de seguida, o sentido e o alcance da autonomia universitária, para, por fim, dizermos alguma coisa sobre o perfil financeiro das nossas universidades.

## 1. Considerações gerais sobre a autonomia

### 1.1. *O significado da autonomia*

Como a própria palavra etimologicamente sugere, a autonomia traduz a capacidade ou poder de que certas comunidades (grupos de pessoas) dispõem para se dotarem a si mesmos de um ordenamento jurídico próprio[1]. Isto é, a autonomia, no seu conteúdo essencial ou na sua expressão mais genuína, é o poder de autonormação (a autonomia normativa) das comunidades *ou* grupos infra-estaduais[2] para regularem um âmbito de interesses próprios – um domínio autonómico *(eigen Angelegenheiten)* – que, assim, é imputado aos entes que personificam esses substractos humanos.

Desenvolvendo um pouco o que acabamos de dizer, podemos afirmar que a autonomia, em sentido próprio, constitui uma qualidade

---

[1] Sob pena da dissolução ou pulverização do ordenamento jurídico do Estado e, com ela, da dissolução ou pulverização do próprio Estado, os diversos ordenamentos resultantes das autonomias carecem de uma integração e articulação com algum dos níveis normativos do ordenamento jurídico imputado ao Estado enquanto organização soberana da comunidade nacional. Sobre a ideia do texto, v., *inter alii*, GUIDO ZANOBINI, *Caratteri particolari dell'autonomia*, Studi per O. Ranelleti, II, 1931, p. 394 e ss.; SANTI ROMANO, *Autonomia* (1945), Frammenti di un Dizionario Giuridico, Milano (rei. de 1983), p. 14 e ss.; M. S. GIANNINI, *Autonomia pubblica*, Enc. del Diritto, IV, p. 356, e WALTER SCHICK, *Autonomie*, Evangälischesstaatslexikon, 2.ª ed., 1975, cols. 118 e ss.

[2] Infra-estaduais uma vez que eles só gozam desse poder de autonormação se e na medida em que o Estado lha reconheça através da própria constituição ou através da lei. Cf., além dos autores mencionados na nota anterior, C. M. IACCARINO, *Comune*, Enc. del Diritto, VIII, p. 178 e ss.; L. GIOVENCO, *L'Ordinamento Comunale*, 7.ª ed., 1974, p. 8; C. BIAGINI, *L'autonomia degli enti locali territoriali nell'attuale fase di realizzazione dell'ordinamento regionali*, Foro Amm., 1979, I, p. 1639; A. M. SANDULLI, *Manuale di Diritto Amministrativo*, Napoli, 1984, 14.ª ed., I, p. 52, e V. VALLINA VALARDE, *Consideraciones sobre la autonomia local en el estado autonomico*, Rev. Est. Vida Local, n.º 213 (Jan.-Mar., 1982), p. 47 e ss.

dos entes públicos – uma autonomia pública portanto[3] – e uma qualidade dos entes públicos não soberanos. Daí que não seja correcto falar de autonomia – pelo menos com este sentido rigoroso – quando tivermos em vista posicionar os entes privados face ao Estado *(rectius,* face aos entes públicos), nem quando pretendermos caracterizar os Estados em geral e designadamente os Estados membros de um Estado composto (caso dos Estados federados): enquanto no primeiro caso a relação em causa releva da *independência*, no segundo caso a questão tem toda ela a ver com a *soberania*[4]. Deste modo, a autonomia distingue-se tanto da independência própria dos privados como da soberania das comunidades estaduais.

Entendida como auto-ordenação que implica e assegura um espaço de livre actuação – um espaço autonómico – dos entes públicos infra-estaduais, a autonomia tem, nos nossos dias, a sua justificação material fundamentalmente no pluralismo social que caracteriza a actual sociedade «técnica» (de massas) e na concepção pluralista de Estado que daí, necessariamente, deriva[5].

---

[3] Lembre-se que a expressão autonomia, quando usada no domínio do direito privado, tem outro sentido: ela caracteriza a capacidade de que as pessoas (físicas ou morais) gozam para regularem os seus interesses através de actos de vontade (negócios jurídicos) – cf. Guroo ZANOBINI, *Autonomia pubblica e privata,* Scritti per F. Carnelutti, IV, 1950, p. 185 e ss., e SANTI ROMANO, (n. 1), p. 24 e ss.

[4] Compreende-se, pois, que a autonomia dos entes públicos (a autonomia pública, portanto), mesmo quando atinja grande extensão e intensidade, como acontece com a autonomia das autarquias locais – as comunidades humanas historicamente mais solidificadas –, não pode ser equiparada à autonomia (independência) das pessoas privadas como parece sugerir BAPTISTA MACHADO em diversos locais da obra que citamos na nota seguinte.

Acrescente-se, já agora, que a noção de autonomia na antiguidade e até ao aparecimento do termo soberania, criado por JEAN BODIN para caracterizar o Estado (moderno) – a realidade que MACHIAVELLI designou por *stato,* – andava muito próxima da ideia que hoje temos da soberania. Aliás, esse entendimento «pre-estadual» da autonomia, ainda não há muitos anos, tinha alguma expressão em certa doutrina – *maxime* italiana –, que insistia em usar o termo autonomia para caracterizar entes inequivocamente soberanos como são os Estados membros de um Estado federal. No sentido acabado de referir, v. SANTI ROMANO, *Il comune,* in Trat. Dir. Amm. di ORLANDO, II, 1.ª parte, p. 577 e ss. e (n. 1), p. 16 e ss., e M. S. GIANNINI, *Autonomia (Saggio sui concetti di autonomia),* Riv. Trim. Dir. Pubb., 1951, p. 835.

[5] No fundo, estamos face a uma concepção da organização das tarefas ou funções comunitárias que parte da própria realidade plural(ista) da actual sociedade: diversos centros de poder e de decisão a exigir do Estado uma poliarquia que acrescenta à velha divisão

Considerações sobre a Autonomia Financeira das Universidades    117

Nestes termos, o Estado-comunidade na sua manifestação soberana (constituinte ou de legislador ordinário) não deve – sob pena de reduzir a democracia ao seu vector centrípeto representado pela maioria nacional[6] – identificar a administração pública (melhor as administrações públicas como se expressa a actual Constituição Espanhola – art. 149.º, n.º 1, 18.º) com a administração estadual encabeçada no Governo (central). Ele deve, antes, permitir que a administração da *res publica* seja distribuída pelos diversos pólos ou centros sociais (naturais) de poder, reconhecendo que os interesses surgidos ou especialmente configurados no seio dessas comunidades ou grupos sociais sejam prosseguidos por eles próprios.

Por outras palavras: o Estado não pode pretender ser o centro de todos as funções públicas, sobretudo num momento em que muitas das tradicionais funções sociais tendem a ser publicizadas. Ora, para que esta publicização das funções sociais não venha a asfixiar o cidadão e as comunidades primárias e intermédias que o integram, há que conferir essas mesmas tarefas públicas aos entes territoriais[7] – entes exponenciais dos interesses das respectivas comunidades – e a certos grupos (corporações) funcionais[8].

Nesta base, a autonomia tende a assumir actualmente dois níveis: o nível da autonomia político-administrativa (regional) e o nível da autonomia administrativa (territorial e institucional). O primeiro nível concretiza-se na existência de «regiões» ou «comunidades» autónomas

---

horizontal de poderes uma divisão vertical, traduzida no reconhecimento das diversas comunidades (territoriais ou funconais) infra-estaduais – cf. BAPTISTA MACHADO, *Participação e Descentralização. Democratização e Neutralidade na Constituição de 1976,* Coimbra, Almedina, 1982, p. 3.1, 51, 65 e ss.; BARBOSA DE MELO, *Democracia e Utopia (Reflexões),* Porto, 1980, p. 44; GOMES CANOTILHO/VITAL MOREIRA, *Constituição da República Portuguesa Anotada,* 2.ª ed., 2.º Vol., Coimbra, 1985, p. 40 e s., e LUCAS PIRES, *Autonomia e Soberania,* Coimbra, 1973, p. 158 e ss. Sobre a problemática juspublicística da sociedade de massas, v. ROGÉRIO SOARES, *Direito Público e Sociedade Técnica,* Coimbra, 1969, esp. p. 63 e ss.

[6] Cf. BAPTISTA MACHADO, (n. 5), p. 31.

[7] Ditos tradicionalmente *menores* por confronto com o ente *maior* – o Estado. Refira-se que, aquando do triunfo do Estado (moderno) mormente após a consolidação do modelo centralista napoleónico, essa designação não deixou de sugerir a ideia de «pessoas imperfeitas» à semelhança das pessoas físicas menores.

[8] Cf. M. S. GIANNINI, (n. 1), p. 356 e ss.; GIULIO CORREALE, *Autonomia universitária,* Foro Amm., 1977, I, p. 589 e ss., e BAPTISTA MACHADO (n. 5), p. 50 e ss.

118 *Estudos sobre Autonomias Territoriais, Institucionais e Cívicas*

nas quais o Estado unitário *desconcentra* uma parte, a definir *ratione loci* e *ratione materiae,* da sua função política em sentido amplo, ou seja, parte da sua função política em sentido estrito (ou «governamental») e parte da sua função legislativa[9]. O segundo nível, por sua vez, materializa-se na existência de uma (verdadeira) descentralização administrativa do Estado, ou seja, no reconhecimento pelo Estado-comunidade, a nível constituinte ou legislativo ordinário[10], de núcleos de interesses próprios, diferentes ou mesmo opostos[11] aos interesses da administração estadual, interesses esses que devem ser definidos e prosseguidos ao nível administrativo (isto é, através de decisões com

---

[9] Fala-se frequentemente, a este propósito, de *descentralização política* do Estado. Uma tal terminologia parece-nos, porém, inadequada, uma vez que as regiões autónomas dos Estados regionalizados (caso da Itália e Espanha) ou dotados de regiões autónomas (caso de Portugal) não constituem Estados – entes soberanos que possam fixar a sua própria Constituição –, mas tão-só centros personalizados de *desconcentração política* do Estado unitário – cf. João Lourenço, *Contributo para uma análise do conceito de descentralização,* Direito Administrativo, 4 (Julho-Agosto de 1980), p. 255 e ss. Sobre a problemática regional, v. L. Paladin, *Diritto Regionale,* 4.ª ed., Padova, 1985; M. Martin Mateo, *Manual de Derecho Autonomico,* Madrid, 1984 e, entre nós, Amâncio Ferreira, *As Regiões Autónomas na Constituição Portuguesa,* Coimbra, 1980. Acrescente-se que as regiões autónomas também gozam de autonomia de nível administrativo, mas essa não constitui algo *a se,* antes é uma decorrência da autonomia de nível superior – *rectius,* da autonomia político-administrativa – e um instrumento de realização da mesma.

[10] Através portanto de uma manifestação de soberania, própria do Estado e não própria de qualquer ente ainda que próximo do Estado como são as regiões autónomas. Isto não significa, porém, que estas não possam criar, extinguir ou modificar cada ente autónomo – como, de resto, se prevê, no art. 229.º/*g,* da Constituição, relativamente às autarquias locais da respectiva região –, mas isso far-se-á sempre em execução de lei da República, que não pode deixar de estabelecer as estritas condições de reconhecimento de cada tipo de ente dotado de autonomia – cf. arts. 167.º/*j,* e 249.º, da Constituição: é que a autonomia local tem de ser acautelada também das (reais ou potenciais) tentações do *centralismo regional.*

[11] É o que se passa com aqueles entes autónomos, aos quais é reconhecido todo um nível de interesses próprios, o que, como veremos, é característico das autarquias locais. Nestas o interesse da autarquia pode ser oposto ao interesse do Estado quando a maioria política local não coincida com a maioria política nacional – cf. M. S. Giannini, (n. 1), p. 364, e Baptista Machado, (n. 5), p. 5. Esclareça-se, contudo, que esta possibilidade de oposição entre interesse da autarquia e interesse do Estado só constituirá um verdadeiro problema – um problema que implique uma solução específica –, na medida em que se instaure entre interesses da mesma natureza (do mesmo nível), ou seja, quando o interesse do Estado em oposição ao interesse local seja imputado à entificação jurídico-administrativa do Estado (a pessoa colectiva do Estado), e não um interesse imputado ao Estado-comunidade, pois, neste caso, o interesse como *nacional* que é, sobrepõe-se a todo e qualquer interesse *local.*

eficácia administrativa ou infra-legal) pelos entes que personalizam os substractos humanos que constituem esses núcleos comunitários ou corporacionais (grupais)[12].

---

[12] Só nestes casos em que sejam imputadas às comunidades e grupos infra-estaduais um conjunto de interesses próprios é legítimo falar de descentralização administrativa. Em todos os casos em que as funções não sejam próprias dos entes que as desempenham mas do Estado ou de outras pessoas colectivas publicas, que as exercem por interposta pessoa pública criada para o efeito, estamos face a uma mera *desconcentração personalizada*, desconcentração essa que, assim, deve ser colocada ao lado da desconcentração orgânica, (concretizada na criação de órgãos) a que se tem limitado o uso do termo desconcentraçao. Tradicionalmente estas situações de desoncentraçao personalizada, que se materializam na administração pública indirecta do Estado (ou de outros entes dotados de autonomia que, justamente por isso, podem também comportar administrações indirectas), são designadas por *descentralização técnica, descentralização funcional, descentralização por serviços* ou, mais latamente, *descentralização institucional,* expressões que nos parecem profundamente inadequadas, já que o qualificativo de «descentralização» deve ser reservado para casos de reconhecimento de (verdadeiros) espaços autonómicos – cf., no sentido da terminologia tradicional, MARCELLO CAETANO, *Manual de Direito Administrativo,* vol. I, 10.ª ed., p. 248 e ss.; AFONSO QUEIRÓ, *Descentralização,* in Dicionário Jurídico da Administração Pública, Vol. III, p. 569 e ss.; BAPTISTA MACHADO (n. 5), p. 13 e ss.; GOMES CANOTILHO/VITAL MOREIRA, *Constituição Anotada,* 1.º Vol., 1984, anot. III ao art. 6.º; ESTEVES DE OLIVEIRA, *Direito Administrativo,* Coimbra, 1980, p. 186 e ss.; JOÃO LOURENÇO (n. 9), p. 262 e ss., e ALMENO DE SÁ, *Administração do Estado, administração local e princípio da igualdade no âmbito do estatuto do funcionário,* sep. do n.º esp. do B.F.D. – «Estudos em Homenagem ao Prof. Doutor António de Arruda Ferrer Correia», 1985, p. 19 e ss. e nota 21.

Em nossa opinião, a arrumação das diversas situações de desconcentração e de descentralização administrativas – para falarmos apenas a este nível, pois, como vimos (nota 9), estes termos também são susceptíveis de emprego a nível político – devia ordenar-se sob o (super)conceito de *descentração* (à semelhança do que acontece em Itália onde se opera com o conceito de *descentramento).* Assim, teríamos:

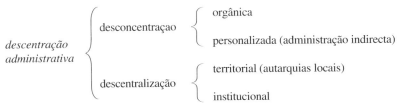

Aliás, a dificuldade em caracterizar e localizar as situações do tipo das que nós subsumimos no conceito de desconcentração personaliazda, levou CHARLES EISENMANN a falar de *semi-descentralização.* Sobre este conceito e a sua inevitável ligação ao conceito de descentralização, v., para além do próprio EISENMANN, *Centralization et Decentralization. Esquise d'une Théorie Générale,* Paris, 1941, S. FLOGAITIS, *La Notion de Decentralization*

120    *Estudos sobre Autonomias Territoriais, Institucionais e Cívicas*

A autonomia de nível administrativo ou autonomia *tout court* e a descentralização administrativa constituem dois prismas – o prisma do ente autónomo e o prisma do Estado – de encarar o mesmo fenómeno: o reconhecimento de uma pluralidade de centros de interesses próprios, nos quais se policentra a organização das tarefas comunitárias que hão-de ser levadas a cabo com uma eficácia administrativa.

## 1.2. *O princípio constitucional da descentralização administrativa*

Que a administração pública deve ser descentralizada exige-o o texto constitucional português que proclamou como *princípio fundamental:* «o Estado é unitário e respeita na sua organização os princípios da autonomia das autarquias locais[13] e da descentralização democrática da administração pública» – art. 6.º/1. Significa isto que o Estado português reconhece, a nível administrativo, dois domínios de (autêntica) descentralização: um domínio territorial constituído pelas

---

*en France, en Allemagne et en Italie,* Paris, 1979, e as considerações de A. CÂNDIDO DE OLIVEIRA, *Os conceitos de descentralização e semi-descentralização administrativa, segundo Charles Eisenmann,* Scientia Juridica, XXXV (Jan.-Março de 1985), p. 45 e ss. Quanto às origens do termos desconcentração e a sua ligação à ideia de descentralização, v. G. SAUTEL, *Vocabulaire et exercice du pouvoir administratif: aux origines du terme «deconcentration»,* Mélanges, offerts a G. Burdeau, Paris, 1977, p. 981 e ss.

[13] Que são as regiões administrativas (ainda não instituídas), os municípios e as freguesias – arts. 237.º e ss. da Constituição. Refira-se que as autarquias locais constituem, entre nós, suportes organizacionais do próprio poder político, integrando, assim, na Parte III da Constituição («Organização do Poder Político»), o Título VII subordinado à epígrafe *poder local.* Este entendimento constitucional das autarquias locais erige-as em pólos privilegiados da nova divisão de poderes – a divisão vertical de poderes – que procurou responder às insuficiências da divisão clássica (horizontal) de poderes, na qual – convém dizê-lo – as autarquias não lograram dispor de um lugar, se bem que, nos tempos imediatos à Revolução Francesa, se tenha chegado a reivindicar para o *pouvoir municipal* o quarto lugar – cf. *supra,* nota 5 e autores aí citados; JORGE MIRANDA, *O conceito de poder local, in* Estudos sobre a Constituição, I, Lisboa, Liv. Petrony, 1977, p. 318, e UGO BORSI, *Le funzione del comune italiano,* in Trat. Dir. Amm. di ORLANDO, II, 2.ª parte, p. 425 e ss. Sobre os problemas que levanta e as perspectivas que abre a instituição das regiões administrativas previstas na nossa Constituição, v. JOÃO LOURENÇO, *As regiões administrativas: perspectivas e problemas,* Direito Admi-nistrativo, 8/9 (Março-Outubro de 1981), p. 131 e ss.

Considerações sobre a Autonomia Financeira das Universidades    121

autarquias locais[14], que constitui o domínio de descentralização administrativa mais nobre e genuíno – já que ele partilha do pluralismo da organização do poder político do Estado[15] – configurado constitucionalmente como *poder local* (art. 237.º e ss.) e detentor de um verdadeiro *indirizzo* político-administrativo próprio[16]; e um domínio institucional ou funcional, referenciado, no preceito constitucional em questão, sob a expressão «descentralização democrática da administração pública», domínio este que – sendo constituído essencialmente por certas associações publicas[17] (como sejam as ordens e as câmaras profissionais) e, na medida que veremos adiante, pelas universidades – tem a ver com aqueles grupos ou corporações de base não territorial cujos interesses ou funções, embora assumindo uma dimensão eminentemente pública, não devem ser colocados na titularidade (ainda que indirecta) do Estado, sob pena de este converter tais funções sociais *em funções de dominação*[18].

O entendimento que acabamos de dar ao art. 6.º/1, da Constituição, embora não seja afirmado – nestes termos precisos – pelos autores, parece impôr-se como o único compatível com uma adequada interpretação deste preceito[19]. Por um lado, temos como certo que o

---

[14] O Estado *respeita* a autonomia das autarquias locais, diz o texto constitucional. O Estado limita-se, assim, a reconhecer uma realidade historiamente consolidada: a autonomia das comunidades locais.

[15] Este distribui-se, nos termos da Constituição de 1976, não só, como era tradicional, pelos órgãos de soberania, mas também pelas regiões autónomas e autarquias locais (poder local).

[16] Cf. *infra,* nota 32 e ponto 1.3.

[17] Sobre o conceito e o universo das associações públicas, v. FREITAS DO AMARAL, *Direito Administrativo,* (pol.), Vol. II, U.C.P., Lisboa, 1978/79, p. 7 e ss., e JORGE MIRANDA, *As Associações Públicas no Direito Português,* Lisboa, 1985, autores que operam com um conceito de associação pública muito lato.

[18] Cf. BAPTISTA MACHADO, (n. 5), p. 64 e ss., e FERRER CORREIA, *Sobre o Problema das Autonomias Universitárias,* Coimbra, 1981, p. 23.

[19] A «descentralização democrática da administração pública» tem sido entendida, frequentemente, como mera descentralização administrativa técnica (mera desconcentração personalizada na nossa opinião). Com base num tal entendimento, chegou a propor-se a sua eliminação do texto constitucinal – cf. BARBOSA DE MELO/CARDOSO DA COSTA/VIEIRA DE ANDRADE, *Estudo e Projecto de Revisão Constitucional,* Coimbra, 1981, p. 3. Apesar de mantido intocado o texto em causa e, consequentemente, reafirmado o princípio de uma (verdadeira) descentralização administrativa na revisão constitucional (operada pela Lei Constitucional n.º 1/82, de 30 de Setembro), GOMES CANQTILHO/VITAL MOREIRA, *Constituição*

nosso legislador constituinte, ao falar de «descentralização democrática da administração publica», não quis referir-se à mera «descentralização técnica ou por serviços» da nossa administração pública. Na verdade, não deixaria de ser manifestamente estranho que, no próprio pórtico da Constituição (onde se enunciam os *Princípios Fundamentais*) e ao caracterizar-se o Estado português (como um Estado unitário, que respeita a autonomia das autarquias locais e concede autonomia político-administrativa aos arquipélagos dos Açores e da Madeira), se pretendesse afirmar um mero princípio (geral de direito) relativo à administração pública *(maxime* estadual), quando esta é objecto do Título VIII da Parte III, da Constituição. Uma tal interpretação é, aliás, reforçada pelo facto de o preceito em análise falar de «descentralização *democrática* da administração pública» – e não de mera «descentralização administrativa» como o art. 267.º/2, da Constituição[20] – o que parece significar que essa descentralização se materializará no reconhecimento de microcosmos democráticos, necessários – na perspectiva da nossa Constituição – ao funcionamento com autenticidade do nosso sistema democrático global. Este passa a ter, aí, um campo privilegiado de ensaio e um amplo domínio para a actuação de uma adequada pedagogia democrática.

Por outro lado, parece-nos óbvio que a expressão em causa não pode significar descentralização administrativa territorial, isto é, descentralização que se concretize no reconhecimento das autarquias locais. É que, se assim fosse, o legislador constituinte teria caído numa redundância de todo inadmissível, sobretudo se tivermos em conta a preocupação de rigor terminológico e técnico com que foi elaborada a Constituição de 1976[21]. Ora, a descentralização autár-

---

*Anotada,* 1.º Vol., p. 86, continuam a ver, na expressão em causa, um princípio relativo à «administração autónoma» e à administração estadual indirecta, o que como resulta do que dizemos no texto, não nos parece exacto.

[20] Aí, não se nos suscitam dúvidas de que se tem em vista a «descentralização» técnica. Dada, porém, a disciplina contida nesse artigo da Constituição relativamente às associações públicas – que, como vimos, podem constituir justamente um dos pólos da (verdadeira) descentralização) –, somos levados a aceitar que nessa expressão se incluem também formas de descentralização administrativa institucional.

[21] Rigor reconhecido, aliás, por MARCEIXO CAETANO, *As Constituições Portuguesas,* 5.ª ed., 1981, p. 141.

Considerações sobre a Autonomia Financeira das Universidades 123

quica é objecto de um tratamento autónomo e privilegiado na nossa Constituição, bem patente, de resto, na expressão pleonástica («autonomia das autarquias locais») do art. 6.º/l e na existência de todo um título que lhe é dedicado.

Em suma: parece-nos não haver dúvidas de que a «descentralização democrática da administração pública» constitui uma delimitação externa do princípio fundamental (princípio político-constitucional) da unidade do Estado, idêntica às que se concretizam no «respeito pela autonomia das autarquias locais» ou na «concessão de autonomia político-administrativa aos arquipélagos atlânticos» igualmente previstas no art. 6.º da Constituição[22], e significa o reconhecimento de pólos próprios de administração, diferentes do pólo que constitui a administração estadual, pólos que suportam um conjunto de assuntos próprios.

Por quanto vimos de dizer, compreende-se bem que – dada a importância e o significado jurídico-constitucional do respeito da «autonomia das autarquias locais» e da «descentralização democrática da administração publica» – o poder de controlo dos órgãos da administração do Estado *(maxime* do Governo) sobre os actos dos órgãos das administrações autónomas se limite, no que respeita aos *assuntos próprios* destas[23], a uma tutela de *coordenação* e a uma tutela de *mera legalidade.*

Tutela de coordenação porque ela se limita a coordenar (compatibilizar) interesses distintos – os interesses autónomos locais ou corporacionais com os interesses nacionais que, justamente por serem nacionais, não podem deixar de prevalecer – e não a superintentar na prossecução de interesses postos a cargo de pessoas colectivas públicas

---

[22] Quanto ao princípio da unidade do Estado português, v. GOMES CANOTILHO/VITAL MOREIRA, *Constituição Anotada,* 1.º Vol., p. 66 e ss. e 2.º Vol. p. 7. Sobre o conceito de soberania e da sua unidade, v., por todos, R. ZIPPELIUS, *Teoria Geral do Estado,* 2.ª ed., F. Calouste Gulbenkian, Lisboa, 1984, p. 57 e ss., e BARBOSA DE MELO, (n. 5), p. 66 e ss.

[23] Pois se se tratar de assuntos em que os órgãos da administração autónoma actuem a título de administração indirecta ou mesmo directa do Estado (ou das regiões autónomas), então o poder dos órgãos desta administração sobre a actuação daqueles em tais domínios traduzir-se-á no poder de superintendência ou num dos poderes típicos da hierarquia – cf. nota seguinte.

## 124     *Estudos sobre Autonomias Territoriais, Institucionais e Cívicas*

que exerçam formas de administração indirecta (tutela de *superinten-dência* ou de *orientação*)[24].

Tutela de mera legalidade porque a tutela a exercer sobre as administrações descentralizadas tem por objecto tão-só verificar a legalidade e não o mérito (a justiça e a oportunidade ou conveniên-cia)[25] da sua actuação[26].

### 1.3. *Os diversos aspectos da autonomia administrativa*

Desenhado a traços largos o significado amplo e profundo da noção de autonomia no quadro de um Estado assente numa concep-ção democrática (e necessariamente pluralista) e esclarecido o verda-deiro sentido da descentralização administrativa que essa mesma concepção implica, é agora o momento de referir os diversos aspectos da autonomia, aspectos esses que constituem outros tantos qualifica-tivos do termo autonomia.

---

[24] Mantemos assim a designação tutela para referirmos o contolo sobre a administração autónoma e o controlo sobre a administração indirecta, embora a Constituição (art. 202.º/d, na redacção que lhe foi dada pela revisão constitucional de 1982) distinga claramente a *tutela* a exercer sobre a administração autónoma da *superintendência* a exercer sobre a administração indirecta. A este propósito, acrescente-se que a superintendência, situada no âmbito da administração indirecta, não pode ser entendida com o sentido tradicional de um dos poderes típicos da hierarquia, mas como o poder de definir a orientação geral da actividade a desenvolver, pelas pessoas colectivas públicas que exerçam formas de administração indirecta (v. Freitas do Amaral, *Direito Administrativo*, (pol.), Vol. II, Lisboa, 1983/84, p. 146 e ss.). Quanto ao que dizemos no texto, cf. Baptista Machado, (n. 5), p. 13 e ss., e H. Siedentopf, *L'administration des universités en Republique Fédérale d'Alemagne*, Revue Française d'Administration Publique, 14 (Avril-Juin, 1980), p. 112 e ss. Sobre a natureza jurídica do acto de tutela, v. S. Regourd, *L'Acte de Tutelle en Droit Administratif Français*, Paris, 1982, que contesta as posições tradicionais da literatura francesa e, designa-damente, a concepção de Charles Eisenmann que vê no acto de tutela uma codecisão.

[25] Sobre o conceito de mérito v. as considerações de Freitas do Amaral, *Conceito e Natureza do Recurso Hierárquico*, Coimbra, 1981, p. 199 e ss., e *Direito Administrativo*, *ult. cit.*, p. 305 e ss., e sobretudo a obra já clássica de Rogério Soares, *Interesse Público, Legalidade e Mérito*, Coimbra, 1955, esp. p. 207 e ss.

[26] Em relação às autarquias locais, a limitação da tutela a um controlo da legalidade constitui mesmo uma imposição constitucional expressa (art. 243.º/1). Sobre o conceito de *mera legalidade*, embora tendo em conta o controlo jurisdicional, v. Barbosa de Melo, *Direito Administrativo*, II, *(A protecção jurisdicional do cidadão perante a administração pública)*, (pol.), Coimbra, 1987, p. 70 e ss.

Ora, dissemos que a autonomia é genuinamente o poder de autonormação dos entes autónomos. Significa isto que a autonomia é, em primeiro lugar, uma *autonomia normativa,* que envolve, ou pode envolver, dois momentos: o momento de elaboração da própria norma fundamental de organização do ente autónomo, assumindo este uma verdadeira *facultas statuendi* (elaboração dos seus próprios estatutos)[27]; e o momento de elaboração da normação corrente, ou seja, dos regulamentos necessários à «gestão» dos interesses próprios imputados ao ente enquanto autónomo. Isto é, a autonomia, no seu vector normativo, exprime-se sempre através do poder de emissão de *regulamentos autónomos,* sejam estes relativos à norma fundamental de organização do ente autónomo, sejam relativos à sua normação corrente[28]. Todavia, nem sempre o primeiro aspecto fica nas mãos

---

[27] Temos aqui em vista os estatutos que constituam uma fonte autónoma de normas jurídico-públicas e não os pseudo-estatutos que sejam o conteúdo de um acto legislativo ou regulamentar, pois neste caso a fonte normativa será a lei ou o regulamento. – cf. AFONSO QUEIRÓ, *Lições de Direito Administrativo,* (pol.), Coimbra, 1976, p. 394 e ss.

[28] Embora esta designação seja frequentemente reservada aos regulamentos autónomos que contenham normação corrente, não há dúvidas de que, sob o ponto de vista material, também os estatutos (quando assumam relevo próprio) constituem regulamentos autónomos: estes são *autónomos* justamente porque materializam uma manifestação típica da autonomia – a autonomia normativa. Aliás, convém aqui salientar que os regulamentos autónomos não constituem uma categoria própria no quadro da classificação dos regulamentos que tem por critério a sua maior ou menor vinculação à lei: na verdade, nesta classificação – onde se distinguem regulamentos executivos, regulamentos complementares, regulamentos delegados ou autorizados e regulamentos independentes – os regulamentos autónomos são regulamentos independentes, já que eles não executam especificamente qualquer lei e dependem apenas da norma constitucional ou legal que reconhece o respectivo ente autónomo. Entre nós, os regulamentos autónomos são, aliás, os únicos regulamentos independentes admissíveis, pois não nos parece aceitável que a administração estadual ou mesmo as administrações das regiões autónomas possam emitir tais regulamentos: a isso se opõe, em nosso entender, a correcta interpretação do art. 115.º/6 e 7, da Constituição e, sobretudo, o facto de tanto o Governo (em relação à administração estadual) como as assembleias regionais (em relação às regiões autónomas) disporem de um poder normativo próprio (independente portanto) mas que, por imperativos constitucionais, tem de ser vertido em actos legislativos. Sobre a classificação dos regulamentos, v. AFONSO QUEIRÓ (n. 26), p. 420 e ss., e *Teoria dos Regulamentos,* Revista de Direito e Estudos Sociais, ano XXVII, p. 8 e ss. Relativamente aos argumentos invocados para rejeitar a admissibilidade de regulamentos independentes, a menos que se trate de regulamentos autónomos, v. o nosso *Direito Administrativo,* Vol. I, (pol.), C.E.F.A., 1984/85, p. 117 e ss. Quanto aos regulamentos autónomos, tendo em conta a matéria dos «direitos, liberdades e garantias» fundamentais, v. VIEIRA DE ANDRADE,

## 126 Estudos sobre Autonomias Territoriais, Institucionais e Cívicas

dos entes que, mesmo assim, devemos considerar autónomos, já que, dentro do âmbito das suas atribuições e respeitados os «estatutos» outorgados[29] por outro ente (maxime o Estado), eles gozam de um poder normativo primário, o qual – no domínio da disciplina dos interesses próprios – tem apenas por limite a Constituição ou a lei que os reconheça como entes autónomos[30]. Quer isto dizer, portanto,

---

Autonomia Regulamentar e Reserva de Lei (Algumas Reflexões Acerca da Admissibilidade de Regulamentos das Autarquias em Matéria de Direitos, Liberdades e Garantias), sep. do n.º esp. do B.F.D. – «Estudos em Homenagem ao Prof. Doutor Afonso Rodrigues Queiró», 1987, esp. p. 6 e ss.

Sobre toda esta problemática e, designadamente, sobre a interpretação do art. 115.º da Constituição, v. ainda GOMES CANOTILHO/VITAL MOREIRA, Constituição Anotada, 2.º Vol., anot. XIX ao art. 115.º; parecer da Procuradoria-Geral da República, in D.R., II Série, de 3 de Novembro de 1984, e acórdão n.º 92/84 (D.R., I Série, de 7-11-1984) do Tribunal Constitucional.

[29] Assim em Portugal, onde as autarquias locais dispõem de um «estatuto» uniforme, estabelecido por lei ou decreto-lei autorizado (art. 168.º/1/r, da Constituição) e actualmente constante do Dec.-Lei n.º 100/84, de 29 de Março, com as alterações introduzidas pela Lei n.º 25/85, de 12 de Agosto. Também as entidades autónomas de base não territorial, nomeadamene as que constituem associações públicas de ordem profissional, têm, entre nós, os seus estatutos fixados na lei (lei ou decreto-lei) – vejam-se, por exemplo, os Decretos-Lei n.º 282/77, de 5 de Julho, 212/79, de 12 de Julho, e 84/84, de 16 de Março, que aprovaram os Estatutos, respectivamente, da Ordem dos Médicos, da Ordem dos Farmacêuticos e da Ordem dos Advogados – se bem que, em nossa opinião, não esteja excluída a possibilidade de tais entidades gozarem de um «poder estatutário» nos termos que a lei (lei ou decreto-lei autorizado – art. 168.º/1/t, da Constituição) estabelecer. De verdadeira protestas statuendi gozam, porém, as associações públicas de municípios – Decreto-Lei n.º 266/81, de 15 de Setembro, embora estas não constituam quaisquer autarquias mas tão-só formas de administração municipal indirecta concretizada numa «concentração» por associação. Sobre as associações de municípios, v. ALVES CORREIA, Associações de Municípios, Coimbra, C.E.F.A., 1981, e Formas Jurídicas de Cooperação Intermunicipal, sep. do n.º sep. do B.F.D. – «Estudos em homenagem ao Prof. Doutor Afonso Rodrigues Queiró», 1986.

A propósito, acrescente-se que as próprias regiões autónomas – e embora relativamente a estas o problema se coloque ao nível legislativo (rectius, ao nível supra-administrativo) e não, como aqui, ao nível administrativo – não possuem um verdadeiro poder estatutário uma vez que – não obstante as assembleias regionais participarem no processo de elaboração dos respectivos estatutos – a última palavra sobre estes cabe sempre à Assembleia da República (arts. 164.º/6 e 228.º, da Constituição).

[30] Autores há, todavia, que apenas aceitam falar de autonomia normativa relativamente a entidades que disponham de autonomia estatutária, v., a título de exemplo, V. VALLINA VELARDE, (n. 2), p. 602 e ss.

Considerações sobre a Autonomia Financeira das Universidades    127

que o reconhecimento da *facultas statuendi* não é essencial à autonomia, bastando-se esta com a exigência de que os entes dotados de autonomia disponham de um espaço normativamente livre, espaço que, na medida em que não esteja especificamente delimitado na própria Constituição – como acontece relativamente às autarquias locais (v., entre nós, os arts. 239.º e 242.º da Constituição) – terá de ser definido por lei (entre nós, lei ou decreto-lei autorizado: art. 168.º/1/*r* e *t*, da Constituição), lei que, de qualquer modo, tem de respeitar o conteúdo essencial dessa autonomia sob pena de inconstitucionalidade material[31]. Aliás, como decorre do que acabamos de dizer, a autonomia estatutária, mesmo quando exista, raramente será integral, já que a Constituição ou a lei, ao reconhecê-la, não deixarão de a submeter a princípios estritos de organização, fixando, nomeadamente, o(s) tipo(s) de órgãos ou mesmo alguns dos órgãos que esses entes devem possuir.

---

[31] O que seja o conteúdo essencial desta autonomia é algo difícil de precisar. Parece-nos, porém, que nele se deve incluir a proibição da eliminação das estruturas e tipos das autarquias locais, tal como historicamente se foram sedimentando, e a interdição de medidas que impossibilitem a existência de quaisquer formas de administração autónoma institucional. Além disto e nomeadamente em relação à administração autónoma territorial, somos de opinião que o núcleo essencial da sua autonomia inclui também a proibição de inversão de sentido do *principio da subsidiariedade,* segundo o qual aquilo que uma comunidade mais pequena pode levar a cabo, mormente com vantagem para essa comunidade, não lhe deve ser retirado por uma comunidade maior e mais distanciada da pessoa humana, princípio esse que – saliente-se – vai aqui entendido, não com o sentido liberal (burguês) que postula um Estado mínimo, mas com o sentido que impede tão-só um Estado *(rectius,* uma administração estadual) total(izante), não se pondo, deste modo em causa qualquer princípio referente à democracia económica e social exigida pela nossa Constituição. Neste sentido, v. o parecer n.º 3/82 da Comissão Constitucional *in* Pareceres da Comissão Constitucional, 18.º Vol., p. 147 e bibliografia aí referida; em sentido dife-rente, v. GOMES CANOTILHO, *Direito Constitucional,* 4.ª ed., Coimbra, 1986, p. 72 e 394. Por sua vez, em relação à adminstraçao autónoma institucional, o conteúdo essencial residirá sobretudo no facto de a lei – a lei-quadro que disciplina toda esta administração ou a lei (específica) que fixe o quadro estatutário de cada espécie em concreto – não poder deixar de reservar a essas instituições um sector mínimo de regulamentações primárias, como sejam – por exemplo, no referente às ordens profissionais – os domínios deontológicos e disciplinar sempre que se trate de impor deveres ou cominar sanções que não afectem direitos fundamentais, pois de contrário, esbarrar-se-á com o art. 168.º/1/*b*, da Constituição. Sobre este último problema e/ou problemas conexos, v. parecer da Procuradoria Geral da República, in B.M.J., n.º 321 (Dezembro de 1982), p. 193 e ss., e FIGUEIREDO DIAS/SINDE MONTEIRO, *Responsabilidade médica em Portugal,* B.M.J., n.º 332 (Janeiro de 1984), p. 21-79, esp. p. 24 e 29.

Em segundo lugar, a autonomia anda necessariamente associada à chamada *autonomia política* ou «indirizzo» político sempre que diga respeito à entes exponenciais de comunidades (territoriais), como são as autarquias locais. Estas, justamente porque são portadoras de todo um nível de interesses indiferenciados das respectivas populações – suportes de uma *Allzuständigkeit* –, dispõem do poder de dar-se um «indirizzo» político-administrativo: político, porque participa, num determinado âmbito, da predeterminação dos fins últimos e mais gerais e das consequentes actuações concretas da acção estadual; administrativo, porque a eficácia jurídica dos actos que materializam esse «indirizzo» tem de ser de nível administrativo (infra-legal)[32]. Isto é: em relação às autarquias locais, a autonomia assume uma dimensão política consubstanciada no facto de a elas competir a prossecução de todos os interesses das respectivas populações (*princípio da generalidade* ou *da universalidade*[33]) de acordo com as prioridades e graduações livremente estabelecidas pelos seus órgãos e exercitada através de instrumentos jurídico-administrativos[34].

---

[32] Convém esclarecer que este «indirizzo» político-administrativo não se confunde com a autonomia político-administrativa de que falámos ao referirmo-nos às regiões autónomas. Efectivamente, o vocábulo «político» tem, em cada uma destas expressões, um significado próprio. Assim, enquanto qualificativo do «indirizzo», ele exprime a *dimensão* política da autonomia das comunidades locais, bem patente no facto de estas constituírem órgãos do poder político e de os seus titulares serem designados através de eleições estritamente políticas *(rectius,* político-partidárias). Por sua vez, enquanto qualificativo da autonomia regional, ele traduz o *posicionamento* das regiões autónomas no quadro do Estado unitário, as quais se configuram como pólos de desconcentraçao política do Estado e, por isso mesmo, detêm uma autonomia de nível político ou «governamental» *lato sensu* – v., a seguir, no texto e *supra,* ponto 1.1.

A propósito do «indirizzo» político, acrescente-se que, como resulta do texto, ele comporta vários níveis: tantos quantos os tipos ou níveis de eficácia jurídica dos actos que o concretizam. Deste modo, fala-se em «indirizzo» político-constitucional, «indirizzo» político de «Governo» (ou «governamental») e «indirizzo» político-administrativo.

[33] O *princípio da especialidade,* porque se rege a competência das pessoas colectivas públicas é, assim, bastante atenuado no respeitante às autarquias locais. Quanto ao que dizemos no texto, v. GOMES CANOTILHO/VITAL MOREIRA, *Constituição Anotada,* 2.º Vol., anot. VII ao art. 237.º;

[34] GIULIO CORREALE, (n. 8), *passim,* e *L'Autonomia Universitaria,* Camerino, 1979, p. 29 e ss., entende que, só quando se verifica esta situação de autonomia política, é correcto falar de verdadeira autonomia. Sobre o conceito de autonomia política utilizado no texto, v. M. S. GIANNINI, (n. 1), p. 364; BAPTISTA MACHADO, (n. 5), p. 9, e L. GIOVENCO, (n. 2), p. 9.

Considerações sobre a Autonomia Financeira das Universidades    129

Depois, com esta característica ou sem ela (caso dos entes autónomos não territoriais), a autonomia compreende sempre um vector de *autogestão* ou *auto-administração*[35], que se traduz no facto de os corpos directivos dos entes autónomos (territoriais ou institucionais) serem entregues a pessoas (físicas) escolhidas (eleitas) pelos que constituem a sua base associativa, de modo que os eleitos acumulam a qualidade jurídica de titulares desses órgãos com a de sujeitos representativos dos «associados».

Em quarto lugar, os entes dotados de autonomia não podem prescindir de uma *personificação* própria – constituindo pessoas colectivas (morais) próprias e não meros órgãos de uma pessoa colectiva diferente *(maxime* do Estado). Também esta característica configura um aspecto da autonomia, por vezes designado também por «autonomia» administrativa expressão que nos levanta reservas dada a confusão que pode originar: confusão com a própria ideia de autonomia enquanto instrumento de verdadeira descentralização, isto é, enquanto autonomia de nível administrativo[36], e confusão com uma outra

---

[35] Ou *auto-governo* embora esta expressão seja de rejeitar em virtude do significado próprio que assume no quadro da autonomia (político-administrativa) regional, significando justamente aí a existência de um *governo* próprio que actua com eficácia supra-administrativa – v., neste sentido, o art. 6.º/2, da nossa Constituição e art. 143.º/1 da Constituição espanhola. Aliás, refira-se que a ideia de auto-administração, proveniente da expressão alemã *Selbstverwaltung,* ficou sempre reduzida à ideia de gestão não abarcando, assim, o sentido omnicompreensivo de autonomia que a sua congénere alemã sempre comportou – cf. Otto Kimminich, *Wissenschaft,* in von Munch, *Besonderes Verwaltungsrecht,* 5.ª ed., 1979, p. 679 e ss. *(maxime* p. 691 e s.). A propósito, acrescente-se que, de todas as manifestações da autonomia, é a ideia de auto-administração aquela que melhor contribui para a realização de um dos princípios fundamentis do nosso ordenamento constitucional, o princípio da democraticidade, princípio cuja concretização, assinale-se, não passa apenas pela existência de uma (verdadeira) descentralização administrativa, mas ambém pelo funcionamento democrático de outras formas de administração, sendo, pois, frequente a eleição dos titulares dos órgãos na administração indirecta e mesmo directa do Estado (v. g. titulares dos órgãos de gestão dos estabelecimentos de ensino secundário – art. 45.º/4 e 5 da Lei de Bases do Sistema Educativo – Lei n.º 46/86, de 14-10): estas eleições funcionam aqui como instrumento de realização do princípio constitucional da participação – cf. Baptista Machado, (n. 5), p. 35 e ss., e Esteves de Oliveira, (n. 11), pp. 178 e ss.

[36] Efectivamente, sendo esta característica – de personalização jurídico-pública – comum às pessoas colectivas públicas que constituem meras formas de administração indirecta, a autonomia abarcaria, deste modo, também situações de mera desconcentração personalizada que, como vimos, nao cabem num conceito genuíno de autonomia de nível administrativo.

# 130    *Estudos sobre Autonomias Territoriais, Institucionais e Cívicas*

ideia, arreigada no nosso direito administrativo, que vê na «autonomia» administrativa a capacidade para a edição de actos administrativos («provvedimenti», «décisions»)[37], capacidade que, não podendo deixar de fazer parte das faculdades das pessoas colectivas públicas em razão da sua personificação – constituam elas, ou não, verdadeiros

---

[37] Entre nós, com base na lição de MARCELLO CAETANO – seguida pela jurisprudência e até pelo próprio legislador constituinte (art. 268.º/3, da Constituição) defende-se que o verdadeiro acto administrativo (acto cuja ilegalidade tenha via directa aberta ao contencioso) carece de um dupla adjectivaçao: só será acto administrativo se for *definitivo* e *executorio*. Contra esta visão se levantou parte da doutrina no sentido de que o acto adminisnstrativo não carece de qualquer adjectivaçao com a qual se pretenda excluir o recurso contencioso de actos que, no fundo, não são (verdadeiros) actos administrativos – cf. ROGÉRIO SOARES, *Direito Administrativo,* (pol.), Coimbra, 1977-78, p. 73 e ss. e 91; SÉRVULO CORREIA, *Noções de Direito Administrativo,* Lisboa, 1982, p. 310 e ss., e o nosso *Contencioso Administrativo,* (pol.), C.E.F.A., 1983, p. 113 e ss. Sublinhe-se a este propósito que SÉRVULO CORREIA, *(ob. cit.,* p. 315), não obstante aceitar a argumentação desenvolvida por ROGÉRIO SOARES, encontra, todavia, utilidade na referência do art. 268.º/3 da Constituição à natureza definitiva dos actos administrativos contenciosamente recorríveis, já que «dada a aplicabilidade directa dos preceitos constitucionais respeitantes às garantias (art. 18.º/1)», a falta de uma tal referência «conduziria provavelmente ao entendimento de que a lei ordinária não poderia privar de recurso jurisdicional os actos administrativos executórios mesmo que praticados por autor em situação de dependência hierárquica». Esta argumenação não nos parece, porém, convincente. E isto porque: por um lado, o facto de os preceitos constitucionais relativos às garantias serem directamente aplicáveis (sem necessidade de interposição do legislador, portanto) não impede que este intervenha e até que tenha de intervir para concretizar, regul(ament)ar – em suma: efectivar – essas garantias, sobretudo quando elas carecem de um suporte organizacional para serem actuadas; por outro lado, a não referência constitucional à definitividade do acto administrativo não inconstitucionalizaria as normas legais existentes (ou que venham a existir no respeito do art. 168.º/1/*b* da Constituição) que condicionem o recurso contencioso à prévia exaustão dos recursos hierárquicos ou à imediata pronúncia do topo hierárquico (ver agora o art. 34.º/*b* da Lei de Processo nos Tribunais Administrativos aprovada pelo Decreto-Lei n.º 267/85, de 16 de Julho) relativamente a actos administrativos emanados de autores hierarquicamente dependentes; e isto justamente porque nos parece que uma tal exigência legal não comporta qualquer restrição à garantia constitucional de recurso contencioso contra os actos administrativos, mas sim um condicionamento idêntico – para o que agora nos interessa – à reclamação prévia exigida pelo art. 2.º/1 do Decreto-Lei n.º 256-A/77, de 17 de Junho (entretanto revogado pelo art. 52.º do Estatuto dos Trbiunais Administrativos e Fiscais aprovado pelo Decreto-Lei n.º 129/84, de 27 de Abril com o sentido que lhe foi fixado pelo art. 113.º da Lei de Processo nos Tribunais Administrativos). Sobre o conceito de restrição aos direitos, liberdades e garantias fundamentais e o seu confronto com figuras próximas, v. VIEIRA DE ANDRADE, *Os Direitos Fundamentais na Constituição Portuguesa de 1976,* Coimbra, 1983, p. 224 e ss. Para uma crítica da reclamação prévia ao recurso contencioso, v. MARIA DA GLÓRIA FERREIRA PINTO,

pólos de descentralização administrativa –, também, com frequência, é atribuída a órgãos hierarquicamente dependentes (v., por exemplo, os chefes das repartições de finanças, órgãos normalmente competentes para a prática dos actos tributários)[38-39].

Finalmente, devemos referir que a autonomia implica um mínimo de *autonomia financeira* que abarca toda uma diversidade de aspectos e uma amplitude de graus quase indelimitável. Mas este vector vai ser analisado quando versarmos a autonomia financeira das universidades, objecto destas notas.

## 2. A autonomia universitária

Depois desta rápida análise da ideia de autonomia num Estado verdadeiramente descentralizado a nível administrativo, vejamos os aspectos dessa ideia que hão-de ter-se por implicados no conceito da (verdadeira) autonomia universitária, a medida em que a autonomia

---

*Considerações sobre a reclamação prévia ao recurso contencioso,* sep. da C.T.F., 1983. Refira-se ainda que a mais recente legislação, na selecção dos actos contenciosamente impugnáveis, vem oscilando entre a posição que julgamos correcta, de aludir aos actos administrativos sem adjectivações – caso do Estatuto dos Tribunais Administrativos e Fiscais, e a posição tradicional e ainda maioritária na doutrina – caso da Lei de Processo nos Tribunais Administrativos que, no seu art. 25.º/1, prescreve: «só é admissível recurso dos actos definitivos e executórios».

[38] Assinale-se que a «autonomia» administrativa, entendida como a capacidade para a emissão de actos administrativos, apenas assume relevo próprio quando referida a órgãos hierarquicamente dependentes, já que, quando referida a pessoas colectivas publicas, ela é uma mera decorrência da personificação pública.

[39] Como resulta da exposição, a expressão autonomia adminstrativa é usada com diversos sentidos que podemos ordenar assim:

A estes sentidos acresce ainda o sentido utilizado na nossa legislação da contabilidade pública de que falaremos adiante na nota 79 e no ponto 3.1.

132 Estudos sobre Autonomias Territoriais, Institucionais e Cívicas

das nossas universidades tem consagração constitucional e até que ponto esta consagração tem sido concretizada no nosso ordenamento jurídico *(rectius,* no nosso sistema legal).

### 2.1. *O conceito de autonomia universitária*

Quanto ao aspecto primeiramente mencionado, há que distinguir, desde logo, a autonomia universitária *reconhecida* a uma instituição pública como poder, de algum modo, originário[40] para se administrar – isto é, para regular os seus assuntos e resolver os seus

---

[40] Recorde-se que historicamente as universidades, formadas espontaneamente ou por privilégio real e/ou pontifício, gozaram de ampla autonomia face aos poderes que, nesse tempo, cristalizavam, em certa medida, o poder que hoje damos pelo nome de Estado. Essa *autonomia institucional* estava bem patente nas seguintes manifestações: 1) gozavam de personalidade jurídica própria; 2) governavam-se por si; 3) organizavam o ensino a seu contento; 4) escolhiam livremente os seus mestres; 5) detinham selo privativo; 6) estavam fora da alçada da jurisdição ordinária, possuindo foro especial (foro académico) ou sujeitando-se apenas ao foro eclesiástico – cf. BRAGA DA CRUZ, *Origem e Evolução da Universidade,* Lisboa, Logos, 1964, p. 28 e ss.; FERRER CORREIA, (n. 17), p. 14 e ss.; VERÍSSIMO SERRÃO, *A História das Universidades,* Porto, Lello & Irmão, 1983, p. 18 e ss.; ONORATO SEPE, *Note sulla natura giuridica delle università statali,* Studi in memória di G. Zanobini, II, 1965, p. 443 e ss., e J. FERREIRA GOMES, *Os Estatutos da Universidade* (Oração de Sapiência proferida em 11-11-1986), *in* Discursos (Abertura Solene das Aulas na Univecsidade de Coimbra), 1987, p. 23 e ss., autor que olha com reservas a autonomia da universidade medieval portuguesa.
Convém referir que o que acabamos de dizer relativamente às universidades medievais vale, em larga medida, para as universidades inglesas actuais. O que não é de estranhar se tivermos em conta que o Estado, enquanto instituição, não existe na Grã-Gretanha, sendo muitas das funções, que geralmente cabem ao Estado aquém-Mancha, aí desempenhadas por instituições que gozam de uma independência que vem dos tempos medievais, como são os municípios, as universidades, etc. Assim, as universidades inglesas continuam a ser criadas por Cartas Reais que lhe conferem existência legal e a ser orientadas por (poucas) grandes linhas inseridas nos seus Estatutos, aprovados pelo Conselho da Coroa *(Privy Council),* sem que tenham qualquer ligação de tipo organizacional com o Governo, muito embora elas dependam quase inteiramente dos créditos universitários votados anualmente pelo Parlamento. Sobre estes aspectos, v. F. RIDLEY, *L'administration d'une université britanique,* Revue Française d'Administration Publique, 14 (Avril-Juin, 1980), p. 74 e ss., e G. CORREALE, (n. 34), p. 72 e ss. Sobre as recentes transformações das universidades britânicas, tendo em linha de conta sobretudo a sua expansão e os reflexos desta na liberdade académica e consequente autonomia universitária, v. P. CAMPBELL, *Affluence, academic autonomy and government,* Political Studies, 23 (1975), p. 140 e ss.

Considerações sobre a Autonomia Financeira das Universidades    133

problemas da forma por si julgada mais adequada, dispondo para tal dos meios necessários e gerindo com grande liberdade o seu funcionamento –, das autonomias *concedidas* às universidades numa perspectiva de desconcentração personalizada da administração estadual do ensino superior[41]. Naturalmente que é a primeira concepção a que traduz a ideia de uma (verdadeira) autonomia aplicada às universidades: na verdade, estas só serão autónomas na medida em que lhes seja reconhecido um domínio de interesses (assuntos) próprios, um domínio relativamente ao qual a administração estadual se limite a exercer uma tutela de mera coordenação, ou seja, na medida em que constituam algo mais que meros instrumentos (ainda que dotados de personalidade jurídica pública, ainda que institutos públicos[42]) da administração indirecta do Estado, como tem sido tradicional entre nós[43-44].

---

[41] Cf. *supra,* nota 12.

[42] Cf. MARCELLO CAETANO, *Manual* cit., p. 373.

[43] De facto, o centralismo real veio acabar com a autonomia institucional de que gozavam as universidades medievais, transformando-as em meros serviços do Estado (moderno) triunfante. Entre nós, essa estatização atingiu o seu máximo, com os Estatutos de 1772 (Estatutos do MARQUES DE POMBAL) – veja-se a sua mais recente publicação em *Estatutos da Universidade de Coimbra* (1772), Coimbra, 1972.

O regime instaurado pela primeira República (1910-1926) – que criou em 1911 duas novas universidades com base em escolas superiores já existentes: a de Lisboa e a do Porto (pois até então e salvo o período de 1559-1759 em que funcionou também a Universidade de Évora, apenas existiu a Universidade de Coimbra) – veio atribuir uma relativa autonomia às universidades portuguesas, consagrada na *Constituição Universitária* (promulgada pelo Decreto do Governo Provisório de 17 de Abril de 1911): efectivamente esse diploma enunciou *apertis verbis* o princípio do governo próprio das universidades. Cedo, porém, essa autonomia se desvaneceu: primeiro foi a Lei n.º 861, de 27 de Agosto de 1919, que veio restabelecer a livre nomeação dos reitores pelo Governo; depois, já no quadro de filosofia da «Revolução» de 28 de Maio, foi o Decreto de 2 de Outubro de 1926, que revogou a Constituição Universitária e promulgou o Estatuto da Instrução Universitária, abandonando-se, assim, a autonomia iniciada em 1911 e já bastante afectada pela Lei de 1919 – cf. H. TEIXEIRA BASTOS, *Autonomia Universitária,* Coimbra, 1920, *passim;* J. FEBREIRA GOMES, *Novos Estudos de História e Pedagogia,* Coimbra, 1986, p. 56 e ss.; FERRER CORREIA, (n. 18), p. 15; VERÍSSIMO SERRÃO, (n. 40), p. 183 e ss., e BRAGA DA CRUZ, (n. 40), p. 51 e ss.

[44] Como se infere do texto, a ideia da (verdadeira) autonomia universitária não implica – nem podia implicar – que todas as tarefas desenvolvidas pelas universidades tenham de constituir administração autónoma: na verdade, como veremos no ponto seguinte, apenas relativamente aos *assuntos académicos* é correcto falar de autonomia.

134 *Estudos sobre Autonomias Territoriais, Institucionais e Cívicas*

Nestes termos, a autonomia universitária implica, antes de mais, um domínio de *autonomia normativa*. E um domínio de autonomia normativa que pode assumir os dois sentidos de que falámos[45]: uma autonomia normativa constituinte (estatutária) e uma autonomia corrente (de normação corrente). No gozo da primeira, caberá a cada universidade elaborar os respectivos estatutos dentro dos parâmetros e limites que uma lei-quadro consagre, lei-quadro que deverá fixar quais os órgãos – ou, pelo menos, quais os tipos de órgãos, caso se opte por uma organização não uniforme – a que, em todas as universidades, hão-de corresponder o exercício dos poderes resultantes do facto de lhes ser reconhecido um espaço autonómico e, bem assim, a delimitação geral do quadro dos diversos aspectos ou configurações em que essa autonomia se vai exprimir[46]. No gozo da segunda, por sua vez, caberá a cada universidade elaborar os regulamentos necessários à adequada «gestão» do núcleo de interesses que constituem o seu *campus* autonómico, no respeito pelas leis e pelos respectivos estatutos sem necessidade de uma prévia normação legal específica.

Depois, a autonomia universitária requer a realização da ideia de *auto-administração* quanto à designação (eleição) dos titulares dos órgãos exigidos pela lei-quadro ou criados por cada universidade no âmbito da sua autonomia organizatória[47]. De facto, não se poderá

---

[45] V. *supra,* ponto 1.3.

[46] As propostas elaboradas com vista à adoptaçao de uma lei da autonomia universitária pronunciam-se por uma organização uniforme para as universidades portuguesas: assim todas elas prevêm um órgão executivo constituído pelo Reitor e Vice-Reitores, um órgão deliberativo constituído pelo Senado e um órgão de gestão administrativa, patrimonial e financeira constituído pelo Conselho Administrativo – cf. arts. 14.º e ss. do Projecto do C.R.U.P. (Projecto de Lei da Autonomia Universitária elaborado pelo Conselho de Reitores das Universidades Portuguesas em Dezembro de 1984); 21.º e ss do Projecto de Lei n.º 251/IV; 10.º e ss. do Projecto de Lei n.º 348/IV; 13.º e ss. do Projecto de Lei n.º 350/IV; 19.º e ss. do Projecto de Lei n.º 369/IV; 18.º e ss. do Projecto de Lei n.º 370/IV, e 14.º e ss. da Proposta de Lei n.º 52/IV. Nao obstante o que acabamos de dizer, alguns destes projectos – caso dos Projectos de Lei n.º 251/IV, 369/IV e 370/IV – propõem uma orgânica mais complexa: além dos órgãos referidos, prevêem também uma assembleia de universidade. Recorda-se que os Projectos e a Proposta de Lei citados se encontram reunidos na sep. n.º 11/IV ao D.A.R., de 18 de Março de 1987.

[47] Sobre este aspecto de autonomia universitária, v., entre nós, EDUARDO R. ARANTES E OLIVEIRA, *Das universidades de mestres e discípulos. A gestão democrática das universidades,* Democracia e Liberdade, 22 (Fev.-Março de 1982), p. 33 e ss.

Considerações sobre a Autonomia Financeira das Universidades    135

falar de verdadeira autonomia se os titulares dos órgãos universitários forem heterodesignados (não designados pela corporação académica): é que, cabendo à administração estadual[48], relativamente aos interesses próprios das universidades, vigiar tão-só o cumprimento da lei e coordenar esses mesmos interesses com os interesses nacionais[49], compreender-se-ia mal que ela viesse a designar os titulares dos órgãos que justamente hão-de ser os responsáveis pela prossecussão dos interesses das corporações universitárias. A ser assim, as universidades ficariam à mercê da administração estadual (*rectius,* do Governo) e não passariam de meras estruturas personalizadas erigidas em administração indirecta do Estado, como, de resto, tem sido mais ou menos tradição nos estados centralizados de tipo napoleónico como o português[50].

---

[48] Ou administração regional, caso se aceite a existência de universidades ligadas, não ao Estado, mas às regiões autónomas, como sucede em Espanha. Sobre este problema da autonomia universitária no quadro das autonomias regionais, v. ALEJANDRO NIETO, *Autonomia política y autonomia universitaria,* Rev. del Depart. de Derecho Político, 5 (1980), p. 77 e ss.

[49] Cf. *supra,* ponto 1.2.

[50] Cf. BRAGA DA CRUZ, (n. 40), p. 49 e ss., e VERÍSSIMO SERRÃO, (n. 40), p. 163 e ss. Note-se, já agora, que em França o centralismo estatal foi de tal ordem que as universidades se viram relegadas para meros agrupamentos de faculdades, sendo estes os verdadeiros *estabelecimentos públicos* do ensino superior. Com uma autonomia jurídica e financeira reduzidíssima, as universidades francesas só após a Lei de Orientação de 12 de Novembro de 1968 – aliás em larga medida nunca implementada – viram consagrado um quadro legal em que a autonomia tem o seu assento. O saldo da vigência desta lei é-nos dado por F. GRAZIER/J. ROBERT, *L'autonomie des universités depuis 1978,* Études et Documents, 31 (1979/80), p. 47 e ss., e sobretudo por G. VEDEL, *Autonomie et participation: bilan de la Loi d'Orientation,* Revue Française d'Administration Publique, 14 (Avril-Juin, 1980), p. 55 e ss., autor que desmascara algumas mistificações que estiveram na base da Lei de Orientação, a qual, em virtude dessas mistificações, acabou por conduzir a resultados opostos aos pretendidos, nomeadamente a uma menor *autonomia real* das universidades.

A este propósito, é de referir que alguns dos aspectos focados por G. VEDEL não deixam de ter alguma similitude com o que acontece entre nós: veja-se, por exemplo, o excessivo peso – aliás mais aparente que real – do corpo de estudantes nos órgãos de gestão das faculdades e departamentos universitários (v. Decreto-Lei n.º 781-A/76, de 28 de Outubro) e nos colégios eleitorais que vêm elegendo os reitores (v. os despachos do Ministro da Educação que, caso a caso, têm vindo a estabelecer os processos eleitorais dos reitores), peso esse sensivelmente aumentado no Projecto do C.R.U.P. (v. art. 21.º) e no Projecto de Lei n.º 300/IV (v. art. 19.º/*f*), nos quais o corpo de estudantes – e ao contrário do corpo docente e corpo de funcionários – se prevê duplamente representado na Assembleia de

# 136 Estudos sobre Autonomias Territoriais, Institucionais e Cívicas

Discutível será se o conceito de autonomia universitária implica também uma *autonomia política* (ou de «indirizzo» político-administrativo). De facto, não falta quem se pronuncie no sentido afirmativo[51] com base na ideia de que às universidades compete gerir uma política própria no domínio cultural, de investigação e de ensino, dentro naturalmente dos limites da política nacional definida para esses sectores. Todavia, esta ideia significa tão-só que, quanto aos interesses próprios, as universidades tomam as opções – adoptam as «políticas» – que bem entenderem sem estarem sujeitas a qualquer ingerência *(rectius,* a qualquer orientação) dos órgãos tutelares, ideia que, estando insíta no próprio conceito de autonomia, nada tem a ver com a *dimensão* política que assinalámos às comunidades territoriais locais e que justamente designamos por (verdadeira) autonomia política[52]. Parece-nos assim claro que, relativamente às universidades – como, de resto, relativamente a toda a administração autónoma institucional –, não podemos falar de uma (verdadeira) autonomia política: é que as universidade não constituem entes exponenciais de comunidades, entes cuja missão consiste na prossecução de todos os interesses indiferenciadamente existentes nas corporações que lhe servem de base, mas entes cuja missão se reduz à prossecução de (alguns) interesses específicos, mormente interesses de carácter científico e pedagógico intimamente ligados às liberdades de investigação e de ensino, que a comunidade nacional, a nível soberano (constituinte ou legislativo ordinário), reconhece que serão por essas corporações mais adequadamente prosseguidos[53].

---

Univerisdade, na medida em que dessa Assembleia fazem parte, por um lado, quatro estudantes por Faculdade e, por outro lado, um representante de cada Associação de Estudantes ou nas universidades em que haja apenas uma Associação, um representante desta por cada Faculdade. Alguns afloramentos destes problemas podem ver-se em ADRIANO MOREIRA, *Comentários sobre a autonomia universitária,* Democracia e Liberdade, 22 (Fev.-Março de 1982), p. 33 e ss. Para uma visão do governo das Universidades em diversos países, v. GIULIO CORREALE, (n. 34), pp. 29-88.

[51] Cf. GIULIO CORREALE, (n. 8), p. 599 e (n. 34), pp. 29 e ss., e, de certo modo, E. LINDE PANIAGUA, *La autonomia universitária,* Rev. de Administración Publica, 84 (Sept.-Dicie., 1977), p. 356 e ss.

[52] V. *supra,* ponto 1.1 e nota 32.

[53] Sobre a estreita ligação entre a autonomia universitária e as liberdades de investigação e ensino, v. M. STOCK, *Wissenschaftsfreiheit,* Evangälischesstaatsleixikon, 2.ª ed., 1975,

Considerações sobre a Autonomia Financeira das Universidades     137

Nestes termos, falar de autonomia política relativamente às universidades teria de ser com um sentido muito particular, com um sentido que, em rigor, nada acrescentaria de específico à ideia de autonomia (universitária).

Finalmente, a autonomia das universidades não pode prescindir de aspectos que constituem os próprios pressupostos fácticos da autonomia. Referimo-nos à *«autonomia» administrativa*[54] e à *«autonomia» financeira*. Na verdade, de nada valeria às universidades disporem de um espaço de autonormação própria a título organizatório, de funcionamento e de fins a atingir se não lhes fossem facultados os instrumentos jurídico-administrativos e financeiros indispensáveis à concretização desse mesmo espaço autonómico. Não admira, assim, que a autonomia das universidades exija, por um lado, a «autonomia» administrativa – isto é, que elas constituam pessoas jurídicas públicas e disponham de competência para praticar os actos administrativos necessários ao cumprimento das suas tarefas – e, por outro lado, a «autonomia» financeira – isto é, que elas disponham, com maior ou menor liberdade, dos meios financeiros de que carecem para desempenharem o seu papel consubstanciado numa determinada zona da sua actividade, em actividade autonómica. Tanto a «autonomia» administrativa como a «autonomia» financeira são, assim, instrumentos imprescindíveis à efectivação da autonomia universitária.

---

cols. 2973 e ss.; O. Kimminich, (n. 35), p. 690 e ss.; U. Karpen, *Wissenschaftsfreiheit und Hochschulfinanzierung*, Berlin, 1983, p. 14 e ss., e Vieira de Andrade, (n. 37), p. 166 e 181 e ss. Refira-se que, entre nós, a doutrina está dividida quanto à questão de saber se a autonomia universitária constitui um direito fundamental das próprias universidades ou uma garantia de institucional das liberdades de investigação e ensino; no primeiro sentido, v. Gomes Canotilho, (n. 31), p. 458, e Gomes Canotilho/Vital Moreira, *Constituição Anotada*, 1.º Vol., p. 113 e anot. III ao art. 76.º; no segundo sentido, v. Vieira de Andrade, *ob. e loc. ult. cits.*

[54] Cf. *supra*, nota, 39.

## 2.2. A autonomia universitária no quadro constitucional

Obtido o conceito da autonomia universitária, vejamos agora em que medida ele tem tradução, ao nível constitucional[55], relativamente às nossas universidades. Ora, quanto a este aspecto, o nosso texto constitucional contém duas disposições que nos parecem decisivas para chegarmos a uma resposta afirmativa. Trata-se do art. 6.º/1 que estabelece que «o Estado é unitário e respeita na sua organização os princípios da autonomia das autarquias locais e da descentralização democrática da administração pública» e o art. 76.º/2[56] que, *expressis verbis,* diz: «as univerdades, gozam, nos termos da lei, de autonomia científica, pedagógica, administrativa e financeira»[57].

Relativamente ao art. 6.º/1, já tivemos oportunidade de dizer e justificar[58] porque é que entendemos que aí estão previstos dois domínios de (verdadeira) descentralização administrativa – o domínio das autarquias locais e o domínio da administração autónoma institucional. Igualmente tivemos ocasião de dizer que, neste último domínio autonómico, devemos incluir as universidades. Porém, falta fundamentar esta última afirmação, isto é, dizer porque é que as universidades públicas[59] portuguesas, devem, nos termos constitucionais,

---

[55] Como já dissemos, a autonomia de nível administrativo pode também ser reconhecida por acto legislativo, conquanto que este assuma uma manifestação de soberania – cf. *supra,* nota 10.

[56] Preceito introduzido na Constituição pela revisão constitucional de 1982.

[57] O reconhecimento da autonomia universitária é frequentemente feito a nível constitucional – v., a título de exemplo, o art. 33.º da Constituição italiana, o art. 5.º/3, da Lei Fundamental da R.F.A., e o art. 27.º/10 da Constituição espanhola.

[58] Supra, 1.2 *in fine.*

[59] E óbvio que temos aqui em vista apenas as universidades públicas (entre nós, *rectius,* estatais). Acrescente-se, todavia, que há autores que consideram pessoas colectivas públicas as próprias universidades privadas (frequentemente designadas *livres*): v. O. SEPE, (n. 40), p. 442 e ss., que considera as universidades livres pessoas jurídicas públicas, devido sobretudo ao facto de elas estarem sujeitas a um particular modo de reconhecimento, de os seus estatutos terem de conter diversas disposições fixadas na lei das universidades e de o seu financiamento ser, em grande parte, suportado pelo próprio Estado ou por outras instituições públicas, Em nosso entender, porém, as universidades «livres», na medida em que exercem poderes públicos ministrando ensino superior «oficializado» (isto é, nos mesmos termos e com os mesmos efeitos do ministrado pelas universidades públicas), enquadram-se no fenómeno geral da atribuição de funções públicas a entidades privadas, configurando-se, de algum modo, como verdadeiras concessionárias do serviço público do ensino superior

Considerações sobre a Autonomia Financeira das Universidades 139

constituir também uma forma de administração autónoma e não apenas uma forma de administração indirecta do Estado.

Uma razão, para integrarmos as universidades na descentralização administrativa contemplada no art. 6.º/1 da Constituição, é de ordem histórica. Efectivamente, como já referimos[60], as universidades começaram por gozar de uma amplíssima autonomia no quadro das instituições medievais. Todavia, com o surgimento do Estado como titular primeiro de todos os poderes públicos, essa autonomia – como, de resto, as autonomias medievais em geral: os municípios e as corporações – havia de ser afectada, transformando-se as universidades em instrumentos dessa *suprema protestas* cuja consolidação implicou, durante muito tempo, a defesa intransigente de um modelo centralista em que as autonomias estavam, por natureza, excluídas.

Mas este modelo, que facilmente se manteve enquanto o Estado foi visto como um Estado mínimo suporte de um conjunto homogéneo de funções, vai ser totalmente posto em causa a partir do momento em que a instituição estadual se converte no motor da conformação social e, consequentemente, no suporte alargado das mais complexas e diversificadas funções. Deste modo, o Estado contemporâneo, para não ser uma máquina asfixiante da sociedade, não pode deixar de comportar uma ampla descentralização a nível administrativo[61], não admirando, por isso, que sejam erigidas em pólos dessa descentralização precisamente aquelas comunidades menores e grupos corporacionais que, havendo sido os suportes mais importantes das instituições medievais, foram sobrevivendo ao centralismo e reivindicando sempre um lugar de relativa autonomia *no quadro* do Estado[62]. Nestes

---

oficial, sujeitas, quanto a este aspecto, a uma fiscalização por parte do Estado, sem no entanto, se converterem em entidades públicas. Assinale-se, porém, que o que acabamos de dizer não vale – ou não vale na mesma medida – para a Universidade Católica: esta é, na ordem jurídica em que primariamente se insere (a ordem jurídica canónica), uma universidade «pública», como tal recebida na ordem jurídica portuguesa por força de um compromisso de direito internacional público constituído pela Concordata do Estado português com a Santa Sé. Sobre o fenómeno geral das concessões, v. MARQUES GUEDES, *A Concessão*, Coimbra, 1954, esp. p. 116, autor que, todavia, considera os concessionários (temporariamente) integrados na administração indirecta do Estado.

[60] Cf. *supra*, nota 40.

[61] E/ou desconcentraçao a nível político – v. *supra*, ponto 1.1.

[62] O que afirmamos no texto tem servido de base a algumas críticas à descentralização administrativa como a que vê nesta um regresso *(rectius,* um retrocesso) ao feudalismo;

140 *Estudos sobre Autonomias Territoriais, Institucionais e Cívicas*

termos, parece-nos perfeitamente seguro que a nossa Constituição, ao reconhecer ao lado da descentralização administrativa territorial um outro domínio de (verdadeira) descentralização, terá pretendido incluir neste domínio aquelas corporações que constituem por certo as mais genuínas instituições que a Idade Média nos legou: as universidades.

Mas há um outro argumento a favor de uma tal conclusão. É que, a autonomia das universidades constitui uma componente essencial da democracia cultural para que a nossa Constituição aponta (v. o art. 2.°), democracia cultural cuja realização passa, ao nível das instituições universitárias – ao nível em que o problema da democracia cultural ganha maior acuidade –, sobretudo pela garantia da efectivação das liberdades de criação científica e de ensino[63]. Ora, num Estado em que a democracia se apresenta intimamente ligada a uma concepção *descentrada* do exercício dos poderes públicos, estas liberdades serão mais adequadamente materializáveis se as instituições, no seio das quais dispõem de um meio privilegiado ao seu desenvolvimento, não forem concebidas e, consequentemente, enquadradas a nível organizacional da administração pública, como meros estabelecimentos da administração indirecta do Estado, sujeitos, nomeadamente,

---

o Estado correria, assim, o risco de se dissolver numa sociedade *refeudalizada*. Em nossa opinião, porém, não há esse perigo, uma vez que a descentralização se dá *no quadro* do Estado e não *contra* o Estado: efectivamente, é a própria democraticidade e eficácia do actual Estado – na dimensão gigantesca e avassaladora que assume (qual novo *Leviathan* nas palavras de G. BURDEAU) – que implica que ele se desfaça de parte das suas tradicionais tarefas partilhando-as com comunidades e grupos sociais menores, a fim de ficar disponível para assumir as cada vez maiores e mais complexas missões que, crescentemente, lhe vêm sendo imputadas. De resto, de um ponto de vista prática, nas actuais sociedades democráticas, não se vislumbra uma alternativa aceitável à descentralização: é que, ou se apela para o regresso a uma Estado mínimo – o que se nos afigura de todo inviável –, ou se aceita um Estado progressivamente total(izante), cuja democraticidade, por certo, não deixaria de tender para um envólucro sem substância.

[63] Sobre estas liberdades, v. arts. 42.°/1 e 43.°/1 da Constituição. Quanto ao que afloramos no texto, assinale-se que a Constituição reconhece a insuficiência democrática da democracia política *(rectius,* da sua dimensão organizacional e formal); por isso, ela aponta para um horizonte de democracia material consubstanciado na democracia económica, social e cultural, cuja efectivação passa sobretudo pela progressiva realização dos direitos económicos, sociais e culturais – cf. GOMES CANOTILHO/VITAL MOREIRA, *Constituição Anotada,* 1.° Vol., anot. IV ao art. 2.°. Aliás, o actual Estado democrático assume fundamentalmente uma dimensão cultural: é um Estado cultural.

*Considerações sobre a Autonomia Financeira das Universidades* 141

a uma *tutela de orientação* nos domínios científicos e pedagógicos. Por outras palavras: a autonomia das universidades, enquanto componente institucional ou corporacional da garantia daquelas liberdades que constituem a sua razão de ser, é um outro nome da liberdade académica que, não obstante ser imputada aos cidadãos, requer, para a sua eficaz e plena realização, desenvolver-se no seio das corporações universitárias[64].

Em suma, dada a actual textura descentralizada da nossa administração pública, não vemos como é que dessa textura pudessem ser excluídas as universidades, instituições que, pelo seu radical cultural, sempre foram avessas a uma qualquer dependência do Estado (*rectius,* da administração estadual) e sempre reivindicaram um grau de liberdade que mesmo os regimes de cariz autoritário não lograram completamente pôr em causa[65].

Por quanto vimos de dizer, compreende-se que a autonomia das universidades tenha sido chamada, *qua tale,* ao texto constitucional português. Efectivamente, na revisão constitucional de 1982, estabeleceu-se – acrescentando um n.º 2 ao art. 76.º da Constituição – que «as universidades gozam, nos termos da lei, de autonomia científica, pedagógica, administrativa e financeira»[66].

Embora a Constituição mencione aqui quatro dimensões, elas reconduzem-se, atento o seu sentido profundo, a duas, a saber: uma dimensão material constituída pela autonomia científica *lato sensu*[67]

---

[64] Cf. *supra,* nota 53.

[65] De facto, a instituição universitária constitui, por natureza, um factor importante de democracia: as liberdades de investigação e ensino, que não podem deixar de se desenvolver no seu seio, são, por si só, instrumentos fundamentais de vivência e pedagogia democráticas que tanto influem sobre a comunidade política. Quanto às relações intercorrentes entre a instituição universitária e o próprio sistema democrático, v. R. REINHARDT, *Gedanken über Verhaltnis von Universität und Dernokratie,* Festgabe fiir Heinrich Herrfardt zum 70. Geburtstag, 1961, p. 159 e ss.

[66] V. também art. 45.º/7 e 8 da Lei de Bases do Sistema Educativo.

[67] Em larga medida, na esteira dos alemães que usam o *Oberbegriff* «ciência» para abarcar a investigação e o ensino, procurando deste modo vincar a ideia – de resto, patente no pensamento de um A. von HUMBOLDT e de um K. JASPERS – de que a missão da universidade (da universidade de modelo estrutural alemão) deve ser simultaneamente a investigação e o ensino – cf. O. KIMMINICH, (n. 35), p. 691 e ss. Idêntica ideia subjaz, ao que julgamos, à unificação, sob a designação de liberdade académica, das liberdades de investigação e ensino – v., a este propósito por exemplo, o art. 2.º da Lei Orgânica de Reforma Universitária (espanhola). Sobre este aspecto, v., também, a literatura alemã referida *supra,* nota 53.

# 142    *Estudos sobre Autonomias Territoriais, Institucionais e Cívicas*

e uma dimensão instrumental constituída pelas aí designadas autonomia administrativa e autonomia financeira. A primeira dimensão refere a existência de um âmbito autonómico – um domínio de tarefas próprias *(eigem Angelegenheiten)* em razão do qual as universidades são instâncias de (verdadeira) descentralização administrativa e não apenas pólos personalizados da administração indirecta do Estado – que se traduz na ideia de que as universidades gozam, nos termos da lei[68], de autonomia científica *stricto sensu* – (direito das universidades a autodeterminarem-se e a auto-organizarem-se em matéria de investigação científica: selecção das áreas de investigação, organização da investigação, destino dos resultados da investigação, etc.), e de autonomia pedagógica – (direito das universidades a autodefinirem, através dos órgãos universitários competentes, as formas de ensino e de avaliação, a organização das disciplinas: criar e extinguir cursos, por exemplo, etc.)[69].

A segunda dimensão, por sua vez, diz respeito a um conjunto de instrumentos jurídico-administrativos e jurídico-fmanceiros imprescindíveis à concretização do *campus* autonómico universitário que é – como vimos – o campo científico-pedagógico. Esses instrumentos são na linguagem da Constituição, a «autonomia administrativa» e a «autonomia financeira». Quanto à «autonomia administrativa», há que esclarecer que, dada a sua configuração constitucional como instrumento de realização da autonomia universitária, consubstanciada no reconhecimento de um núcleo de interesses próprios, ela assume aqui o significado próprio (diferente portanto do que tem

---

[68] *Prima facie,* a lei aqui tanto é a lei (da Assembleia da República) como o decreto-lei (do Governo) uma vez que a autonomia universitária não faz parte nem da reserva absoluta nem da reserva relativa da Assembleia da República (arts. 167.º e 168.º/1, da Constituição). Como, porém, da reserva absoluta fazem parte «as bases do sistema de ensino» (art. 167.º/*e* da Constituição), bem podemos afirmar que a autonomia universitária – ao menos na medida em que contenda com essas bases – há-de ser reconhecida por lei parlamentar – ver a Lei de Bases do Sistema Educativo, *maxime* arts. 11.º–15.º.

[69] Cf. GOMES CANOTILHO /VITAL MOREIRA, *Constituição Anotada,* 1.º Vol., anot. III ao art. 67.º; bases II e III do projecto Ferrer Correia; arts. 4.º e 5.º do Projecto do C.R.U.P.; arts. 6.º e 7.º do Projecto de Lei n.º 251/IV; 3.º e 4.º do Projecto de Lei n.º 348/IV; 4.º e 5.º do Projecto de Lei n.º 350/IV; 8.º e 9.º do Projecto de Lei n.º 369/IV; 11.º do Projecto de Lei n.º 370/IV, e 4.º e 5.º da Proposta de Lei n.º 52/IV.

Considerações sobre a Autonomia Financeira das Universidades    143

idêntica expressão no nosso direito administrativo[70]) de uma (verdadeira) autonomia de nível administrativo e, especificamente, o significado de uma *autonomia estatuária* e de uma *auto-administração* universitárias, aspectos que, por constituirem o cerne da autonomia, não tinham reconhecimento na visão tradicional da nossa instituição universitária[71]. Quanto à «autonomia financeira», diga-se, para já, que ela abarca diversos aspectos, designadamente a capacidade para elaborar o orçamento próprio e para cobrar receitas próprias[72].

Face ao quadro constitucional que acabamos de descrever, parece-nos poder concluir que ele partilha da concepção que vê nas universidades verdadeiras *unidades científicas* – unidades simultaneamente de investigação e ensino[73] – concepção a que subjaz a ideia de que, em cada instituição universitária, tem lugar uma *zona de autonomia*, zona essa que, naturalmente, não esgota todo o quadro das tarefas universitárias, as quais, numa parte significava, não podem deixar de ser imputadas ao Estado (*rectius*, à administração estadual), apesar de serem desempenhadas pelas universidades. Do que acabamos de dizer, deriva que as universidades portuguesas, na sua actual configuração constitucional, participam de uma dupla natureza: são pólos de administração autónoma (*Selbstverwaltung*) e pólos da administração indirecta do Estado (*Staatsverwaltung*), ou seja, são simultaneamente corporações institucionais e estabelecimentos (ou institutos) públicos[74]. Como corporações o Estado reconhece-lhe assuntos pró-

---

[70] Cf. *supra*, nota 39.

[71] Naturalmente que a ideia de autonomia de nível administrativo já decorre do facto de as nossas universidades integrarem a adminstração descentralizada a que alude o art. 6.º/1 da Constituição. A afirmação expressa desta ideia, aqui no art. 76.º/1 da Constituição, tem como objectivo vincar a ruptura com o entendimento tradicional e dominante das nossas universidades, às quais estava vedado, justamente, uma *protestas statuendi* e uma *auto--administração*. V. também GOMES CANOTILHO/VITAL MOREIRA, *ob. e loc. ult. cits.*

[72] Cf. *infra*, ponto 3.

[73] Cf. *supra*, nota 67,

[74] Sobre este duplo carácter, v., em geral, a doutrina alemã e, *inter alia,* M. STOCK, *Hochschule* (II *Hochschulrecht*) e *Wissenschatfsfteiheit, in* Evangälischesstaatslexikon, respectivamente, cols. 980 e 2976; O. KIMMINICH, (n. 35), p. 691 e ss., e U. KARPEN, (n. 53), p. 14 e ss. Aliás, na R.F.A., a exigência de uma *Selbstverwaltung* para os assuntos académicos tem sido deduzida do art. 5.º, III, da *Gundgesetz* que, ao contrário do que acontece com a maioria das constituições dos *Länder,* apenas se refere à liberdade artística, científica, de investigação e de ensino (teor idêntico ao dos arts. 42.º/1 e 43.º/1 da nossa Constituição).

prios (*eigem Angelegenheiten*): assuntos científicos e pedagógicos (ou académicos) dentro dos limites da lei, para a auto-administração dos quais lhes há-de fornecer os meios técnico-jurídicos e financeiros indispensáveis; como estabelecimentos (ou institutos) públicos, as universidades são depositárias de tarefas estaduais – de tarefas transferidas (*Auftragangelegenheiten*) – que se materializam, sobretudo, na função estadual do ensino superior: formar os quadros técnicos de

---

Acrescente-se que deste entendimento partilha também o Tribunal Constitucional Federal, o qual, todavia, precisou (decisão de 29 de Maio de 1973) que uma tal exigência nao vincula o legislador a um único modelo estrutural de organização universitária (*maxime* à manutenção do modelo de organização universitária tradicional alemã).

A propósito das universidades alemãs, refira-se que há quem descortine nelas, não duas, mas três zonas de actuação. Assim, poder-se-iam distinguir três esferas de trabalho concêntricas e de fronteiras relativamente móveis nas actividades das universidades: 1) uma *zona central* respeitante à investigação a ensino (*Forschung und Lehre*) subtraída às decisões do Estado (uma zona de autonomia, portanto); 2) uma *zona de cooperação* que tem a ver com as actividades de coordenação dos órgãos autónomos do ensino superior com os órgãos do Estado e que se concretiza em formas diferenciadas de acções comuns de ensino superior; 3) uma *zona exterior* (à universidade) que é constituída sobretudo pela criação, por parte dos órgãos do Estado, de condições de actuação das universidades sem, naturalmente, pôr em causa a liberdade científica – cf. H. Siedentoph (n. 24) p. 108 e ss. (*maxime* 101 e ss.). Esta maneira de encarar a actuação das universidades não nos parece, porém, a mais adequada. É que, por um lado, mesmo a chamada zona de autonomia (de *Selbstverwaltung*) não está (nem pode estar) subtraída completamente aos poderes de decisão dos órgãos do Estado, órgãos que sempre disporão de competência para verificar e vigiar se a actuação universitária não ultrapassa o seu *campus* autonómico e invade os interesses nacionais que não podem deixar de se sobrepor aos interesses corporacionais universitários por mais relevantes que estes sejam. Por outro lado, a chamada zona de cooperação não detém, em nossa opinião, qualquer relevo próprio do ponto de vista das relações Estado-universidades que vimos considerando, já que a actuação de cooperação ou se insere na zona autonómica e então a cooperação é uma faculdade das universidades – de desenvolver acções conjuntas com o Estado ou outras entidades públicas ou privadas –, ou se insere na zona da administração indirecta do Estado e então essa cooperação é (ou pode ser) imposta pelo Governo. Finalmente, a zona de cooperação, na medida em que é definida como coordenação das actividades das universidades com as actividades dos órgãos estaduais do ensino superior, parece confundir-se com a actuação tutelar do Estado sobre a actuação autonómica universitária que, como já dissemos, é uma tutela de coordenação.

Acrescente-se que, por sua vez, a literatura italiana – que, tradicionalmente, distingue, na administração indirecta do Estado, entre entes instrumentais (aqueles que prosseguem fins próprios e exclusivos do Estado) e entes auxiliares (aqueles que prosseguem outros fins, designadamente, fins de natuerza económica) – tende a considerar as universidades como entes instrumentais da administração estadual – cf. G. Correale, (n. 34), p. 18 e ss.; O. Sepe, (n. 40), p. 442 e ss., e A. Sandulli, (n. 2), p. 1086.

*Considerações sobre a Autonomia Financeira das Universidades* 145

nível superior necessários à comunidade nacional de acordo com as orientações da política nacional de ensino superior definidas pelo Estado (v. art. 167.º/*e* da Constituição e arts. 11.º e ss. da Lei de Bases do Sistema Educativo)[75].

### 2.3. *O actual estado de concretização da autonomia das universidades portuguesas*

Apesar do que acabamos de dizer, em Portugal a autonomia universitária não passa, em larga medida, de uma ideia por concretizar. Não obstante alguns projectos e medidas avulsas, não dispomos de qualquer lei-quadro da autonomia universitária: as universidades portuguesas continuam a ser, fundamentalmente, institutos públicos enquadrados na administração indirecta do Estado sem qualquer autonomia relevante. Entre os estudos e os projectos de lei-quadro para a autonomia universitária, os mais recentes, que conhecemos[76], vão no sentido de uma ampla autonomia científica, pedagógica, administrativa e financeira como impõe a Constituição (art. 76.º/2), consagrando a eleição do reitor e uma verdadeira autonomia estatuária.

Quanto às medidas avulsas tomadas no sentido da efectivação progressiva da autonomia universitária, podemos referir quatro:

1) a criação, pelo Decreto-Lei n.º 107/79, de 2 de Maio, do Conselho de Reitores das Universidades Portuguesas (CR. U.P.), organismo que assumiu um relevo importante na perspectiva da crescente realização da autonomia universitária, pois que não se limita a ser um mero órgão consultivo do

---

[75] Assim, a mero título de exemplo, questões como o número de quadros a formar pelo ensino superior *(numerus clausus,* quotas especiais de acesso à universidade de estudantes deficientes, insulares, filhos de emigrantes, etc). â duração da formação (duração dos cursos e regime de prescrições), os tipos de formação, as grandes áreas de formação e os diversos cursos e, nomeadamente, se a formação académica integra, ou não, estágios de acesso imediato à actividade profissional) não constituem assuntos que façam parte da zona de autonomia das universidades. Tais assuntos, são pois imputados ao Estado, ao qual compete definir a política nacional do ensino superior e da formação de quadros, embora para tal deva recorrer à colaboração de diversas entidades entre as quais se destacam naturalmente as próprias universidades (v. o art. 77.º/2, da Constituição).

[76] *Cf. supra,* nota 44.

146     *Estudos sobre Autonomias Territoriais, Institucionais e Cívicas*

Ministério da Educação nas questões relacionadas com as actividades das universidades e institutos universitários, antes constitui também um pólo de transferência das funções de coordenação das actividades desenvolvidas no âmbito das universidades e institutos universitários que, até então, cabiam à Direcção-Geral do Ensino Superior (v. art. 2.° do referido diploma legal);

2) a prática pelo Ministério da Educação da nomeação dos reitores eleitos pelas universidades com base em processos eleitoriais regulados pelas próprias universidades, permitidos por simples despachos *praeter legem* (senão mesmo *contra legem)*, embora nitidamente sob o espírito constitucional da «descentralização democrática da administração pública», descentralização que, como vimos[77], implica uma (verdadeira) autonomia universitária[78];

---

[77] *Supra,* ponto 2.2.

[78] Juridicamente os reitores das universidades estaduais portuguesas são nomeados pelo Ministro da Educação com base no art. 54.° do Decreto-Lei n.° 26 611, de 19 de Maio de 1936, para o qual remete o art. 60.°/10 do Decreto-Lei n.° 781-A/76, de 28 de Outubro (o chamado Decreto de Gestão). Contudo o Ministro da Educação, escudando-se no art. 60.°/2 deste diploma – que estabelece que «o Governo poderá, entretanto, definir especificamente um novo regime de designação dos reitores» –, vem disciplinando por despacho os processos eleitorais dos reitores: primeiramente foi o Despacho (normativo) n.° 279/81 (publicado na II Série do D.R., de 21-10-81) que fixou as regras que deviam presidir à eleição, em lista tríplice, dos reitores, e, depois, os despachos singulares que têm vindo a regular, caso a caso, a eleição de cada reitor (v., para a última eleição do Reitor da Universidade de Coimbra, o Despacho n.° 164-ME/85, publicado na II Série do D.R., de 12-8-85), já que o Despacho n.° 279/81, não chegou a ser aplicado. Embora esta prática seja materialmente consentânea com o reconhecimento constitucional da autonomia universitária, a sua regularidade formal, porém, suscita-nos algumas dúvidas: é que o preceito legal em causa, na medida em que permite ao Governo através de regulamento ou medida administrativa revogar a disposição legal relativa à designação do reitor, briga como preceito do art. 115.°/5, da Constituição, o que leva a que os despachos emitidos depois da revisão constitucional que introduziu este normativo, não tenham suporte legal, e isto – acrescente-se – mesmo que façamos do preceito constitucional em causa – como entendemos que se deve fazer – uma interpretação restritiva no sentido de que ele apenas proíbe as deslegalizações em domínios *materialmente legislativos* (que são, por um lado, as matérias reservadas à lei da A.R. ou diploma legislativo – *domínio legislativo por natureza,* e, por outro lado, as matérias que constituam as bases gerais dos regimes jurídicos já constantes de diploma legislativo – *domínio legislativo por atribuição ao legislador),* sob pena de se cair no absurdo de toda e

Considerações sobre a Autonomia Financeira das Universidades    147

3) o Decreto-Lei n.ª 188/82, de 17 de Maio, que veio esta-
belcer, no seu art. 1.º, n.º 1, que «as universidades e institutos
universitários poderão ser dotados de autonomia administrativa[79] e financeira, nos termos do presente diploma», autonomia essa que – como veremos – é bem menor do que aquela
que as palavras podem sugerir;
4) o crescente e significativo aumento das competências das
universidades através do aumento das competências dos reitores levada a cabo pelo Decreto-Lei n.º 323/84, de 9 de
Outubro, que, ampliando sobretudo as competências reitorais
em matéria de gestão de pessoal e realização de provas académicas, veio também aumentar as competências financeiras
dos reitores – e, por conseguinte, das universidades – nos
termos das alíneas s) e u) do art. 1.º[80].

Em resumo: as actuais universidades portuguesas não possuem,
por enquanto, uma autêntica autonomia, sendo a sua posição jurídica
enquadrável na administração indirecta do Estado e consubstanciada
no facto de serem pessoas jurídicas públicas que praticam actos administrativos, que se auto-administram com base em despachos ministeriais (de discutível legalidade) e requisitam mensalmente os créditos
orçamentais inscritos nas dotações do Orçamento do Estado[81].

---

qualquer matéria regulamentar, uma vez constante de lei, passar a estar reservada ao legislador, exaurindo-se, assim, progressivamente o *campus* regulamentar.

Recorde-se que, durante a Primeira República e na vigência do texto originário da
*Constituição Universitária* (1911-1919) a nomeação do reitor tinha de recair num dos três
candidatos mais votados na eleição para reitor (sistema da lista tríplice) – cf. *supra,* nota 43.

[79] É de referir que esta «autonomia administrativa» tem aqui um sentido muito especial:
o sentido que é tradicional na nossa legislação da contabilidade pública – actualmente
constante do Decreto-Lei n.º 211/79, de 12 de Julho – e que exprime o poder de certos
serviços realizarem directamente as suas despesas por conta das dotações atribuídas no
Orçamento do Estado – v. o art. 1.º/2/*a* do referido Decreto-Lei e o que dizemos no texto.
Trata-se, pois, de uma «autonomia administrativa» diversa da, a seguir várias vezes referida
neste texto como a (verdadeira) autonomia administrativa e da usual, para outros efeitos, no
nosso direito administrativo – cf. *supra,* nota 39.

[80] A linha de orientação deste diploma foi iniciada pelo Decreto-Lei n.º 200-J/80, de
24 de Junho, que veio atribuir certas competências aos reitores em matéria de contratação de
pessoal docente.

[81] Sobre este último aspecto, v. *infra,* ponto 3.1.

# 148 Estudos sobre Autonomias Territoriais, Institucionais e Cívicas

## 3. A autonomia financeira das universidades portuguesas

Sobre este último ponto – o que, efectivamente, serviu de pretexto a estas considerações – vamos primeiramente tentar definir o conceito de autonomia financeira para, de seguida, procurarmos saber em que medida ela existe no que respeita às universidades portuguesas e em que medida ela virá (e terá de) existir para que se concretize a autonomia universitária constitucionalmente consagrada.

### 3.1. *O conceito de autonomia financeira*

O que é, então, a autonomia financeira? Pelo que se refere aos organismos ou entes públicos, estes gozarão de autonomia financeira, no seu sentido mais amplo, quando disponham de alguma liberdade no que respeita às suas receitas ou à realização das suas despesas. A autonomia financeira traduz, assim, a medida de liberdade na obtenção de receitas ou realização de despesas dos entes públicos, abarcando uma diversidade de situações e uma pluralidade de graduações[82].

Enquanto as graduações da autonomia financeira são tendecialmente indefiníveis, dependendo a sua caracterização da configuração assumida em cada caso concreto, as matérias relativamente às quais a autonomia financeira se manifesta são facilmente detectáveis e classificáveis. Neste domínio, a autonomia financeira pode apresentar algumas das seguintes modalidades: 1) *autonomia patrimonial,* como o poder de possuir um património próprio e tomar decisões relativas a ele no âmbito da lei[83]; 2) *autonomia orçamental,* como o poder de possuir orçamento próprio e a gestão das correspondentes receitas e despesas[84]; 3) *autonomia de tesouraria,* como o poder de gerir autonomamente os recursos monetários próprios em execução ou não do orçamento; 4) *autonomia creditícia,* como o poder de

---

[82] Cf Sousa Franco, *Finanças Públicas e Direito Financeiro,* Coimbra, Almedina, 1987, p. 147 e ss.

[83] Embora entre a autonomia patrimonial e a personalidade jurídica não exista uma relação necessária, podemos dizer que aquela pressupõe, quase sempre, esta e esta não dispensa, na prática, um conteúdo mínimo daquela.

[84] Disponha de orçamento privativo, portanto.

Considerações sobre a Autonomia Financeira das Universidades      149

contrair dívidas através do recurso a operações financeiras de crédito, assumindo as correspondentes responsabilidades[85-86].

Não obstante se relacionarem, estas diversas formas de autonomia são relativamente independentementes entre si e podem ser quer atributos de pessoas colectivas públicas, quer atributos de órgãos (organismos) mais ou menos interligados e imbricados que não possuam personalidade jurídica própria. Daí que esta classificação seja, até certo ponto, irrelevante,

Mas, se são estas as modalidades que a autonomia financeira pode assumir, entre nós, quanto à matéria a que diz respeito, não são estas, todavia, as modalidades que a legislação portuguesa da contabilidade pública referencia. De facto, a legislação da contabilidade pública fala, a este propósito, de duas modalidades de autonomia financeira, a saber: 1) serviços dotados de *autonomia administrativa*[87] – aqueles cujos órgãos são competentes para efectuar directamente o pagamento das suas despesas, mediante fundos requisitados mensalmente, em conta das dotações atribuídas no Orçamento do Estado[88] e de cuja aplicação têm de prestar contas depois de findo o ano económico (art. 1.º/2/*a* do Decreto-Lei n.º 211/79, de 12 de Julho); 2) serviços dotados de *autonomia financeira* aqueles cujos órgãos, além de autonomia administrativa, possuem contabilidade e orçamento privativos, com afectação de receitas próprias às despesas da sua manutenção (art. 1.º/2/*b* do Decreto-Lei n.º 211/97)[89].

---

[85] A autonomia creditícia carece sempre de um suporte patrimonial mínimo que pode ser constituído por um património autónomo – cf. SOUSA FRANCO, *ob.* e *loc. cits.*

[86] Quanto ao que dizemos no texto, ver SOUSA FRANCO, *ob.* e *loc. cits.*

[87] Não se confunda esta «autonomia administrativa» (para meros efeitos de contabilidade pública) com a «autonomia» administrativa frequente no nosso direito administrativo, nem com a autonomia administrativa referida às pessoas colectivas públicas dotadas de (verdadeira) autonomia – v. *supra*, nota 39.

[88] Dizemos Orçamento do Estado e não Orçamento Geral do Estado, porque, em consequência da revisão constitucional de 1982, a Assembleia de República passou a aprovar o Orçamento do Estado – cf. arts. 108.º/3 e 164.º/*g* da Constituição e Lei n.º 40/83, de 13 de Dezembro (Lei de Enquadramento do Orçamento do Estado, doravante mencionada por L.E.O.E.).

[89] Definições idênticas às acabadas de referenciar encontravam-se anteriormente nos §§ 1.º e 2.º do art. 1.º do Decreto-Lei n.º 41 375, de 19 de Novembro de 1957, revogado pelo Deçreto-Lei referido no texto. Sobre estas noções na doutrina, vejam-se MARCELLO CAETANO, *Manual,* cit., p. 222; TEIXEIRA RIBEIRO, *Lições de Finanças Públicas,* 2.ª ed., Coimbra, 1984, p. 62 e ss., e SOUSA FRANCO, (n. 82), p. 156 e ss.

## 150  Estudos sobre Autonomias Territoriais, Institucionais e Cívicas

Delimitado o conceito de autonomia financeira, é agora o momento de colocar a seguinte questão: qual é, pois, o ponto actual da autonomia financeira das universidades portuguesas e qual deverá ser a sua configuração tendo em conta as disposições constitucionais pertinentes e os projectos que, neste sentido, têm vindo a ser elaborados?

A resposta a esta questão – como, de resto, já resulta da sua própria formulação – comporta dois planos: o plano do direito actual e o plano do direito a construir.

### 3.2. *A actual autonomia financeira das universidades portuguesas*

A este nível, temos de afirmar que as universidades portuguesas gozam de uma escassa autonomia. Em rigor, elas não dispõem senão de uma mera autonomia administrativa no sentido tradicional da legislação da contabilidade pública portuguesa que se traduz no poder de cada universidade requisitar mensalmente as importâncias das dotações inscritas no Orçamento do Estado e efectuar directamente as suas despesas mediante essas importâncias. Nestes termos, as universidades portuguesas não gozam de autonomia fianceira, mas tão-só de autonomia administrativa, isto é, autonomia relativa à realização das despesas no quadro dos fundos orçamentados. Que isto é assim, di-lo claramente a lei para as universidades mais antigas – art. 1.º do Decreto-Lei n.º 38 692, de 21 de Março de 1952, para as Universidades de Coimbra, Lisboa e Porto, e o Decreto-Lei n.º 19 081, de 2 de Dezembro de 1930, para a Universidade Técnica de Lisboa[90], e revela-o a legislação e a prática relativas às universidades novas – v. os Decretos-Lei n.º 402/73, de 17 de Agosto, e n.º 35/82, de 4 de Fevereiro.

Mas isto é também assim para as universidades e institutos universitários, mesmo quando estes estabelecimentos tenham requerido e lhe tenha sido concedido o regime de «autonomia administrativa e

---

[90] Preceitos que o diploma de reorganização dessas universidades – Decreto-Lei n.º 536/79, de 31 de Dezembro, já alterado em parte pelo Decreto-Lei n.º 331/85, de 12 de Agosto – manteve plenamente em vigor (v. o art. 1.º do Decreto-Lei n.º 536/79).

*Considerações sobre a Autonomia Financeira das Universidades* 151

financeira» previsto no Decreto-Lei n.º 188/82[91]. É que este regime, não obstante as expressões utilizadas pelo legislador, não configura uma situação de verdadeira autonomia financeira, a não ser na escassa medida dos orçamente privativos, e mesmo assim fortemente limitada, como vamos ver.

Como é que se concretiza então e em que é que se materializa o regime de «autonomia administrativa e financeira» do Decreto-Lei n.º 188/82?

Quanto à primeira questão há que dizer que o regime em causa não é de aplicação automática. As universidades e institutos universitários que queiram gozar desse regime terão de fazer um pedido nesse sentido, pedido que, para além de ser fundamentado, deve ser instruído com os seguintes instrumentos de previsão: *a)* planos de actividade e planos financeiros anuais e plurarianuais; *b)* orçamentos constantes do Orçamento do Estado[92]; *c)* orçamentos privativos – v. os arts. 1.º/2 e 6.º/1 do Decreto-Lei n.º 188/82. Será com base neste pedido que o Ministro da Educação[93] fixará, por portaria, o momento a partir do qual a universidade ou instituto universitário passa a usufruir do regime de «autonomia administrativa e financeira».

Relativamente à segunda questão, a resposta é-nos dada pelo art. 2.º do diploma em análise[94]. Aí se diz *expressis verbis* que «no uso da autonomia administrativa e financeira conferida pelo presente diploma, as universidades e institutos universitários poderão: *a)* autorizar e efectuar directamente o pagamento das suas despesas mediante fundos requisitados em conta das dotações atribuídas no Orçamento Geral do Estado[95], de cuja aplicação têm de prestar contas no termo de cada ano económico[96]; *b)* dispor de receitas próprias provenientes do exercício das suas actividades e aplicá-las na satisfação das suas

---

[91] Nesta situação se encontram as universidades de Évora, Minho e Aveiro, às quais foi conferido este regime, respectivamente, pela Portaria n.º 1126/82, de 2 de Dezembro, pela Portaria n.º 121/83, de 2 de Fevereiro, e pela Portaria n.º 892/83, de 27 de Setembro. Como se vê, apenas as universidades novas requereram a aplicação deste Decreto-Lei.

[92] Cf. diplomas referidos *supra,* nota 90.

[93] Designação, de novo, actual.

[94] Os preceitos referidos doravante, sem indicação da sua proveniência, são do Decreto-Lei n.º 188/82.

[95] Agora Orçamento do Estado.

[96] É a autonomia administrativa em matéria financeira de que já dispunham as universidades.

152    *Estudos sobre Autonomias Territoriais, Institucionais e Cívicas*

despesas através de orçamentos privativos[97]; *c)* arrendar directamente os edifícios indispensáveis à prossecução das suas actividades».

Configurará, porém, este normativo, e bem assim os que o desenvolvem *(maxime* os arts. 3.º, 4.º e 9.º) a base real de uma ·verdadeira autonomia financeira? *Prima facie,* podemos ser levados a responder afirmativamente. Nesse sentido não nos faltam, aliás, argumentos. Em primeiro lugar, as universidades (que optem pelo regime em análise) passam a dispor de orçamento privativo, no qual são inscritas diversas receitas próprias (enumeradas no art. 9.º/2), entre as quais se destaca uma cujo peso não deixará de ser significativo num futuro mais ou menos próximo: referimo-nos ao produto das prestações de serviços (altamente especializados) que os docentes, investigadores e técnicos universitários podem fornecer a entidades públicas ou privadas com que cada instituição universitária contrate[98]. Em segundo lugar, a administração das receitas próprias ou provenientes do Orçamento do Estado está entregue ao Conselho Administrativo – constituído pelo Reitor, vice-reitores, administrador e director ou responsável dos serviços administrativos da universidade ou instituto universitário (v. art. 3.º/l)[99] –, o qual é detentor de toda uma série de poderes, à primeira vista, de largo alcance para a autonomia financeira das instituições universitárias (v. as diversas alíneas do art. 4.º)[100].

---

[97] Aqui se localiza a autonomia financeira: dispor de receitas próprias e aplicá-las segundo orçamento próprio.

[98] Serviços esses que, a breve prazo, podem contribuir decisivamente para uma integração correcta das universidades na sociedade em geral e, especialmente, nas comunidades regionais em que especificamente se inserem.

[99] O Conselho Administrativo é o órgão tradicional de gestão financeira das nossas universidades, independentemente do grau de autonomia de que disponham nesta matéria. Criado pelo Decreto-Lei n.º 38 692, de 21 de Março de 1952, para as Universidades de Coimbra, Lisboa e Porto, ele foi, depois, adoptado também para as novas universidades (v. o art. 20.º/2 do Decreto-Lei n.º 402/73, de 11 de Agosto, e o art. 3.º/2 do Decreto-Lei n.º 35/82, de 4 de Fevereiro). A sua composição actual – de resto, não muito diversa da originária – foi estabelecida pelo Decreto-Lei n.º 536/79, de 31 de Dezembro (art. 4.º/1) e pelo Decreto-Lei n.º 121/85, de 22 de Abril (este último diploma limitou-se a integrar no Conselho Administrativo os vice-reitores). A propósito de vice-reitores, refira-se que, nos termos do Decreto-Lei n.º 195/86, de 17 de Julho, o seu número pode ser de três nas universidades com um número de alunos superior a 10 000, sendo nas restantes, de dois, nos termos do Decreto-Lei n.º 49 280, de 3 de Outubro de 1969.

[100] Assinale-se que alguns poderes nesta matéria pertencem, não ao Conselho Administrativo, mas ao reitor, como é o caso das propostas de preços dos serviços a prestar pela

## Considerações sobre a Autonomia Financeira das Universidades 153

Finalmente, no respeitante à autorização de realização de despesas e celebração do contratos, as universidades ou institutos universitários dispõem, através dos seus conselhos administrativos, da mesma competência que é atribuída pela lei geral aos responsáveis dos serviços dotados de autonomia administrativa e financeira (v. art. 3.º/2)[101].

Esta visão das coisas é, contudo, superficial e escamoteia a realidade: é que, bem vistas as coisas, a base substancial da autonomia financeira prevista no diploma em análise é praticamente nula. Senão vejamos.

Em primeiro lugar, os orçamentos privativos das universidades, referidos no diploma em apreço, são de escasso significado, uma vez que as receitas próprias das universidades são diminutas, pois aquela receita susceptível de adquirir maior peso no futuro – o produto dos serviços prestados pelas universidades às empresas – ainda não ganhou nem é previsível que venha a ganhar nos tempos mais próximos, tradição entre nós[102]. Para confirmar o que acabamos de dizer basta ver os montantes das receitas próprias das universidades que requereram a aplicação do regime do diploma em apreço (os quais, como o exige o art. 4.º/c, devem constar de contas de ordem de receitas do Ministério Educação) e confrontar essas receitas com o total das receitas atribuídas às mesmas universidades[103].

---

universidade ou instituto universitário – art. 12.º, preceito que deve considerar-se revogado pelo art. 1.º/s do Decreto-Lei n.º 323/84, na medida em que veio atribuir ao reitor a competência para *aprovar* as propostas das tabelas de preços dos referidos serviços.

[101] A lei geral que vigora neste domínio é o já mencionado Decreto-Lei n.º 211/79, com as actualizações constantes do Decreto-Lei n.º 227/85, de 4 de Julho. Quanto à competência referida, vejam-se os arts. 20.º/1 /d, 20.º/2/d, 21.º/c e 22.º/d/4.º período, do primeiro diploma na redacção dada pelo segundo.

[102] Isto de um modo geral e sobretudo em relação às faculdades e departamentos universitários tradicionais, pois algumas faculdades e departamentos universitários – *maxime* faculdades e departamentos ligados às novas tecnologias – já conseguem, através de protocolos celebrados com empresas privadas ou públicas, receitas significativas com que financiam a investigação e cursos de pós-graduaçao e mestrado. A título de exemplo, refira-se o Instituto Superior Técnico da Universidade Técnica de Lisboa e a Faculdade de Ciências e Tecnologia da Universidade de Coimbra que têm vindo a celebrar protocolos com diversas empresas.

[103] A este respeito, v. o Anexo ao Mapa I do Orçamento do Estado, o qual, introduzido a partir do O.E. de 1986, contém as receitas dos fundos e serviços autónomos, nos quais se integram as universidades que optaram pelo regime do Decreto-Lei n.º 188/82. Relativamente ao Orçamento de Estado para 1987, v. a Lei n.º 49/86, de 31 de Dezembro.

# 154 Estudos sobre Autonomias Territoriais, Institucionais e Cívicas

Em segundo lugar, os poderes de que as universidades dispõem relativamente às receitas, através sobretudo do Conselho Administrativo[104], são mais aparentes que reais, ou seja, as universidades não gozam, neste domínio, de um relevante poder orçamental. Isto é assim relativamente aos poderes orçamentais que se concretizam na elaboração dos projectos dos orçamentos a incluir na parte substancial do Orçamento do Estado: é que, estes orçamentos – dos quais constarão, de resto, o grosso das receitas das universidades – vão ser elaborados nos termos da lei geral em vigor para a preparação e elaboração do Orçamento do Estado (art. 7.°), limitando-se, assim, as universidades a apresentar *projectos* que, depois de encaminhados para a delegação da Direcção-Geral da Contabilidade Pública junto do Ministério da Educação e desta para a Direcção-Geral de Contabilidade Pública (que centraliza todos os projectos vindos dos diversos departamentos ministeriais), são aprovados pelo Governo, apresentando este, de seguida, a proposta do Orçamento do Estado à Assembleia da República para esta aprovar (decidir)[105]. Mas, nos termos do Decreto-Lei n.° 188/82, isto é, em larga medida, igualmente válido para os orçamentos privativos: é que, não obstante as universidades disporem neste domínio de um poder orçamental decisório – pois são eles que aprovam, através do Conselho Administrativo, os seus orçamentos, embora estes fiquem sujeitos a homologação[106] e visto[107] do

---

[104] Com a ressalva constante *supra* nota 89.

[105] Quanto ao que dizemos no texto, cf. TEIXEIRA RIBEIRO, (n. 89), p. 99 e SOUSA FRANCO, (n. 82), p. 382 e ss. Naturalmente que a aprovação da Assembleia da República é um acto político (uma aprovação política) que confere força jurídica a todos os actos (administrativos ou não) de preparação que antecederam o Orçamento.

[106] O termo homologação significa, regra geral, um *acto administrativo* exarado sobre um parecer ou uma proposta. Todavia, por vezes, esta palavra é empregada com o sentido de *acto integrativo da eficácia* do acto aprovado (aprovação em sentido próprio) – cf. FREITAS DO AMARAL, *Anotação aos Acórdãos do Conselho Ultramarino de 11-V-67 e 3-VIII-69, in* o Direito, ano 102, p. 143 e ss., e MARCELLO CAETANO, *Manual,* cit., p. 462 e ss. e 1 320. Sobre as aprovações, v. ROGÉRIO SOARES, (n. 37), p. 119 e ss.

[107] O visto, entre nós, é entendido como acto integrativo da eficácia do acto visado à semelhança, aliás, do que acontece com o visto do Tribunal de Contas. Este entendimento não tem que ser, porém, necessário, pois quando a falta do visto implique a não publicação do acto visado e a esta seja conferido o valor de condição de existência ou validade do acto a publicar, então a falta de visto acaba por ser também pressuposto da existência ou validade do acto visado. Isto mesmo aconteceu durante a vigência da redacção primitiva do art. 122.°/4

## Considerações sobre a Autonomia Financeira das Universidades          155

Ministro das Finanças e do Ministro da Educação[108] – esse poder orçamental é bastante diminuto no que respeita às receitas provenientes dos serviços a prestar pela universidade ou instituto universitário, uma vez que os preços a cobrar por estes serviços são fixados pelo Ministro da Educação por homologação[109] das propostas do reitor (art. 12.º), cabendo pois ao Ministro fixar estas receitas que, depois, são inscritas no orçamento da respectiva universidade ou instituto universitário[110].

Em terceiro lugar e ainda no quadro das receitas, a debilidade da autonomia financeira das universidades portuguesas consagrado no Decreto-Lei n.º 188/82, apresenta um outro aspecto digno de mensão: o da impossibilidade de recurso ao crédito. Na verdade, o diploma em apreço não prevê este tipo de receitas tão importante para prosseguir uma gestão financeita dinâmica.

Em quarto lugar, o facto de o diploma em análise prescrever que «em matéria de autorização de despesas e celebração de contratos, os conselhos administrativos das universidades e institutos universitários têm a competência atribuída na lei geral aos responsáveis dos serviços com autonomia administrativa e financeira» (art. 3.º/2), não tem relevo quanto à autonomia financeira. É que esta tem a ver com a autonomia relativa às receitas e ao orçamento que as prevê e não com a autonomia relativa às despesas, a qual diz respeito apenas à mera autonomia administrativa em termos da contabilidade pública.

---

da Constituição (1976-82) que cominava para a falta de publicação dos actos aí referidos a inexistência jurídica. Esta consequência cessou com a actual redacção do art. 122.º/2 da Constituição que comina para a falta de publicação a ineficácia jurídica, assim se retomando o que tem sido tradição entre nós – cf. SÉRVULO CORREIA, (n. 37), p. 323 e ss.

[108] Homologação e visto que, em nossa opinião, desempenham aqui uma mera função integrativa da eficácia da aprovação anterior – v. art. 8.º/2 do Decreto-Lei n.º 188/82.

[109] Trata-se aqui de uma homologação em sentido próprio e não de um mero acto integrativo da eficácia do acto do reitor. De facto, a *proposta* deste não passa de um acto preparatório do acto administrativo (definitivo no dizer da jurisprudência e de grande parte da doutrina portuguesa) a praticar pelo Ministro da Educação e que se concretiza no despacho de homologação.

[110] Relativamente a este último aspecto, o que afirmamos no texto justifica-se apenas como crítica ao regime do Decreto-Lei n.º 188/82, uma vez que, presentemente, nos termos do art. 1.º/s do Decreto-Lei n.º 323/84, compete aos reitores das universidades *aprovar* as tabelas de preços dos referidos serviços – cf. *infra,* no texto.

156  *Estudos sobre Autonomias Territoriais, Institucionais e Cívicas*

Por isso, a atribuição aos conselhos administrativos das instituições universitárias[111], em matéria de despesas, da mesma competência de que dispõem os responsáveis dos serviços dotados de autonomia administrativa e financeira, não nos diz nada da sua real autonomia financeira: esta dependerá da existência de orçamento próprio e de receitas próprias, nos termos que vimos.

Em suma, a autonomia conferida pelo Decreto-Lei n.º 188/82, em matéria financeira em muito pouco ultrapassa a mera autonomia administrativa. Esta afirmação é aliás fácil de confirmar se cotejarmos os poderes conferidos aos conselhos administrativos das universidades pelo Decreto-Lei n.º 38.692, de 21 de Março de 1952 (art. 3.º) e os poderes que esses mesmos conselhos passaram a dispor no regime do Decreto-Lei n.º 188/82 (art. 4.º). Se descontarmos os poderes que se relacionam com os orçamentos privativos – cujo peso é o que vimos –, nada de realmente novo nos traz o diploma que tão pomposamente se propunha conferir autonomia administrativa e financeira às universidades portuguesas (v. art. 1.º/1).

Para completarmos a análise do actual estado da autonomia financeira das universidades portuguesas, devemos fazer referência ainda às disposições de natureza financeira contidas nas alíneas *s)* e *u)* do art. 1.º do Decreto-Lei n.º 323/84, de 9 de Outubro, diploma que, porpondo-se sobretudo alargar as competências dos reitores em matéria de gestão de pessoal e de realização de provas académicas, veio também aumentar os poderes financeiros das universidades através da ampliação, neste domínio, das competências dos reitores. Assim no respeitante às receitas, os reitores passaram a dispor de competências para «*aprovar* as tabelas de preços de trabalhos realizados em institutos, departamentos, centros, núcleos ou laboratórios das universidades ou institutos universitários nos termos do Decreto n.º 18 694, de 21 de Julho de 1930, e demais legislação aplicável, tendo em

---

[111] A autorização de realização de «despesas de capital ou de obras» até ao limite de 2.000.000$ é presentemente competência própria dos reitores universitários nos termos do art. 1.º/*u* do Decreto-Lei n.º 323/84. Esta competência deve considerar-se alargada – não só quanto ao montante mas também quanto ao tipo de despesas – pela delegação de competências constante dos n.os 3 e 4 do Despacho 215/MEC/85, D.R., II Série, Supl. de 21-9-85, que veio delegar nos reitores a competência para «autorizar a realização de despesas com obras ou aquisições de bens e serviços até ao limite de 8.000.000$».

*Considerações sobre a Autonomia Financeira das Universidades*     157

atenção os meios humanos e materiais mobilizados, a qualidade do serviço prestado, os respectivos custos indirectos e os preços correntes de mercado» (art. 1.º/s), conferindo-se, deste modo, às universidades um poder de que, anteriormente, não dispunham mesmo as universidades que tivessem optado pelo regime do Decreto-Lei n.º 188/82.

Por sua vez no referente às despesas, passou a competir aos reitores *autorizar* a realização de «despesas de capital e em obras» até ao limite coincidente com o legalmente previsto para os responsáveis dos serviços dotados de autonomia administrativa e financeira (art. 1.º/u e a actualização constante do Despacho n.º 215/MEC/85[112]), assim se estendendo a todas as universidades uma competência de que, até então, apenas dispunham as universidades às quais se aplicasse o Decreto-Lei n.º 188/82.

Nestes termos, podemos concluir que a autonomia das universidades portuguesas em matéria financeira não se modificou significativamente de 1952 para cá, ou seja, as universidades continuam a dispor nesta matéria de uma mera autonomia administrativa. Efectivamente, nem o Decreto-Lei n.º 188/82, nem o alargamento das competências dos reitores constantes das alíneas *s)* e *u)* do art. 1.º do Decreto-Lei n.º 323/84, modificaram, em substância, este *status quo*.

### 3.3. *Algumas ideias relativas a autonomia financeira das universidades portuguesas «de iure condendo»*

Vista a autonomia financeira das universidades portuguesas ao nível do direito constituído é agora a vez de perspectivá-la ao nível do direito a constituir, de maneira a que ela seja o instrumento financeiro adequado à concretização de uma verdadeira autonomia universitária como a nossa Constituição exige e as universidades justamente reclamam[113]. Para atingirmos esse desiderato, vamos, primeiramente, aludir às exigências que, em nosso entender, devem estar satisfeitas para que possamos falar de uma (verdadeira) autonomia

---

[112] V. o que dissemos na nota anterior.

[113] V. RUI DE ALARCÃO, *Discurso de tomada de posse do Reitor, in* Discursos (Tomada de posse do Reitor), Coimbra, 1986, p. 21 e ss.

# 158 Estudos sobre Autonomias Territoriais, Institucionais e Cívicas

financeira das universidades – isto é, de uma autonomia financeira adequada à concretização da autonomia universitária constitucionalmente reconhecida – e, de seguida, ver em que medida os projectos de lei de autonomia universitária mais recentes – o Projecto do C.R.U.P. e os Projectos de Lei n.º 251 /IV, 348/IV, 350/IV, 369/IV e 370/IV e a Proposta de Lei n.º 52/1V (que, de algum modo, desenvolvem ideias vindas do Projecto Ferrer Correia)[114] – realizam essas exigências.

Antes, porém, de ver estas exigências e da sua expressão ao nível dos projectos, convém fazer uma advertência que é esta: é por demais evidente que a autonomia financeira das universidades nunca poderá ser muito grande e, designadamente, aproximada da que vem sendo reivindicada e conferida às autarquias locais. E isto justamente porque, por mais optimistas que sejam as previsões e as perspectivas neste campo, o grosso – a grande maioria – das receitas das universidades continuarão a ser constituídas pelas verbas do Orçamento do Estado[115].

Não obstante o que acabamos de dizer, a autonomia universitária requer um significativo reforço dos poderes financeiros das nossas universidades. Esse reforço passa, quanto a nós, por três aspectos: 1) existência em cada universidade de um orçamento próprio (privativo) com um peso real – o que, como vimos, não acontece no quadro do regime do Decreto-Lei n.º 188/82; 2) reconhecimento às universidades do direito de participarem na definição dos critérios de fixação das dotações a conceder pelo Estado; 3) maior liberdade das universidades na realização das despesas, ou seja, na gestão das receitas próprias ou provenientes do Orçamento do Estado.

Quanto ao orçamento privativo, este deve possuir um peso maior, peso que há-de resultar, não só do aumento significativo das receitas

---

[114] Cf. *supra,* nota 46.

[115] Esta ideia é, aliás, um lugar comum na literatura, a qual, neste domínio, mais não faz que reconhecer os factos. V., neste sentido, G. VEDEL, (n. 50), p. 64; H. SINDENTOPF, (n. 24), p. 122, e O. KIMMINICH, (n. 35), p. 613. Mesmo em Inglaterra, onde as universidades constituem instituições independentes dos poderes públicos (*maxime* do Governo), as dotações públicas que as suportam chegam a atingir 70% das receitas previstas nos orçamentos universitários, como é, por exemplo, o caso da Universidade de Liverpool apontado por F. RIDLEY (n. 40), p. 76. Sobre o problema em geral do financiamento das universidades, v. U. KARPEN, (n. 53), *passim.*

Considerações sobre a Autonomia Financeira das Universidades    159

próprias das universidades, mas também da atribuição aos órgãos universitários (*maxime* aos órgãos deliberativos) de alguma liberdade na fixação do montante de cada uma das receitas próprias. Assim, por um lado, somos de opinião que devem passar a constituir receitas próprias das universidades – para além das já assim consideradas no Decreto-Lei n.º 188/82 – também as seguintes: 1) as receitas provenientes do pagamento de matrículas e propinas; 2) o produto de taxas, emolumentos[116], multas e penalidades a aplicar pelas universidades; 3) o produto de empréstimos; 4) o saldo da conta de gerência de anos anteriores e os juros de depósitos. Por outro lado, não vemos qualquer inconveniência em que o montante das matrículas, propinas, emolumentos, multas e penalidades[117] seja fixado pelas próprias universidades dentro de adequados limites estabelecidos na lei.

Aliás, o que acabamos de dizer não será difícil de aceitar também no que respeita aos empréstimos. Também quanto a estes, as universidades devem gozar de uma margem de liberdade: naturalmente que o recurso ao crédito não poderá ser, nem totalmente livre nem totalmente vinculado[118], antes, deverá enquadrar-se dentro das condições aceitáveis e dos limites razoáveis fixados pelo legislador[119]. Esta solução parece, de resto, enquadrar-se na própria evolução legislativa que, de algum modo, vem no sentido de aumentar os poderes das universidades relativamente às receitas próprias: assim a já referida alínea *s)* do art. 1.º do Decreto-Lei n.º 323/84, que veio ampliar as atribuições das universidades através da concessão aos reitores de competência para *aprovarem* as tabelas de preços dos serviços prestados pelas instituições universitárias.

---

[116] Taxas cujo produto é destinado, total ou parcialmente, à retribuição dos funcionários de um serviço – cf. ALBERTO XAVIER, *Manual de Direito Fiscal,* Lisboa, 1974, p. 50.

[117] Que, como é óbvio, não constituam sanções de natureza penal, pois, nesse caso, a sua fixação cai na reserva (relativa) da Assembleia da República – arts. 168.º/1/*c* da Constituição.

[118] Como aconteceria se os empréstimos tivessem de ser autorizados caso a caso, exigência que temos por incompatível com a autonomia universitária. Ressalvados ficam, porém, todos aqueles casos que, devido ao montante ou às condições, derroguem as condições e limites gerais do recurso ao crédito estabelecidos na lei.

[119] As condições gerais de recurso ao crédito por parte das universidades devem ser estabelecidas na lei-quadro da autonomia universitária ou em legislação específica editada para esse efeito.

## 160 Estudos sobre Autonomias Territoriais, Institucionais e Cívicas

Uma questão que, a respeito dos orçamentos privativos, se pode levantar, é a de saber se estes devem, de futuro, continuar sujeitos a homologação *(rectius,* aprovação) do Governo e visto do Ministro das Finanças, como acontece actualmente no regime do Decreto-Lei n.º 188/82. Embora se possa defender o contrário, não vemos qualquer desvantagem, em termos de autonomia universitária, na manutanção de um tal controlo preventivo[120], desde que limitado à verificação da legalidade dos orçamentos e quando estes não estejam integrados no Orçamento do Estado (como o exige o art. 24.º/1 da L.E.O.E. relativamente aos orçamentos dos serviços e fundos autónomos[121]), pois, neste caso, o controlo preventivo da sua legalidade

---

[120] Contesta-se, por vezes em sede geral, o controlo preventivo da legalidade de actuação dos entes autónomos com base justamente na ideia de autonomia. A autonomia, porém, nada implica quanto ao momento em que deve ser exercida a tutela (de mera legalidade) sobre as entidades autónomas, a qual, para ser eficaz, muitas vezes terá de ser exercida *a priori.* De contrário, assistiremos à demissão do Estado em exercer a tutela a que constitucionalmente está obrigado como, de resto e em certa medida, se vem verificando relativamente à tutela sobre a actuação das nossas autarquias locais. E contra isto não se diga que a actuação dos entes autónomos pode correr o perigo de ficar totalmente bloqueada, quer pela inércia quer pela recusa ilegal de aprovação tutelar: é que, contra a inércia sempre se pode consagrar a aprovação tácita (como, aliás, é já frequente no nosso direito administrativo) e contra a recusa (ilegal) da aprovação os entes autónomos dispõem de diversos meios para repor a legalidade, mormente o recurso aos tribunais administrativos. Naturalmente que o controlo preventivo, relativamente a entes dotados de autonomia, só deve existir naqueles casos em que o controlo sucessivo se mostre de todo impraticável e mesmo assim somos de opinião que um tal controlo, sobretudo pelo melindre que o acompanha, deve ser entregue, de preferência, a entidades imparciais, como, por exemplo, e no respeitante à matéria financeira, ao Tribunal de Gontas que, para esse efeito, devia ser desconcentrado (como acontece já em relação ao controlo da actuação dos órgãos de governo próprio das regiões autónomas). Esta solução é justamente a consagrada em Itália para o controlo preventivo da legalidade dos orçamentos das universidades, orçamentos que, refira-se, têm aí a particularidade de corresponder ao ano académico (1 de Novembro a 31 de Outubro) e não ao ano civil – cf. S. Buscema, *Trattato di Contabilità Pubblica,* Vol. II, Milano, 1981, p. 296. Uma certa desconcentração do tribunal de Contas está prevista no Projecto de Lei n.º 369/IV (art. 18.º/2) que propõe: «haverá, junto de cada universidade, em número adequado à sua dimensão, delegados do Tribunal de Contas...».

[121] Estes orçamentos passaram a constar do Orçamento do Estado a partir do Orçamento do Estado para 1986 (Lei n.º 9/86, de 30 de Abril). Dado porém tais orçamentos figurarem aí por montantes globais, mantiveram-se as exigências da sua aprovação pelo Governo e da sua sujeição a visto do Ministro das Finanças (v. o art. 2.º/1 e 2 da Lei n.º 9/86).

Considerações sobre a Autonomia Financeira das Universidades    161

resultará da aprovação deste último, no qual aqueles figurarão como contas de ordem[122-123].

Quanto, por sua vez, à participação das universidades na definição dos critérios de fixação das dotações a conceder pelo Estado, a lei deve reconhecer a cada universidade ou ao conjunto das universidades um efectivo direito de participação, indicando, nomeadamente, os mecanismos de participação e os órgãos competentes para a exercer[124]. Deste modo, as dotações do Orçamento do Estado a conceder às universidades hão-de ser o resultado de critérios definidos, não apenas pelo Governo, mas também, em certa medida, pelas universidades, critérios que, todavia, devem exprimir uma ideia de uniformidade – critérios uniformes para todas as instituições universitárias – e ter em conta a situação objectiva de cada universidade[125].

Finalmente, no respeitante às despesas, as universidades devem dispor de uma maior liberdade. Por um lado e relativamente às verbas provenientes do Orçamento do Estado, as universidades devem deixar de estar sujeitas à exigência de requisição mensal dos duodécimos vencidos, podendo assim gerir com liberdade as verbas anuais (globais) atribuídas pelo Orçamento do Estado[126]. Por outro lado, as

---

[122] Ver, o capítulo 15 do Mapa das receitas e o capítulo 80 do Mapa das despesas.

[123] A existência de autonomia financeira é compatível com a unidade orçamental e com a separação de orçamentos, não se vendo, assim, vantagem em organizar orçamentos separados para as instituições dotadas de autonomia financeira – v. TEIXEIRA RIBEIRO, (n. 89), p. 64. Todavia, em relação às universidades, já terá de haver separação de orçamentos se estes respeitarem ao ano académico e não ao ano civil.

[124] Um órgão vocacionado para a participação, ao nível interuniversitário (ao nível do conjunto das universidades), na definição de critérios de fixação das dotações a atribuir às universidades (maxime ao conjunto das universidades), podia ser o actual C.R.U.P. Neste sentido, poder-se-ia invocar o facto de o C.R.U.P. já dispor, inter alia, de competência para se pronunciar sobre todas as questões relacionadas com as actividades das universidades, Deste modo, na medida em que a lei não defira a outros órgãos uma tal competência, poder-se-ia aceitar que ela coubesse ao C.R.U.P.

[125] Neste sentido, v. a Resolução do Conselho de Ministros n.º 87/86, de 15 de Dezembro, que veio, justamente, estabelecer os critérios que hão-de presidir à fixação das dotações orçamentais a conceder pelo Estado às universidades.

[126] A afirmação do texto não implica – nem podia implicar – que as universidades não tenham de observar a regra de execução orçamental dos duodécimos, imposta por lei especial (que discipline a execução do orçamento universitário, como aquela para que remetem, por exemplo, os arts. 16.º/3 do Projecto de Lei n.º 251/IV e 14.º/3 do Projecto de Lei n.º 369/IV), ou, na sua falta, pela lei geral neste domínio (que é a L.E.O.E. – v. o seu art. 18.º/2).

## 162 Estudos sobre Autonomias Territoriais, Institucionais e Cívicas

despesas das universidades devem ser realizadas sem dependência de formalidades, excepto as despesas implicadas nos processos de contratação de pessoal do quadro ou além do quadro[127], que devem continuar sujeitas ao visto do Tribunal de Contas[128], e, bem assim, as despesas que, dado nomeadamente o seu montante, não devem deixar de estar sujeitas a autorização do departamento ministerial de tutela.

Vejamos, agora, em que medida os projectos de lei de autonomia universitária, que referimos, contemplam as exigências acabadas de mencionar.

Nesta sede, podemos afirmar que os projectos em causa, ao proporem-se concretizar a autonomia universitária constitucionalmente reconhecida[129], vêm, em larga medida, ao encontro das exigências financeiras requeridas[130].

---

A observância de uma tal regra deve, pois, impôr-se às universidades, embora, em relação a estas, ela derive directa e exclusivamente da lei e não do mecanismo (mais ou menos automático) da requisição mensal e, bem assim, da actuação dos órgãos de administração financeira do Estado aos quais tais requisições são dirigidas.

[127] Quando, naturalmente, constitua(m) quadro(s) próprio(s) da universidade.

[128] Esta solução parece impôr-se: por um lado, o pessoal das universidades – dada a dupla natureza destas – é, fundamentalmente *(maxime* quando se não trate de pessoal docente ou investigador), pessoal afectado à actuação universitária que se concretiza na realização de tarefas estaduais (administração estadual, portanto) por outro lado, nada aconselha, antes se exige, que se não vá para um sistema como o actualmente vigente nas autarquias locais, o qual tem redundado num quase inexistente controlo da legalidade das despesas com o pessoal autárquico. Cf. *supra*, nota 120.

[129] Embora todos os projectos assentem no reconhecimento de uma ampla autonomia às instituições universitárias, eles apresentem, contudo, diferenças sensíveis entre si. Assim e a título de exemplo, enquanto uns têm por objecto apenas as universidades *estaduais* (Projecto do C.R.U.P., Projectos de Lei n.º 251/IV e 350/IV e a Proposta de Lei n.º 52/IV), outros referem-se a *todas* as universidades (Projectos de Lei n.º 348/IV, 369/IV e 370/1V).

[130] Aliás, convém salientar que estes projectos reflectem o gradual amadurecimento da ideia de autonomia universitária conseguido à custa de certas práticas autonómicas. Veja-se, por exemplo, o que se passou com a eleição do reitor: enquanto o Projecto Ferrer Correia propunha, em alternativa, a eleição em lista tríplice (como aconteceu de 1911-1919 e como propunha o Despacho n.º 279/81) ou a eleição pura e simples, estes projectos prevêem apenas a eleição (pura e simples) do reitor.

A este propósito é de salientar que, sendo o reitor eleito, nos parece que junto deste representante máximo da corporação universitária se devia instituir um órgão que, em cada universidade, representasse a administração estadual – *maxime* o Ministério da Educação – e exercesse nomeadamente a tutela (de mera coordenação relativamente aos interesses universitários, e de orientação relativamente aos domínios estaduais desconcentrados nas

## Considerações sobre a Autonomia Financeira das Universidades        163

Assim, no respeitante ao orçamento das universidades[131], é de referir que eles passam a ser constituídos por duas partes: uma constituída pelas dotações anuais atribuídas no Orçamento do Estado[132] e a outra constituída pelo orçamento privativo do qual constarão devidamente especificadas as receitas próprias e as despesas a que são afectadas[133].

Relativamente à primeira parte do orçamento das universidades, é de salientar que as dotações a conceder pelo Estado não estão na total disponibilidade da administração estadual, pois, por um lado, às universidades cabe um direito de participação na definição dos critérios de fixação desses dotações[134], e, por outro lado, essa fixação tem de ter em conta a situação objectiva de cada universidade e dos seus planos[135], situação essa a apurar a partir dos seguintes critérios: tipos

---

universidades), pois não se nos afigura adequado continuar a ver no reitor um órgão de dupla natureza – órgão da universidade e órgão da administração estadual. É que, a partir do momento em que o reitor passou a ter como único suporte a corporação universitária, ele deixou de estar em condições mínimas de disponibilidade para a defesa dos interesses ultra-universitários *(rectius,* nacionais), nomeadamente quando estes interesses entram em conflito com os interesses da corporação universitária que o elegeu. Assim é, ao que julgamos, o que passa na R.F.A., onde, ao lado do reitor, existe o chanceler (ou curador) – cf. OTTO KIMMINICH, (n. 35), p. 697 e ss. e H, SIEDENTOPF, (n. 24), p. 112.

[131] À semelhança do Projecto Ferrer Correia, estes projectos referem-se às universidades (e não aos institutos universitários).

[132] Alguns projectos em análise referem, ao lado das dotações do Orçamento do Estado (O.E.), as dotações anuais atribuídas no PIDDAC (Plano de Investimentos e de Despesas de Desenvolvimento da Administração Central) – arts. 7.º do Projecto do C.R.U.P., e 16.º do Projecto de Lei n.º 369/1V, ou nos planos plurianuais – art. 12.º/1 do Projecto de Lei n.º 251/IV, como se estas dotações acrescessem àquelas. Tais dotações não deixam, porém, de integrar o O.E., embora aí se apresentem destacadas, por se destinarem a despesas plurianuais e, em virtude disso, serem objecto de um tratamento orçamental específico – art. 12.º/3, da L.E.O.E.

[133] V. arts. 7.º e 12.º do Projecto do C.R.U.P.; 12.º/1 e 19.º/1/*b* do Projecto de Lei n.º 251/IV; 6.º do Projecto de Lei n.º 348/IV; 6.º/2 do Projecto de Lei n.º 350/IV; 16.º do Projecto de Lei n.º 369/IV; 14.º/1 do Projecto de Lei n.º 370/IV, e 10.º da Proposta de Lei n.º 52/IV.

[134] Nenhum dos projectos individualiza o órgão competente (ou os órgãos competentes) para exercer essa função.

[135] Planos que devem enquadra-se adequadamente na política nacional de ensino superior e de investigação científica.

# 164 Estudos sobre Autonomias Territoriais, Institucionais e Cívicas

de cursos professados, número de alunos, natureza das actividades de investigação e dos encargos com as instalações[136].

Quanto ao orçamento privativo, este passa a ter um peso bastante maior, uma vez que são aumentadas as receitas próprias das universidades. Estas passam a dispor, para além das receitas próprias contempladas no Decreto-Lei n.º 188/82, das receitas a que já nos referimos e que são: 1) as receitas provenientes do pagamento de matrículas[137] e propinas; 2) o produto de taxas, emolumentos, multas, penalidades e quaisquer outras receitas que legalmente lhes advenham; 3) o produto de empréstimos; 4) o saldo da conta de gerência de anos anteriores e os juros de depósitos[138]. Todavia, relativamente à margem de liberdade de que as universidades devem gozar na fixação destas receitas, já os projectos ficam aquém das exigências: assim, nenhum dos projectos se refere à liberdade das universidade na obtenção de empréstimos, e quanto à fixação do montante das matrículas, propinas, emolumentos, multas e penalidades, apenas o Projecto do C.R.U.P., o Projecto de Lei 350/IV e a Proposta de Lei n.º 52/IV se limitam a dispor que «compete ao Senado Universitário fixar as propinas devidas pelos alunos dos cursos livres, pós-graduação e extensão universitária, as propinas laboratoriais em cursos de graduação, assim como as proprinas suplementares relativas a inscrições, realização ou repetição de exames e outros actos de prestação de serviços aos alunos»[139].

Também relativamente às despesas os projectos apresentam inovações que vêm ao encontro das exigências apontadas. Por um lado, as universidades deixam de estar sujeitas a requisição mensal dos duodécimos vencidos, pois passam a gerir «livremente as verbas anuais» que lhe são atribuídas no Orçamento do Estado (e no

---

[136] V. a já referida Resolução do Conselho de Ministros n.º 87/86; e os arts. 9.º do Projecto do C.R.U.P.; 15.º do Projecto de Lei n.º 251/IV; 6.º/3 do Projecto de Lei n.º 348/IV; 9.º/2 do Projecto de Lei n.º 350/IV; 16.º/2 do Projecto de Lei n.º 369/IV, e 10.º/2 da Proposta de Lei n.º 52/IV.

[137] As receitas do pagamento de matrículas apenas são mencionadas, como receitas próprias, nos Projectos de Lei n.º 251/IV, 348/IV e 369/IV.

[138] Excepção feita ao que referimos na nota anterior, os projectos em análise contêm, a este propósito, disposições idênticas.

[139] V., respectivamente, art. 18.º/1/$k$, art. 19.º/$m$ e art. 20.º/$m$.

*Considerações sobre a Autonomia Financeira das Universidades*     165

PIDDAC ou nos planos plurianuais como referem alguns projectos)[140]. Por outro lado, as despesas das universidades passam a ser realizadas sem sujeição a qualquer formalidade prévia – excepto as despesas decorrentes da contratação de pessoal do(s) quadro(s) ou fora do(s) quadro(s) próprio(s) das universidades que são de manter sujeitas ao visto do Tribunal de Contas[129], e bem assim, aquelas despesas que, pelo seu montante ou carácter excepcional, devem depender de autorização do Governo *(rectius, do Ministro da Educação)*[141]. Assim e afora estes casos, as despesas das universidades apenas ficam sujeitas à fiscalização, *a posteriori,* do Tribunal de Contas, o qual procede ao julgamento das contas de gerência nos termos legais[142].

---

[140] «Gerir livremente as verbas anuais» referem os arts. 7.º do Projecto do C.R.U.P.; 16.º/1 do Projecto de Lei n.º 251/IV, e 6.º/2 do Projecto de Lei n.º 350/IV; «gerir livremente e de forma global as verbas anuais» refere o art. 14.º/1/*b* do Projecto de Lei n.º 369/IV.

[141] Os projectos não se referem a este aspecto. Todavia, um tal entendimento – como vimos *supra,* nota 128 – tem toda a razão de ser e resulta claramente *a contrario* por exemplo do art. 11.º/6 do Projecto de Lei n.º 369/IV.

[142] Os Projectos de Lei n.º 251/IV, 348/IV e 369/IV contêm disposições que, de algum modo, cobrem despesas deste tipo, pois, exigem prévia autorização ministerial para as universidades adquirirem bens imóveis a título oneroso e aceitarem heranças ou legados com encargos – v., respectivamente, art. 13.º/4, art. 5.º/4 e art. 13.º/5.

[143] V. arts. 11.º do Projecto do C.R.U.P.; 18.º do Projecto de Lei n.º 251/1V; 7.º/2 do Projedto de Lei n.º 348/IV; 11.º do Projecto de Lei n.º 350/IV; 18.º do Projecto de Lei n.º 369/IV; 29.º/1/*b* do Projecto de Lei n.º 370/IV, e 12.º da Proposta de Lei n.º 52/IV.

# ALGUNS PERFIS DA PROPRIEDADE COLECTIVA NOS PAÍSES DO *CIVIL LAW** 

## I. Introdução: a sobrevivência da propriedade colectiva

Apesar do título, que nos foi sugerido para este estudo, a nossa análise, como facilmente se compreenderá, vai ter em consideração, essencialmente, o que se verifica em Portugal e, em certa medida, nos países mais próximos, mais concretamente em Espanha, Itália e França. Pois bem, podemos dizer que o fenómeno da "propriedade colectiva" – utilizando esta expressão com o sentido amplo pressuposto no mencionado título – continua a ter expressão, e uma expressão que não pode ser considerada de todo despicienda, na generalidade dos países do *civil law*. É assim que temos os *baldios*[1] em Portugal,

---

\* O presente texto teve origem no relatório que, com idêntico título, apresentámos na 3.ª Reunião Científica sobre o tema "Il ruolo económico e sociale dei Demani civici e delle Proprietà collettive" promovida pelo "Centro Studi e Documentazione sui Demani civici e le Proprietà collettive" da Universidade de Trento, que teve lugar nos dias 13 e 14 de Novembro de 1997. Relatório que veio a ser publicado nas Actas subordinadas ao título: *Il Ruolo Economico e Sociale dei Demani Civici e delle Proprietà Collettive*, Cedam Padova, 1999, p. 45 a 81. Com ele nos associámos à justa homenagem ao Prof. Doutor Rogério Soares, insigne professor a quem a ciência do direito público fica a dever alguns dos estudos mais notáveis, entre os quais justamente se conta um relativo aos baldios que continua a ser um verdadeiro marco. O texto reporta-se a Julho de 1998, embora tenha sido publicado no número especial do *Boletim da Faculdade de Direito de Coimbra* – «Estudos em Homenagem ao Prof. Doutor Rogério Soares», em 2002.

[1] Este termo, que parece vir da palavra árabe *baladi* (neste sentido, v. JUNTA DE COLONIZA-ÇÃO INTERNA, *O Reconhecimento dos Baldios do Continente,* tomo I, Lisboa, 1939, p. 1, e CÂNDIDO DE AZEVEDO, *Grande Dicionário da Língua Portuguesa,* 25.ª ed., Lisboa, 1996), significou, inicialmente, como esta terrenos incultos (ou inúteis). Um significado que, juntamente com o de bens comunitários, continua a ser corrente em Portugal e na Galiza. Na Galiza designa--se por *baldios* (ou *baldíos* em castelhano) a espécie de *bienes comunales* constituída pelos terrenos ou montes vicinais – v. J. I. BERMEJO GIRONES, «Bienes municipales», *Nueva*

## 168 Estudos sobre Autonomias Territoriais, Institucionais e Cívicas

os *bienes comunales* ou os *comunales*[2] em Espanha, os *biens seccionaux* (como *biens communaux* sujeitos a um regime específico) em França, os *beni* ou *demani civici, beni* ou *demani collettivi, comunanze, partecipanze, consorterie,* etc, em Itália[3].

O que, convém acentuá-lo, não deixa de surpreender, se tivermos em conta, por um lado, os séculos decorridos desde a instauração do Estado (moderno), que procurou desmontar todos os centros de poder anteriormente existentes e polarizar em si todo o poder político[4] e, por conseguinte, estabelecer a seu favor o monopólio da produção jurídica, e, por outro lado, os mais de dois séculos passados sobre o triunfo do Estado liberal que, ancorado no liberalismo económico, tinha por programa político estrito reduzir a seu único interlocutor o indivíduo proprietário ou, o que é o mesmo, o proprietário individual. Séculos de estatismo, de individualismo e de proprietarismo não foram, porém, suficientes para levar a bom termo o desmantelamento, tão necessário à total desobstrução da via do capitalismo triunfante, das assim chamadas formas arcaicas de propriedade, como a concretizada na designada "dominialidade cívica".

Na verdade, esta resistiu, contra ventos e marés, até que, entretanto, melhores dias vieram. Melhores dias como os actuais, em que o "absolutismo jurídico" do Estado vem sendo questionado um pouco por toda a parte e posto em causa, designadamente, através do fenómeno da autoregulação, reclamada e sustentada pelo marcante carácter pluralístico das actuais sociedades[5]. Um carácter que, não obstante as diversas manifestações concretizadas nas várias formas de descentração política e administrativa do Estado[6], se revela de uma maneira

---

*Enciclopedia Jurídica,* tomo III, Barcelona, 1951, p. 377 e ss. (387 e ss.), e N. BARXA ÁLVAREZ, «Montes vizinhais, ou baldios, na Galiza», *Scientia Juridica,* XXXVI, 1987, p. 180 e ss.

[2] V. o que dissemos na nota anterior.

[3] No concernente a outros países, v., por todos, os diversos relatórios contidos na II Parte da obra coordenada por G. CANDIDO DE MARTIN, *Comunità di Villaggio e Proprietà Collettive in Italia e in Europa,* Giunta Regionale del Veneto, Cedam, Padova, 1990.

[4] Desmantelando os diversos centros de poder anteriormente existentes, situados a montante (poderes do papado e do império) ou a jusante (poderes feudais e comunais).

[5] V, sobre este aspecto, P. GROSSI, «Assolutismo giuridico e proprietà collettive», in IDEM, *Il Dominio e le Cose. Percezioni Medievali e Moderne dei Diritti Reali,* Giuffrè, Milano, 1992, p. 695 e ss. (698).

[6] Formas essas que podem ser de descentralização ou de desconcentração. Assim e pelo que à descentração política diz respeito, temos: 1) a descentralização política própria

*Alguns Perfis da Propriedade Colectiva nos Países do* Civil Law      169

qualificada ou até superlativa na descentralização administrativa corporativa de natureza profissional consubstanciada na reivindicação de auto-administração e autoregulação de uma parte cada vez mais significativa das profissões, sobretudo das profissões com maior peso e significado social, como são inequivocamente as profissões organizadas nas conhecidas ordens profissionais. Fenómeno este que, acrescente-se, não é mais do que uma das mais relevantes expressões do reconhecimento crescente da componente autopoiética nos actuais ordenamentos jurídicos[7].

Num tal contexto de pluralismo comunitário e normativo, não surpreende de todo a actual redescoberta de instituições comunitárias que, vindas de tempos anteriores à instituição do Estado, foram sobrevivendo com maior ou menor êxito ao estatismo absorvente que progressivamente se foi instalando. Ora, entre essas instituições não podemos deixar de contar, como das mais importantes e típicas, os baldios ou propriedades colectivas, que vêm chamando a tenção tanto da doutrina como do legislador. Expressão do que vimos de dizer é, desde logo, a grande diminuição das vozes favoráveis ao desmantelamento dessas formas de propriedade colectiva, ou seja, das vozes que insistam na continuação do processo da sua liquidação. Um processo que, iniciado com a instauração do Estado e impulsionado sobretudo com o advento do Estado liberal, se tem mantido praticamente até aos nossos dias[8].

---

dos Estados federais, em que o Estado é verdadeiramente descentralizado, o que se revela na existência de vários Estados; e 2) a desconcentraçao política como ocorre nos Estados regionais ou regionalizados em que, embora havendo um só Estado, se verifica a desconcentraçao de parcelas das suas funções política, legislativa e judicial em estruturas regionais. Por sua vez, na descentraçao administrativa, encontramos: 1) a descentralização administrativa concretizada na existência de administrações autónomas face a administração estadual ou regional como são as que integram, de um lado, os entes, corporações, colectividades ou autarquias locais e, de outro, as corporações mormente as de natureza profissional; e 2) a desconcentraçao administrativa traduzida nas administrações indirectas do Estado ou das administrações autónomas, em que um ente autónomo prossegue os seus interesses próprios através da interposição de um órgão (desconcentraçao orgânica) ou mesmo de uma pessoa colectiva (desconcentraçao personalizada). Cf. o nosso estudo «A autonomia local. Alguns aspectos gerais», agora republicado nestes *Estudos sobre Autonomias Territoriais, Institucionais e Cívicas*, p. 23 e ss. (p. 81 e ss.).

[7] Sobre a componente autopoiética consuetudinária da disciplina dos domínios cívicos, v. *infra*, III, 1.

[8] V. *infra*, II, 2.

170 *Estudos sobre Autonomias Territoriais, Institucionais e Cívicas*

Mas, como é fácil de ver, não é nessa defesa meramente passiva da dominialidade cívica que reside o suporte da actual redescoberta dessas formas de propriedade colectiva. Com efeito, estas devem a sua revitalização sobretudo à disciplina jurídica (estadual) de que vêm sendo objecto no segundo pós-guerra. E para sustentar esta afirmação, basta-nos referir: 1) a evolução legislativa italiana, para a qual vêm sendo, de resto, invocados diversos suportes constitucionais[9]; 2) a Constituição Portuguesa (de 1976) que, anteriormente no art. 89.º e agora no art. 82.º, veio dar base constitucional à legislação do início de 1976 – constituída pelos Decretos-Lei n.os 39/76 e 40/76, ambos de 19 de Janeiro – que procedeu à restituição dos baldios às comunidades locais que deles haviam sido desapossados pelo (chamado) Estado Novo[10], e que actualmente consta da Lei n.º 68/93, de

---

[9] V., por todos, G. CERVATI, «Profili storico giuridici dei demani collettivi e degli usi civici», e V. C. IRELLI, «Organismi di gestione di proprietà comunitarie nella realtà italiana: profili pubblicistici», in G. CANDIDO DE MARTIN, *ob. cit.*, respectivamente, p. 31 e ss. (43 e ss.), e 185 e ss. (190 e ss.); E. ROMAGNOLI, «Regole dll'arco alpino», *Novissimo Digesto Italiano. Appendice*, vol. IV, Torino, 1986, p. 604 e ss. (611 e ss.), e «Le comunioni familiari montane. Natura privata e interesse pubblico», in G. CANDIDO DE MARTIN, *ob. cit.*, p. 137 e ss. (146 e ss.), e G. LOMBARDI, «Momento istituzuonale e momento individuale nella evoluzione delle proprietà collettive, dei beni comuni alla istituzione territoriale», in *La Magnifica Comunità di Fiemme dal Mille al Duemila. Atti del Convegno di Cavalese* (Trentino), 30 settembre – 2 ottobre 1988, p. 171 e *ss.*, e P. GROSSI, *ob. cit.*, p. 717 e ss.

[10] Derrubado pela Revolução de 25 de Abril de 1974. No respeitante à Constituição, não podemos deixar de confrontar as sucessivas redacções do art. 89.º (de 1976 e de 1982) e do art. 82.º (que, a partir de 1989, passou a conter essa matéria):

"art. 89.º (versão de 1976)
**(sectores de propriedade dos meios de produção)**

1. Na fase de transição para o socialismo, haverá três sectores de propriedade dos meios de produção (...).

2. O sector público é constituído pelos bens e unidades de produção colectivizados sob os seguintes modos sociais de gestão:

   *a)* Bens e unidades de produção geridos pelo Estado e por outras pessoas colectivas públicas;

   *b)* Bens e unidades de produção com posse útil e gestão dos colectivos dos trabalhadores;

   *c)* Bens comunitários com posse útil e gestão das comunidades locais.

3. O sector cooperativo é constituído pelos bens e unidades de produção possuídos e geridos pelos cooperadores, em obediência aos princípios cooperativos.

4. O sector privado é constituído pelos bens e unidades de produção não compreendidos nos números anteriores.

# Alguns Perfis da Propriedade Colectiva nos Países do Civil Law

4 de Setembro[11]; 3) a Constituição Espanhola (de 1978) que, no seu art. 132.º, n.º 1, reconhece os bens comunais[12], cuja disciplina consta actualmente, no referente aos chamados bens vicinais (existentes sobre-

---

art. 89.º (versão de 1982)
**(sectores de propriedade dos meios de produção)**

1. É garantida a existência de três sectores de propriedade dos meios de produção (...).
2. O sector público é constituído pelos bens e unidades de produção pertencentes a entidades públicas ou a comunidades, sob os seguintes modos sociais de gestão:
   *a)* Bens e unidades de produção geridos pelo Estado e por outras pessoas colectivas públicas;
   *b)* Bens e unidades de produção com posse útil e gestão dos colectivos de trabalhadores;
   *c)* Bens comunitários com posse útil e gestão das comunidades locais.
3. O sector privado é constituído pelos bens e unidades de produção cuja propriedade ou gestão pertençam a pessoas singulares ou colectivas privadas, sem prejuízo do disposto no número seguinte.
4. O sector cooperativo (...).

art. 82.º (versão de 1989)
**(sectores de propriedade dos meios de produção)**

1. É garantida a coexistência de três sectores de propriedade dos meios de produção.
2. O sector público (...).
3. O sector privado (...).
4. O sector cooperativo e social compreende especificamente:
   *a)* Os meios de produção possuídos e geridos por cooperativas, em obediência aos princípios cooperativos;
   *b)* Os meios de produção comunitários, possuídos e geridos por comunidades locais;
   *c)* Os meios de produção objecto de exploração colectiva por trabalhadores".

Assim os bens comunitários, de que os baldios constituem a principal expressão, passaram de um subsector do sector público, nas versões anteriores a 1989, para um subsector do sector cooperativo e social, na versão de 1989. Refira-se que, através da recente revisão constitucional, operada pela Lei Constitucional n.º 1/97, de 20 de Setembro, foi acrescentado um quarto subsector no sector cooperativo e social, constituído pelos "meios de produção possuídos e geridos por pessoas colectivas", "que tenham como principal objectivo a solidariedade social".

[11] A chamada "Lei dos Baldios", adoptada depois de o Tribunal Constitucional, em controlo preventivo, se ter pronunciado pela inconstitucionalidade de duas versões, que naturalmente não chegaram a ser promulgadas, nos Acórdãos n.os 325/89 e 240/91 (*Acórdãos do Tribunal Constitucional*, vols. 13.º, tomo I, p. 87 e ss., e 19.º, p. 7 e ss.).

[12] Preceito que dispõe: «la ley regulará el regimen jurídico de los bienes de dominio público y de los comunales, inspirandose en los principios de inalienabilidad, imprescriptibilidad e inembargabilidad, así como su desafectación».

# 172 Estudos sobre Autonomias Territoriais, Institucionais e Cívicas

tudo na Galiza), da Lei n.º 55/1980, de 11 de Novembro, e, no respeitante aos bens comunais *stricto sensu,* dos arts. 79.º-83.º da *Ley de Bases del Regimen Local,* de 3 de Abril de 1985, dos arts. 75.º-78.º do *Texto Refundido,* de 18 de Abril de 1986, e de numerosos preceitos do *Reglamento de Bienes,* de 13 de Junho de 1986[13]; e 4) a lei francesa n.º 85-30, de 9 de Janeiro de 1985, relativa ao desenvolvimento e à protecção da montanha, que veio alterar profundamente o regime da "secção da comuna", ou seja, dos chamados *biens sectionaux*[14].

Estamos, assim, perante uma ampla reafirmação da dominialidade cívica que, não obstante a variedade das designações que ostenta, tem por base um denominador comum. Com efeito, em todas as manifestações correspondentes a essas designações, encontramos bens imputados a comunidades locais diferentes das comunidades de natureza política que constituem o substrato pessoal dos entes, colectividades, corporações ou autarquias locais. Um denominador comum que, todavia, não obsta à existência de alguma diversidade de domínios cívicos, seja de país para país, seja mesmo dentro do mesmo país.

Na verdade, se em Portugal os baldios, atento o carácter bastante completo da sua disciplina constitucional e sobretudo legal, são bens comunitários de natureza basicamente homogénea, cuja titularidade e gestão cabe à respectiva comunidade local, constituída pelo universo dos compartes[15], reconduzindo-se a sua diversidade à eventual diferença de usos e costumes que os suportem[16], já noutros países essa homogeneidade é bem menos evidente. Assim, em Espanha, entende-se

---

[13] V., respectivamente, N. BARXA ÁLVAREZ, *ob. cit.*, p. 187 e *ss.*, e ALEJANDRO NIETO, «La nueva regulación de los bienes comunales», *Revista de Estúdios de la Administración Local y Autonomica,* 233/1987, p. 9 e ss. (10 e ss.). Quanto à distinção referida bens vicinais/bens comunais *stricto sensu,* v., a seguir, no texto.

[14] Cf. G.-D. MARILLIA, «La nouvelle section de commune», in *Revue Française de Droit Administratif,* 2(1), janv.-fevr.1986, p. 32 e ss., e P. GUICHONNET, «Comunità di villaggio e proprietà collettiva in Francia», in G. CANDIDO DE MARTIN, *ob. cit.,* p. 361 e ss.

[15] Integrados nos "meios de produção possuídos e geridos por comunidades locais" (art. 82.º, n.º 4, alínea *c),* da Constituição – v. *supra,* nota 10), os baldios são "terrenos possuídos e geridos por comunidades locais", sendo a comunidade local para este efeito "o universo dos compartes" (art. 1.º, n.ºs 1 e 2, da Lei dos Baldios).

[16] Para que a Lei dos Baldios remete com alguma frequência – v., todavia, *infra,* nota 91.

## Alguns Perfis da Propriedade Colectiva nos Países do Civil Law 173

que os bens comunais constituem uma categoria ampla que abarca: de um lado, os bens comunais típicos ou *stricto sensu,* que se inserem no domínio público e têm uma titularidade compartida, correspondendo à respectiva corporação local os poderes de administração e conservação e à comunidade vicinal os poderes de aproveitamento; e, de outro lado, os terrenos (ou montes) vicinais[17] integrantes da propriedade de mão (ou uso) comum, um tipo especial de propriedade de natureza fundamentalmente estatutária[18].

Também em Itália, mesmo reportando-nos apenas aos domínios cívicos, os únicos que se configuram como verdadeira propriedade colectiva, deixando portanto de parte os chamados usos cívicos, que constituem direitos *in re aliena*[19], a uniformidade está afastada. Com efeito, muito embora todas as manifestações de dominialidade cívica aí existentes, visíveis sobretudo na Itália setentrional[20], tenham um dominador comum consistente no facto de todas elas integrarem formas de propriedade colectiva, não há dúvidas de que, ainda assim, apresentam alguma variedade. Uma variedade que decorre, aliás de vários factores. Por um lado, do próprio regime legal que, do ponto

---

[17] Ou bens vicinais.

[18] Cf., por todos, R. Bocanegra Sierra, «Sobre algunos aspectos de la desafectación de comunales», *Revista de Administración Pública,* 100-102/III, 1983, p. 2257 e ss. (2259 e ss.), e «I terreni vicinali in uso comune in Spagna», in G. Candido de Martin, *ob. cit,* p. 481 e ss. (483 e s.); N. Barxa Álvarez, *ob. cit.,* p. 180 e ss., e Alejandro Nieto, *ob. cit.,* p. 7 e ss. V. também a Sentença do Tribunal Constitucional Espanhol n.º 4/1981, in *Jurisprudência Constitucional,* tomo I, 1981, p. 31 e ss. (54).

[19] Típicos da Itália meridional e que a Lei n.º 1766, de 16-VII-1927, pretendeu estender, aliás sem êxito, à Itália central e setentrional. Cf., sobre este aspecto e entre a numerosa literatura, Massimo Severo Giannini, *I Beni Pubblici.* Dispense delle Lezioni del Corso di Diritto Amministrativo tenute nell'Anno Acc. 1962-63, Mário Bulzoni – Editore, Roma, 1963, p. 162 e ss.; R. Trifone, *Gli Usi Civici,* Giuffrè, Milano, 1963; C. Desideri, «Potere pubblico e forme tradizionali di proprietà collettiva», in *Rivista Trimestrale di Diritto Pubblico,* 1971, p. 1082 e ss.; A. Palermo, «Usi civici», in *Novissimo Digesto Italiano,* XX, 1975, p. 209 e ss.; V. C. Irelli, *Proprietà Pubblica e Diritti Collettivi,* Cedam, Padova, 1983, esp. p. 210 e *ss.,* e «"Proprietà Collettive" e "Usi Civici" nel sistema vigente, tra diritto comune e disciplina speciale della Comunità del'Arco Alpino (con particolare riferimento alla Comunità di Fiemme)», in *La Magnifica Comunità di Fiemme,* cit., p. 49 e ss.; L. Fulciniti, *I Beni d'Uso Civico,* Cedam, Padova, 1990; U. Petronio «Usi civici», in *Enciclopedia dei Diritto,* XLV, 1992, p. 930 e ss., e Maria A. Lorizio, «Usi civici», in *Enciclopedia Giuridica Treccani,* XXXII, 1994, p. 1 e ss.

[20] Cf, designadamente, os autores citados na nota anterior.

# 174   *Estudos sobre Autonomias Territoriais, Institucionais e Cívicas*

de vista objectivo, as concebe, nuns casos, como "domínios cívicos" e, noutros casos, como "propriedades colectivas com destinaçao pública"[21], e, do ponto de vista subjectivo, as considera, por vezes, pessoas colectivas de direito público (como ocorre com as *Regole di Cadore*) e, na generalidade das situações, instituições privadas de interesse público (como se verifica com as *comunioni familiari montane*)[22]. Um regime legal cuja diversidade se reforça em virtude de o mesmo ter por suporte não só a legislação do Estado tendencialmente uniforme, mas também a legislação das regiões susceptível de diferenciação[23]. Por outro lado, não se pode deixar de fazer menção à circunstância de essas formas de propriedade colectiva disporem, em Itália, de uma disciplina jurídica que se socorre da autoregulação em termos bem mais significativos do que os permitidos, ao fim e ao cabo, pela lei portuguesa às comunidades locais titulares dos baldios[24].

Por sua vez em França, os bens seccionais, embora constituam bens de titularidade comunitária, pertencentes portanto à respectiva comunidade cívica, mantêm, todavia, uma gestão partilhada entre os órgãos da correspondente comunidade política local – a comuna – e os órgãos da respectiva comunidade cívica[25].

---

[21] Na terminologia de V. C. IRELLI, *Proprietà Pubblica e Diritti Collettivi*, esp. p. 263 e ss.

[22] Cf. V. C. IRELLI, *Proprietà Pubblica e Diritti Collettivi*, p. 302 e *ss.;* «"Proprietà Collettive" e "Usi Civici" ...», *cit.,* p. 55 e ss., e «Organismi di gestione di proprietà comunitarie nella realtà italiana: profili pubblicistici», *cit.,* p. 185 e ss.; E. ROMAGNOLI, «Regole dell'arco alpino», *cit.,* p. 611 e ss., e «Le comunioni familiari montane...», *cit.,* p. 148 e ss., e Maria A. LORIZIO, «Usi civici», *cit,* p. 10. Para um confronto de experiências relativas às *comunioni familiari* de diversas regiões da Itália setentrional, v. *Atti del Convegno sul Parco del Carso,* Trieste, 1995.

[23] V., quanto a este aspecto, L. FULCINITI, «Interessi pubblici ed utilizzazione dei demani civici tra la legge statale e la legislazione regionale», in G. CANDIDO DE MARTIN, *ob. cit.,* p. 227 e ss.

[24] Sobre o relevante papel do direito consuetudinário na formação e disciplina dos domínios cívicos, v., por último, M. PEDRAZZA GORLERO, «Poteri territoriali e sovranità», relatório apresentado na referida 3.ª Reunião Científica sobre o tema "Il ruolo economico e sociale dei Demani civici e delle Proprietà collettive".

[25] V. G.-D. MARILLIA, *ob. cit.,* p. 33 e ss., e P. GUICHONNET, *ob. cit.,* p. 382 e ss.

## II. Ideia sobre a sua evolução

Embora este aspecto da propriedade colectiva seja, compreensivelmente, um dos mais importantes e, por conseguinte, dos que mais tem despertado a atenção da doutrina, como é fácil de ver, não pode ser aqui objecto de grandes desenvolvimentos. Desde logo, não sendo historiador, falta-me habilitação para tal. Depois, mesmo que essa falta fosse suprível, o que obviamente não acontece, ainda assim não seria este nem o momento nem o local indicados para tal. Por isso, vamos referir, a este propósito, três ideias, a saber: a diversidade da sua origem, o propósito da sua eliminação sobretudo a partir do Estado liberal e a actual redescoberta da dominialidade cívica.

### 1. *As origens*

No respeitante às origens das actuais manifestações da propriedade colectiva, é de acentuar que passado vai o tempo em que se disputou mais ou menos vivamente a origem pré-romana[26], romana, germânica ou medieval da dominialidade colectiva, e em que, por via de regra, se optou pela origem germânica, devido sobretudo ao facto de a mesma se traduzir na chamada propriedade de "comunhão em mão comum" *(Gemeinschaft zur gesamten Hand)*, que, pelo menos aos olhos duma parte significativa da doutrina, melhor explicaria a actual situação jurídica da propriedade comunitária em análise[27]. Hoje, todavia, aceita-se, em geral, a ideia de que a origem das actuais formas de propriedade colectiva que encontramos na Europa e que, convém dizê-lo, se perde na noite dos tempos, não se reconduz a uma única base, nem cada uma das suas formas pode reclamar uma

---

[26] A origem pré-romana dos baldios foi sustentada entre nós por Francisco JOSÉ VELOZO, «Baldios, maninhos e exploração silvo-pastoril em comum», *Scientia Juridica*, III, 1953, p. 123 e ss. (133).

[27] Um tipo de propriedade que P. GROSSI, *ob. cit,* p. 723 e ss., considera um fantasma benéfico, uma vez que reconduz o *condominium iuris germanici* a uma construção meramente teórica que, saída do laboratório germânico, nunca teve uma efectiva existência histórico-jurídica, como o veio demonstrar K. KROESCHELLL, «Zur Lehre vom "germanischen Eigentumsbegriff"», *Rechtshistorische Studien Hans Thieme zum 70. Geburtstag zugeeignet von seinen Schülern*, Köln, 1977, p. 34 e ss.

176 *Estudos sobre Autonomias Territoriais, Institucionais e Cívicas*

só raiz. Antes, foram exigências de vária ordem que ao longo dos séculos foram contribuindo para moldar esse instituto ou mesmo para unificar na mesma figura jurídica diferentes manifestações da experiência passada[28].

Como escreveu o Professor ROGÉRIO SOARES, com o rigor e a profundidade que todos bem conhecemos, a quem aqui nos permitimos seguir no essencial muito de perto, "uma das experiências jurídicas que pode ter servido de base a um regime como o dos baldios é o das populações numa fase pré-agrária, em que o interesse fundamental é o de garantir aos habitantes dum lugar a fruição promíscua de certas terras, onde possam apascentar os gados ou colher lenhas ou frutos silvestres"[29]. Uma experiência que, ao contrário do que se possa pensar e do que já tem sido defendido, não terá terminado nem terá ficado reduzida às inóspitas zonas montanhosas com a transição da vida nómada para o sedentarismo e com o advento da agricultura. Na verdade, também neste novo sistema económico os terrenos incultos têm o seu importante papel a desempenhar: aí vão os agricultores procurar um complemento da sua exploração, cortando matos, apascentado os rebanhos, colhendo glandes ou outros frutos silvestres.

Assim se compreende que, na sociedade romana, quando se procede à partilha do *ager publicus* de modo a criarem-se propriedades privadas (isto é, o *ager divisus et adsignatus)*, fique de lado todo um abundante lote de terras de pastos e bosques. Um lote de terras *non adsignatus* em que, se uma parte – o *ager stipendiarius, scriptuarius* – está reservado ao Estado em propriedade pública, a outra – o *ager compascuus* – tem uma destinação estritamente comunitária local. Um sistema que, depois, foi transposto para as colónias romanas, onde, ao lado de terras partilhadas pelos cidadãos, vamos encontrar terras não partilhadas, em que, por seu turno, uma parte pertence à colónia – o *ager coloniarius* – e a outra em comum aos colonos[30].

---

[28] V. ROGÉRIO SOARES, «Sobre os baldios», *Revista de Direito e Estudos Sociais,* XIV, 1967, p. 259 e ss. (263 e ss.), e I. CACCIAVILLANI, «La proprietà collettiva nella montagna veneta», in G. CANDIDO DE MARTIN, *ob. cit.,* p. 49 e ss.

[29] *Ob. cit.,* p. 264.

[30] ROGÉRIO SOARES, *Ibidem,* p. 264 e *ss.;* e A. PALERMO, «Usi civici», *cit.,* p. 210 e ss., e I. CACCIAVILLANI, «La proprietà collettiva nella montagna veneta», *cit.,* p 49 e ss. Cf. também A. SANTOS JUSTO, *Direito Privado Romano – III (Direitos Reais),* n.º 26 da série *Stvdia Ivridica,* Coimbra Editora, Coimbra, 1997, p. 139 e ss.

## Alguns Perfis da Propriedade Colectiva nos Países do Civil Law     177

O que significa que o direito romano, ao contrário do que por vezes se afirma, esteve longe de desconhecer formas de utilização promíscua de terrenos destinados à recolha de lenhas e de pastos. Na verdade, só o excessivo deslumbramento causado pela propriedade privada romana poderá explicar o esquecimento de que, ao lado desta e ao seu serviço, continuaram a existir terrenos comuns.

Por isso, podemos dizer que as invasões bárbaras não vieram trazer um esquema de utilização das terras incultas totalmente novo e diferente do da época romana, não sendo, pois, exacto afirmar que o mesmo se manteve durante essa época como simples resquícios de sistemas jurídicos primitivos refugiados nas montanhas.

E certo que um tal esquema de utilização das terras se vai reforçar significativamente com o advento das invasões bárbaras, mas isso fica a dever-se fundamentalmente à desorganização político-administrativa que acompanhou essas invasões. O que originou, designadamente, que a pastorícia se tenha sobreposto à agricultura e, em consequência disso, se tenha multiplicado a utilização comum dos terrenos, uma utilização a que naturalmente a experiência comunitária germânica veio fornecer claro apoio.

Neste contexto não admira que às antigas terras de uso comum se venham agora juntar outras anteriormente pertencentes aos municípios, colónias ou aldeias, as quais, sobretudo por falta de uma figura de personalidade colectiva em que pudessem ancorar-se, vão agora, através do apelo aos quadros de propriedade de mão comum, surgir como pertencendo ao conjunto dos habitantes da respectiva circunscrição[31].

E não constituirá, por certo, demasiada ousadia admitir que a estas terras outras se tenham vindo juntar em plena Idade Média, não sendo, de resto, inédito remontar a esta época a origem de certas comunidades cívicas actuais e respectivos domínios comunitários, como cabalmente o demonstra a análise histórica de algumas delas[32].

---

[31] ROGÉRIO SOARES, *Ibidem,* p. 266.

[32] V., a título de exemplo, no respeitante à *Comunità di Fiemme,* Silvana COLLODO, «Profilo storico delia Magnifica Comunità di Fiemme», in *La Magnifica Comunità di Fiemme,* cit., p. 19 e ss. ou, relativamente ao *Popolo di Montepescali,* o relatório de Giotto MINUCCI «Le vicende del popolo di Montepescali per riacquisire, dopo 400 anni, l'autonomia amministrativa sulle terre dei demanio civico – 1555-1957», apresentado na referida

# 178 Estudos sobre Autonomias Territoriais, Institucionais e Cívicas

É certo que foi nesta época que, em virtude do feudalismo ou de sistemas análogos, se assistiu à primeira investida séria contra os amplos e variados domínios cívicos que as invasões bárbaras haviam alargado quase exponencialmente. Na verdade, os barões tudo vão fazer para estender o seu domínio quer às terras reais, quer àquelas que permaneciam em propriedade colectiva, num processo, em que, não raro, são as próprias populações que, por necessidade de defesa, lhes transferem a propriedade, reservando para si, no entanto, um direito de uso, por vezes compensado com o pagamento duma taxa. E embora o universo dos utentes continue, em muitos casos, a ser delimitado com base em regras consuetudinárias, não há dúvidas de que eles passaram a beneficiar apenas duma liberalidade do senhor, não podendo ancorar-se no antigo título de condomínio.

Imperativos de povoamento vão, porém, forçar os senhores a adoptar medidas de atracção de colonos aos feudos, que se traduzem quer na atribuição de novos benefícios aos que já aí se encontram, quer na concessão de direitos *ex novo* aos que nele venham a ingressar. O que terá contribuído para a manutenção de importantes formas de utilização colectiva de terras com objectivos específicos de pastorícia e silvícolas, e acessoriamente agrários[33].

Por isso, mais decisivo no combate às explorações comunitárias se revelam a substituição da tradicional economia fechada de troca por uma economia monetária e o renascimento da propriedade individual, aspirações da burguesia nascente que vão criar um clima desfavorável à manutenção dos antigos quadros. Especialmente importante neste processo é a instituição comunal, uma das mais significativas criações dos burgueses, que vai chamar a si tudo quanto, a qualquer título, se possa considerar terras públicas. É assim que uma parte muito significativa das terras de exploração colectiva se vai converter em propriedade comunal, agora que o renascimento dos quadros romanísticos permite atribuir à comuna uma personalidade jurídica própria. Uma propriedade que, todavia, vai continuar predominantemente na utilização dos anteriores utentes que, não raro, fazem

---

3.ª Reunião Científica sobre o tema "Il ruolo economico e sociale dei Demani civici e delle Proprietà collettive", e «Statuti dei Comune di Montepescali», *Quaderni degli Usi Civici e dei Demani Colletivvi*, Regione Toscana, n.º 2, Ottobre 1995.

[33] ROGÉRIO SOARES, *Ibidem*, p. 268.

*Alguns Perfis da Propriedade Colectiva nos Países do* Civil Law     179

valer os seus anteriores direitos reclamando que sejam excluídos do seu gozo todos quantos não possam provar pertencerem às famílias originariamente fruidoras das terras comunais[34].

E assim se vão manter basicamente as coisas, estamos em crer, até que, por pressão das exigências do capitalismo, se enevereda pela via decididamente abolicionista assumida pelo Estado liberal. Na verdade, não é de excluir que, mesmo no período do Estado absoluto, se tenham constituído ou reconstituído novos domínios comunitários, designadamente através de usucapião, o que é, de resto, confirmado pelo facto de alguns domínios cívicos actuais terem claramente a sua origem em épocas posteriores, não apresentando portanto qualquer linha de continuidade de instituições anteriores (pré-romanas, romanas, germânicas ou mesmo medievais)[35].

### 2. *O propósito da sua eliminação no Estado liberal*

Independentemente, porém, de qual seja a sua origem e das vicissitudes por que as mesmos tenham passado durante a sua já longa historia, o certo é que, a partir de determinado momento, a existência de múltiplos e amplos domínios comunitários passaram a ser vistos como um entrave sério ao que se considerava ser a via do progresso. Com efeito, com ao advento do liberalismo, esses domínios revelam-se um obstáculo à afirmação da forma paradigma de propriedade – a propriedade individual – que o capitalismo nascente reclama como modelo único de possuir[36], porquanto só ele era tido

---

[34] ROGÉRIO SOARES, *Ibidem*, p. 271 e ss.

[35] V, neste sentido, G. POLITI, «La discontinuità tra il fenomeno comunitario europeo del tardo medievvo e la realtà attuale delle comunità rurali montane», in G. CANDIDO DE MARTIN, *ob. cit.*, p. 119 e ss.

[36] Propriedade (individual) que, em rigor, não era visto como *um modelo*, mas como *o modelo*, por oposição ao qual passava necessariamente a inteligibilidade de todas e quaisquer outras formas (menores ou imperfeitas) de propriedade. Formas estas, de resto, condenadas a um desenvolvimento "darwinístico" no sentido da propriedade individual, já que esta era vista, em termos ideais e ideológicos, como o atributo que confere ao sujeito a superioridade moral e política própria do *citoyen*, base e critério da nação *(activa)* – v. P. GROSSI, *'Un Altro Modo di Possedere' – l'emersione di forme alternative di proprietà alla coscienza giuridica postunitaria*, Giuffrè, Milano, 1977, esp. p. 5 e ss., e 375 e ss.

## 180 *Estudos sobre Autonomias Territoriais, Institucionais e Cívicas*

como compatível com o desenvolvimento económico, sobretudo numa época em que este se encontrava estritamente ligado à utilização e exploração dos bens fundiários.

Não admira, por isso, que a propriedade colectiva, nas diversas formas ou modalidades que a mesma pode apresentar[37], tenha sido combatida energicamente por toda a parte, assumindo esse combate claros objectivos de liquidação[38]. Um combate cuja concretização prática passou, em geral, pelas conhecidas e célebres leis e medidas de desamortização integrantes dum processo de espectro mais amplo, uma vez que envolveu a libertação da propriedade e a sua sujeição às regras de mercado, disponibilizando e colocando neste os amplos domínios ditos de "mão morta", pertencentes sobretudo às ordens religiosas, às igrejas e demais instituições eclesiásticas.

Para ilustração dum tal processo, podemos exemplificar com o que ocorreu em Portugal que, logo nas Cortes Constituintes de 1821[39], que elaboraram a primeira constituição portuguesa – a Constituição de 1822 –, foi proposta e discutida a supressão dos baldios por os mesmos serem um resquício das estruturas feudais e um factor do atraso da nossa agricultura. Efectivamente aí se afirmou que "é preciso notar-se que o direito ao baldio se opõe directamente ao art. 7.º das bases da Constituição que garante a todos os cidadãos a propriedade individual e se opõe ao progresso e prosperidade da agricultura e é um obstáculo insuportável à plantação de árvores produtivas"[40]. Todavia, em virtude sobretudo da forte oposição dos

---

[37] V. sobre estas e por todos, Massimo Severo GIANNINI, *I beni Pubblici,* cit., p. 33 e ss.

[38] Como refere P. GROSSI, *ob. cit.,* p. 698, é este termo "auschwitziano" que, durante muito tempo, vai dominar o pensamento do legislador e da doutrina, no respeitante às formas de propriedade colectiva. Sobre esse processo de liquidação e o seu êxito, v., para França, P. GUICHONNET, «Comunità di villaggio e proprietà collettiva in Francia», *cit.,* p. 373 e ss., para Itália, P. GROSSI, *ob. cit.,* p. 695 e ss., para a Espanha, Eduardo GARCIA DE ENTERRIA, «Las formas comunitarias de propriedad forestal y su posible proyección futura», *Anuario de Derecho Civil,* 1976, p. 281 e ss. (290 e *ss.)* e, para Portugal, MANUEL RODRIGUES, *Os Baldios,* Coimbra, 1990, p. 39 e ss., e JAIME GRALHEIRO, *Comentário à(s) Lei(s) dos Baldios,* Almedina, Coimbra, 1990, p. 31 e ss.

[39] Reunidas na sequência do triunfo da revolução liberal, em 1820.

[40] ALBERT GLLBERT, *Le Problème Agraire Portugais au Temps des Premières Cortes Liberales,* PUF, Paris, 1968, p. 35. No respeitante às bases da Constituição, referidas no texto, é de esclarecer que se trata das "bases" da futura "Constituição Política" que as Cortes Constituintes decretaram, em 9 de Março de 1821, uma espécie de pré-constituição elaborada

*Alguns Perfis da Propriedade Colectiva nos Países do* Civil Law     181

povos, uma tal proposta só bastante mais tarde veio a ter consagração e a nível da legislação ordinária. Efectivamente só em 1869, depois das bem sucedidas investidas extremamente radicais contra os "bens de mão morta" das ordens religiosas, que foram todas extintas e os seus bens confiscados em 1834, e das igrejas, irmandades, confrarias e outras instituições similares, em 1861[41], se enfrentaram os baldios. Foi através da que ficou conhecida por Lei da Desamortização dos Baldios, a Lei de 26 de Agosto de 1869, que uma parte muito significativa dos baldios veio a ser vendida e transferida assim para a propriedade individual. Uma lei cujo objectivo expresso foi efectivamente a desamortização global dos baldios, tendo autorizado a venda ou enfiteuse de todos os bens baldios dos povos, municípios ou paróquias, salvo os absolutamente indispensáveis ao logradouro comum.

Na sequência desta lei muitos baldios foram vendidos com a consequente transferência da sua propriedade para os particulares na maior parte das vezes alheios à respectiva comunidade cívica. Muitos baldios, porém, em virtude da oposição das populações, não chegaram a ser desamortizados[42], o que originou, já no dobrar do século, a adopção de novas medidas. Nestas se conta a da divisão dos baldios em glebas e da sua entrega, através de venda ou arrendamento, a colonos que se comprometessem a agricultá-los, dando assim corpo à chamada "colonização dos baldios" que veio a ser adoptada através do Decreto de 20 de Dezembro de 1893[43].

Ao contrário do seria de esperar, a política de eliminação dos baldios não foi posta em causa pelo regime republicano, instaurado pela revolução de 5 de Outubro de 1910. Na verdade, neste domínio, os governos da República limitaram-se a manter a legislação aboli-

---

com intenção fundacional e legitimadora do novo poder – v., neste sentido, J. J. GOMES CANOTILHO, «As constituições», in JOSÉ MATOSO (Dir.), *História de Portugal,* vol. V – *O Liberalismo (1807-1890),* Círculo de Leitores, Lisboa, 1993, p. 149 e ss. (150).

[41] V. António MARTINS DA SILVA, «A desamortização», e VÍTOR NETO, «O Estado e a Igreja», in José Matoso (Dir.), *História de Portugal,* vol. cit., p. 339 e *ss.,* e 265 e ss., respectivamente.

[42] Cf. MANUEL RODRIGUES, *ob. cit.,* p. 45 e ss.

[43] Uma medida que, embora numa versão ligeiramente diferente, constava já do Projecto de Lei do Fomento Rural que o deputado e economista OLIVEIRA MARTINS apresentou, em 1887, à Câmara dos Deputados, mas que não chegou a ser aprovado.

182     *Estudos sobre Autonomias Territoriais, Institucionais e Cívicas*

cionista anterior. É certo que, em 1918, foi editado um decreto, em que se permitia a divisão dos baldios, apenas a requerimento da maioria dos vizinhos do respectivo lugar, para cedência temporária ou aforamento, com o fim de os cultivar. Mas, a escassez de alimentos provocada pela Guerra de 1914-18, em que Portugal participou, levou o Governo, logo em 1920, a voltar à política de eliminação dos baldios, tendo sido editada legislação cujos objectivos eram exactamente os mesmos da anterior legislação monárquica, visando a colonização por famílias de todos os baldios não utilizados como logradouro comum. Uma legislação que não deixou de ser continuada e desenvolvida por outra sempre no mesmo sentido de facilitar e acelerar a alienação dos baldios[44].

Apesar destas sucessivas investidas contra os baldios, o certo é que, devido mais uma vez à resistência dos povos, a superfície de terrenos baldios continuava a ser significativa quando a 1.ª República caiu, em 1926 e se iniciou o regime político que viria a institucionalizar-se sob a designação de Estado Novo[45]. Um regime que, ao menos *prima facie,* parece ter tido uma atitude menos hostil para com os baldios, uma vez que, depois de, numa primeira fase, os ter combatido, propondo a sua divisão e venda, veio, numa segunda fase, procurar recuperar a realidade dos baldios, dando-lhes outra função e permitindo a alienação apenas dos dispensáveis ao logradouro comum[46].

Todavia, através duma política, materializada em numerosas medidas legislativas[47], o Estado Novo acabou por levar a cabo um dos mais amplos e eficazes ataques aos baldios. Desde logo, alargou-se, de algum modo, a possibilidade de alienação dos baldios, já que, embora esta estivesse limitada aos baldios dispensáveis ao logradouro comum, eram considerados como tal os assim classificados e inscritos no respectivo inventário pelos órgãos autárquicos encarre-

---

[44] Cf. MANUEL RODRIGUES, *ok cit.,* p. 48 e ss., e JAIME GRALHEIRO, *ob. cit.,* p. 36 e ss.

[45] Como se pode ver pelo inventário realizado pela Junta de Colonização Interna, e publicado em três volumes, em 1939-40, sob o título já citado «Reconhecimento dos Baldios do Continente».

[46] Expressão máxima desta filosofia foi a publicação do Decreto-Lei n.º 27 956, de 8 de Dezembro de 1936, que veio suspender a alienação de todos os baldios.

[47] V. a lista dessas medidas em MANUEL RODRIGUES, *ob. cit.,* p. 52 e ss.

*Alguns Perfis da Propriedade Colectiva nos Países do* Civil Law   183

gados da sua administração – as câmaras municipais ou as juntas de freguesia (v. arts. 395.º e ss. do Código Administrativo de 1940). Depois, os baldios eram prescritíveis, segundo o § único do art. 388.º do referido Código Administrativo, o que permitia a sua usucapião nomeadamente por parte dos particulares. Foi, porém, a reserva de amplos domínios baldios para a instalação de casais agrícolas e sobretudo para a arborização, sujeitando estes ao chamado regime florestal e à administração da Direcção Geral das Florestas, que acabou por constituir a mais profunda investida contra o regime comunitário de uso e fruição dos baldios. Com efeito, através deste processo, terão sido submetidos ao regime florestal mais de 2/3 da área baldia então existente[48], o que terá constituído, ao lado de outros, um importante factor do abandono de muitas das nossas aldeias serranas.

### 3. *A actual redescoberta da dominialidade cívica*

Hoje assiste-se, porém, a uma redescoberta e revalorização da dominialidade cívica. Diversos factores se podem apontar neste sentido: uns, que atenuam a importância e o significado da mobilização capitalista da propriedade colectiva; outros, que revalorizam as comunidades locais e a respectiva dominialidade cívica. Quanto aos primeiros, é de referir, antes de mais, que, realizada a libertação da propriedade dos bens de mão morta e a sua colocação no mercado capitalista, com resultados de resto bem longe do que se previa e esperava[49], os bens comunitários deixaram de ter o protagonismo económico, social e político que tiveram no liberalismo. Depois, esse protagonismo não cessou de se esbater cada vez mais: de um lado, com a instauração do Estado social, em que a crença cega no papel do mercado, como regulador automático da economia, foi claramente posta em causa; de outro, com a crescente perda de importância e significado do sector primário, e designadamente da actividade agrícola

---

[48] Sujeição ao regime florestal que suscitou forte oposição sobretudo das populações serranas, o que foi, aliás, imortalizado na obra do escritor Aquilino Ribeiro, *Quando os Lobos Uivam*, Lisboa, 1958.

[49] Para uma apreciação crítica dos resultados das leis de desamortização, entre nós, v. António Martins da Sllva, *ob. cit.*, p. 342 e ss.

## 184   *Estudos sobre Autonomias Territoriais, Institucionais e Cívicas*

e florestal para a qual se procurava mobilizar os domínios colectivos. Finalmente, a fuga massiva das populações camponesas para os grandes centros urbanos, nacionais ou estrangeiros, deixando ao inteiro abandono as próprias terras em propriedade individual, veio relativizar ainda mais o valor económico, social e político das comunidades cívicas que assim se viram muito reduzidas no número dos seus membros.

Por seu turno, quanto aos segundos, é de começar por mencionar, desde logo, o actual enquadramento geral favorável a essa redescoberta, decorrente da fenomenologia do chamado Estado pós-moderno, em que se assiste à crescente "salamizaçao" do próprio Estado (moderno)[50], traduzida na reivindicaçao e emergência das mais diversas formas de autoregulação. Neste contexto, não surpreende que um filão dessa autoregulação se tenha orientado para a redescoberta da dominialidade cívica, expressão dum pluralismo jurídico que vem da Idade Média e que a política abolicionista dos últimos 150 anos não conseguiu apagar[51].

Depois, há actualmente toda uma série de fenómenos que vão claramente no sentido da revitalização dos domínios cívicos. Assim acontece com o planeamento e o ordenamento do território orientado para travar a desertificação do interior sobretudo serrano e o êxodo das populações rurais para a periferia desumanizante ou até escravizante das grandes cidades, ou apostado mesmo no regresso ao campo que o grande progresso das vias de comunicação e sobretudo das novas tecnologias vieram favorecer significativamente. Mas também a defesa do ambiente e do equilíbrio ecológico mundo urbano/mundo rural ou grandes metrópoles/província, a protecção do património cultural, as preocupações com a preservação de um mundo capaz de

---

[50] "Salamizaçao" concretizada na fragmentação ou fraccionamento do (poder do) Estado com manifestações tanto verticais – a montante (supranacionalização) ou a jusante (regionalização, reforço dos municípios, etc.) – como horizontais consubstanciadas na descentralização de carácter corporativo expresso na reivindicação seja de mais poderes por parte das associações públicas (*maxime,* das ordens), seja de novas associações públicas. Cf. o nosso estudo «Algumas reflexões críticas sobre os direitos fundamentais», in *Ab Uno Ad Omnes – 75 Anos da Coimbra Editora,* Coimbra Editora, Coimbra, 1998, p. 965 e ss. (972 e ss.), e o que dissemos *supra,* na nota 6.

[51] P. Grossi, «Assolutismo giuridico e proprietà collettiva», *cit.,* esp. p. 731 e ss.

*Alguns Perfis da Propriedade Colectiva nos Países do* Civil Law

proporcionar às gerações futuras uma vida digna de ser vivida, etc, valores a despertar cada vez mais a atenção e o interesse da generalidade dos cidadãos, vão claramente nessa direcção[52]. Ou, por outras palavras, a garantia e realização dos chamados direitos ecológicos, centrados na defesa do ambiente e da qualidade de vida e tão desenvolvidamente consagrados no art. 66.º da Constituição Portuguesa[53], também pode passar pela reabilitação da dominialidade cívica.

Convém, todavia, não perder a noção do real nem o sentido das proporções na presente recuperação e revalorização dos domínios comunitários cívicos. Designadamente, não se pode esperar desta reabilitação efeitos espectaculares como se de uma verdadeira revolução se tratasse e alguns entusiasmos parecem sugerir. Na verdade, tem-se, por vezes, a impressão de haver, na actual defesa empenhada da dominialidade cívica, muito de mito ou mesmo de feitiço, como é, de resto, reconhecido[54]. Impõe-se, por isso, um sensato realismo e, por conseguinte, uma adequada autocontenção face à tentação utópica que, não raro, envolve a actual redescoberta da dominialidade cívica[55].

---

[52] Sobre as implicações do reconhecimento e da exigência de protecção do direito ao ambiente para o direito de propriedade v., em geral, Fritz Ossenbohl (Ed.), *Eigentumgarantie und Umweltschutz,* Decker & Müller, Heidelberg, 1990. Por sua vez quanto às preocupações com as gerações futuras, v. Eduardo Paz Ferreira, *Da Dívida Pública e as Garantias dos Credores do Estado,* Almedina, Coimbra, 1995, p. 69 e ss. (82 e ss.), e o nosso estudo «Algumas reflexões críticas sobre os direitos fundamentais», *cit.,* p. 980 e ss.

[53] Quanto a essa consagração, é de referir que ela vem da versão originária da Constituição (de 1976), a qual terá constituído, ao que supomos, a primeira constitucionalização dessa matéria, servindo assim de inspiração ao art. 45.º da Constituição Espanhola (de 1978).

[54] Cf. U. Petronio, *ob. cit.,* p. 948 e ss. (950 e ss.), apoiando-se em autores como Astuti, cujo título das suas obras é bem expressivo da chamada de atenção para os mitos e feitiços que não raro têm envolvido a redescoberta da dominialidade cívica. A este respeito, é de referir que utilizamos consciente e propositadamente o termo *feitiço* e não *fetiche,* que é naturalmente o termo utilizado pelos autores citados, dado o termo fetiche, primeiro na versão francesa *fetiche* e, depois, na versão inglesa *fetish,* derivar daquela palavra portuguesa, e nós preferirmos utilizar o termo original nacional ao derivado importado.

[55] Como, de algum modo, sucedeu em Portugal a seguir à Revolução de 25 de Abril, em que a luta pela devolução dos baldios aos povos se inscreveu na reivindicação mais ampla, dominada por forças radicais, duma reforma agrária orientada para a abolição dos latifúndios segundo o lema "a terra a quem a trabalha". Reivindicação essa que, de resto, não deixou de ter alguma expressão na primeira disciplina jurídica dos baldios pós-25 de Abril, constante dos já referidos Decretos-Lei n.os 39/76 e 40/76.

## III. Estrutura da propriedade colectiva

Trata-se aqui de, seguindo a terminologia de V. C. IRELLI[56], recortar o perfil subjectivo dos domínios cívicos, o que tem a ver, por um lado, com a sua titularidade e, por outro, com a sua gestão. Para o número seguinte deixamos alguns aspectos do seu perfil objectivo, ou seja, do seu regime jurídico *(stricto sensu)*. Vejamos, então, o perfil subjectivo da dominialidade cívica, analisando, num primeiro momento, a sua titularidade e, depois, a sua administração ou gestão.

### 1. *A titularidade da propriedade colectiva*

O problema a resolver aqui consiste em saber quem é o titular dos domínios cívicos: se as comunidades cívicas, se os entes territoriais locais ou, como designamos estes em Portugal, as autarquias locais. A concretizar-se esta segunda hipótese, os bens cívicos serão domínio público autárquico local ou património autárquico local, sujeitos consequentemente ao respectivo regime jurídico (público ou privado).

A titularidade dos domínios cívicos pelas autarquias locais – municípios e freguesias – foi defendida em Portugal com relativo êxito na situação constitucional anterior, em dois momentos: num primeiro, em que se consideraram os baldios domínio público das autarquias locais e, num terceiro momento, em que os mesmos foram havidos como domínio privado ou património das autarquias locais, tendo os mesmos, num segundo momento, sido concebidos como bens de titularidade comunitária sob gestão ou administração autárquica. Efectivamente, depois de uma parte muito significativa da doutrina da primeira metade deste século ter considerado os baldios domínio público das autarquias locais[57], estabeleceu-se o consenso

---

[56] Cf. *Proprietà Pubblica e Diritti Collettivi*, cit., p. 263 e *ss.*, «"Proprietà collettive" e "Usi civici" ...», *cit,* p. 53 e ss., e «Organismi di gestione di proprietà comunitarie nella realtà italiana ...», *cit,* p. 185 e ss.

[57] Segundo nos informa Nuno SÁ GOMES, *«Os* conceitos fiscais de prédio», *Ciência e Técnica Fiscal,* n.º 101/1967 p. 85, nota 86, partilharam esse ponto de vista Teixeira de Abreu, Guilherme Moreira, José Tavares, J. Carlos Moreira e Cabral de Moncada.

*Alguns Perfis da Propriedade Colectiva nos Países do* Civil Law        187

em torno da posição de MARCELLO CAETANO, adoptada com base na referência às coisas comuns constante da divisão tripartida das coisas – públicas, comuns e particulares – do art. 379.º do Código Civil de 1867, a orientação no sentido de os conceber como bens comunitários sob administração das autarquias locais[58].

Todavia, após a entrada em vigor do actual Código Civil, em 1967, em que se deixou de fazer qualquer referência àquela classificação das coisas, e sobretudo depois do estudo que vimos citando de ROGÉRIO SOARES, em que com grande autoridade e rigorosa fundamentação se desmontou a recondução dos baldios às "coisas comuns" na vigência do Código Civil anterior[59], esses bens comunitários passaram a ser tidos como domínio privado ou património das autarquias locais, embora "sujeitos à afectação especial de suportar certas utilizações pelos habitantes de uma dada circunscrição ou parte dela"[60].

Na situação actual, sobretudo face ao texto do art. 82.º, n.º 4, alínea *b)*, da Constituição, resultante da revisão constitucional de 1989[61], somos de opinião que constitui uma garantia constitucional a titularidade dos baldios ser das próprias comunidades locais, "aldeias" ou "povos". Isto mesmo decorre dos já referidos Acórdãos n.ºs 325/89 e 240/91, em que o Tribunal Constitucional, em controlo preventivo, concluiu pela inconstitucionalidade das versões de 1989 e 1991 da

---

[58] V. MARCELLO CAETANO, *Manual de Direito Admnistrativo,* 7.ª ed., Coimbra Editora, Coimbra, 1965, p. 220 e ss., e ROGÉRIO SOARES, *ob. cit.,* p. 292 e ss.

[59] Cf. *ob. cit.,* esp. p. 286 e ss.

[60] ROGÉRIO SOARES, *ob. cit.,* p. 308. A esta posição aderiu a generalidade da doutrina – v., por todos, MARCELLO CAETANO, *Manual de Direito Administrativo,* tomo II, 9.ª ed., 1973, reimp. de 1980, Almedina, Coimbra, p. 970 e ss. (976 e *ss.);* MANUEL RODRIGUES, *ob. cit,* p. 59 e ss. e 124 e ss., e JAIME GRALHEIRO, *ob. cit.,* p. 57 e ss. À evolução mencionada não aderiu, porém, Francisco JOSÉ VELOZO, que, mantendo-se fiel à orientação que perfilhara na situação legal e constitucional anterior, continuou a considerar os baldios domínio público das autarquias locais – v. os seus estudos «Baldios, maninhos e exploração silvo-pastoril em comum», *cit,* e «O domínio público municipal, os "baldios" e a Constituição», *Direito Administrativo – Revista de Actualidade e Crítica,* I, 1980, p. 183 e ss.

[61] Embora idêntica conclusão se pudesse sustentar já face às versões anteriores desse preceito – v., para o seu confronto, *supra,* nota 10. Todavia, como se diz na Acórdão n.º 240/91, "a revisão de 1989, ao desenvolver uma lógica de *desestatização* dos bens comunitários face ao Estado e ao sector público da propriedade, trouxe para estes bens um acréscimo da sua autonomia enquanto bens integrados no sector cooperativo e social, autonomia essa que há-de tarduzir-se num reforço da dominialidade comunitária ou cívica dos baldios".

## 188 Estudos sobre Autonomias Territoriais, Institucionais e Cívicas

que viria a ser a Lei dos Baldios, com base fundamentalmente em a primeira propor a integração dos baldios no "domínio público da freguesia ou freguesias" em que se localizavam, e a segunda prever, *inter alia,* a atribuição aos Governadores Civis, órgãos do Governo de tutela sobre as autarquias locais, do poder de aprovação de certos actos de gestão dos baldios. Com efeito, como se afirma no Acórdão n.º 240/91, os baldios "são imputáveis, quanto à *titularidade dominial,* a uma *colectividade-comunidade* de habitantes que não se confunde com as colectividades territoriais autárquicas", pelo que "as comunidades locais são titulares dos seus direitos colectivos – sejam de gozo, sejam de uso, sejam de domínio – como comunidade de habitantes, valendo, quanto a elas, os princípios da *auto-administração e autogestão".* Daí que a Constituição não se limite a assegurar a tais comunidades apenas a posse ou gestão dos baldios[62], mas também a sua titularidade[63].

Naturalmente que, quando imputamos a titularidade dos baldios às correspondentes comunidades cívicas, não estamos a pensar essa titularidade à maneira da propriedade individual, uma vez que a caracterização desta a torna, em larga medida, insusceptível de utilização para a compreensão da titularidade de outros bens, sejam os integrantes do domínio público, sejam os abrangidos pela dominialidade cívica. Na verdade quer os bens públicos, quer os bens comunitários de que estamos a tratar, estão presentemente longe de ter a sua compreensão assente na ideia de propriedade individual.

Assim e pelo que ao domínio público diz respeito, embora a posição consolidada na jurisprudência e doutrina portuguesas, que segue muito de perto as concepções francesas, o expliquem através do recurso à ideia de propriedade, concebendo-o como uma proprie-

---

[62] V., neste sentido, a posição assumida, em voto de vencido conjunto, pelos juizes constitucionais ALVES CORREIA e MESSIAS BENTO no citado Acórdão (*Acórdãos do Tribunal Constitucional,* vol. 19.º, p. 63).

[63] V., neste sentido, também GOMES CANOTILHO/VLTAL MOREIRA, *Constituição da República Portuguesa Anotada,* 3.ª ed., Coimbra Editora, Coimbra, 1993, anot. VIII ao art. 82.º. Para uma evolução do entendimento algo semelhante à descrita para os baldios, v., no respeitante aos bens vicinais em Espanha *(maxime,* na Galiza), R. BOCANEGRA SIERRA, «I terreni vicinali in uso comune in Spagna», *cit.,* p. 484 e ss.

*Alguns Perfis da Propriedade Colectiva nos Países do* Civil Law       189

dade especial – a propriedade pública[64] –, questiona-se actualmente, sobretudo por banda da doutrina espanhola e italiana, se a sua compreensão ainda decorre da ideia de propriedade *(proprietas)* ou de outros suportes, mormente da ideia de poder *(potestas)*[65]. Seguindo uma tal orientação, pondera-se, nomeadamente, se a explicação do domínio público não é mais lograda recorrendo à ideia de um feixe ou conjunto de poderes públicos atribuído pelo direito à Administração, feixe que, de resto, não tem de ser uniforme e homogéneo relativamente a todos os bens públicos, podendo antes variar de acordo com o específico interesse público a que cada um ou a que cada grupo de bens está afectado[66].

---

[64] Com efeito, depois de ter sido considerado com propriedade privada, embora com as faculdades que integram o seu conteúdo sujeitas a fortes restrições de utilidade pública, consolidou-se a sua recondução à ideia de propriedade pública – cf. Marcello Caetano, *Manual de Direito Administrativo,* tomo II, 9.ª ed., cit., 894 e ss.; Afonso Rodrigues Queiró, *Lições de Direito Administrativo,* Prelecções ao Curso do 2.º Ano Jurídico de 1957-58, vol. II (polic.), Coimbra, 1959, p. 9 e ss., e José Pedro Fernandes, «Domínio público. Mito e realidade», *Revista de Direito e Estudos Sociais,* XX, 1973, p. 25 e ss. (45 e ss.), «Domínio publico» e «Propriedade pública», *Dicionário Jurídico da Administração Pública,* vols. IV, 1991, p. 166 e ss. (170 e ss.), e VI, 1994, p. 650 e ss., embora este último autor conteste uma tal orientação, propondo, de algum modo, o regresso à concepção anterior (v. esp. o primeiro dos estudos citados, p. 45 e ss.).

[65] V., por todos, para a Espanha, José António Garcia-Trevijano y Fos, «Titularidad y afectación demanial en el ordenamiento jurídico español», in *Studi in Memoriam di Guido Zanobim,* vol. I, Milano, 1965, p. 473 e *ss.,* e José Ignacio Morillo-Velarde Pérez, *Dominio Público,* Editorial Trivium, S.A., Madrid, 1992, e, para a Itália, Guido Cammarano, *Saggio sulla Pubblicità dei Beni Pubblici,* Cedam, Padova, 1972, esp. p. 102 e ss., e V. C. Irelli, *Proprietà Pubblica e Diritti Collettivi,* cit., p. 3 e ss. Refira-se que na Alemanha, à excepção de autores como Dernburg e sobretudo O. Mayer, sempre se recusou explicar as coisas públicas através da ideia de propriedade pública, tendo prevalecido uma concepção dualista segundo a qual a disciplina das coisas públicas é a do direito de propriedade do BGB, embora com as limitações decorrentes da sua sujeição a uma servidão de direito público – cf., para o seu entendimento como propriedade pública, O. Mayer, *Derecho Administrativo Alemán,* Tomo III – *El Derecho Público de las Cosas,* Ediciones Depalma, Buenos Aires, 1982, p. 91 e ss., e, para a concepção dualista, Hans-Jürgen Papier, *Recht der öffentlichen Sachen,* 2.ª ed., de Gruyter, Berlin, New York, 1984, p. 3 e ss. (5 e ss.), e Michael Kromer, *Sachenrecht des Öffentlichen Rechts,* Duncker & Humboldt, Berlin, 1985, esp. p. 17 e ss.

[66] V, neste sentido, José Ignacio Morillo-Velarde Pérez, *ob. cit,* esp. p. 69 e ss. Sobre o problema dos bens públicos em geral, v., entre outros, M. S. Glannini, *I Beni Pubblici,* cit., e Miguel Sánchez Morón (Dir.), *Los Bienes Públicos (Regimen Juridico),* Tecnos, Madrid, 1997. Uma ideia que, é de acrescentar, não se aplica exclusivamente ao domínio público, pois que, também relativamente ao domínio privado dos entes

Ora bem, o que acabamos de dizer para os bens do domínio público vale, de maneira que podemos considerar superlativa, no concernente à titularidade dos bens do domínio cívico. Com efeito, constituindo estes um *tertium genus,* afastado tanto da propriedade privada como do domínio público, o seu traço típico reside na sua reserva às respectivas comunidades cívicas com o objectivo de cumprirem a sua função – a utilização colectiva pelos membros das comunidades cívicas no presente e no futuro. Uma função cuja salvaguarda está longe de ser assegurada através do recurso à ideia de propriedade, uma ideia que, ao invés, é, em larga medida, contrariada, uma vez que, tendo cada geração de preservar esses bens para as gerações vindouras, cabe-lhe fundamentalmente a posse e gestão dos mesmos e não poderes de disposição[67]. Daí que a titularidade dos domínios cívicos se reconduza basicamente à sua posse e gestão pelas comunidades locais.

Uma conclusão que é válida não apenas relativamente aos terrenos baldios que mantêm a sua utilização tradicional, expressa essencialmente na recolha de lenha, de matos e de glandes ou no seu aproveitamento como pastagem colectiva, e cuja gestão tem um carácter rotineiro e não implica exigências de maior. Pois essa conclusão não deixa de ser igualmente aplicável aos baldios objecto de uma utilização de carácter empresarial, traduzida na exploração florestal ou na produção de madeira, na utilização agro-pastoril ou na criação de espécies cinegéticas e piscícolas, no fomento de espaços verdes que possam constituir áreas de lazer, de desporto ou de turismo, e cuja gestão impõe uma maior racionalidade, concretizada nomeadamente na exigência de planos de utilização[68].

---

públicos, encontramos alguma diversidade de regime, sendo, de resto, bem conhecida a distinção, que a tal respeito se faz, entre bens disponíveis e bens indisponíveis – cf. Marcello Caetano, *Manual de Direito Administrativo,* tomo II, cit., p. 860 e ss., muito embora este autor, dada a época em que escreveu, reconduzisse ao domínio privado indisponível dos entes públicos os baldios, que ao tempo eram considerados, como vimos, bens do domínio privado das autarquias locais.

[67] V. o que dissemos *supra,* II, 3.

[68] Como prescreve a Lei dos Baldios (arts. 6.º e ss.), que exige aos seus órgãos de gestão o estabelecimento de planos para a sua utilização.

*Alguns Perfis da Propriedade Colectiva nos Países do* Civil Law     191

Muito embora estas novas formas de exploração e de utilização dos domínios cívicos permitam, ou exijam mesmo, maior flexibilidade no respeitante à sua titularidade e gestão, traduzida, por um lado, em maior abertura na definição do universo dos compartes ou condóminos[69] e, por outro, na possibilidade da sua extinção (em caso de abandono ou por vontade dos membros da respectiva comunidade), da sua alienação em determinados casos, na cessão da sua exploração, ou na delegação de poderes de administração[70].

Em suma, os bens comunitários são da titularidade das respectivas comunidades cívicas, as quais não se confundem com os entes territoriais locais ou autarquias locais. Isto mesmo naqueles casos em que o universo dos membros de tais comunidades – os compartes ou condóminos – venha a coincidir com o substrato pessoal dos entes territoriais locais, como se prevê possa vir a ocorrer em Portugal quando, por falta de recenseamento dos compartes, o mesmo seja substituído pelo recenseamento eleitoral dos residentes na respectiva comunidade local[71].

É que, e desde logo, a qualidade de membro das comunidades cívicas pode decorrer, não directamente da lei, mas do direito consuetudinário para que remete a lei, como ocorre em Portugal, em que, nos termos do n.º 2 do art. 1.º da Lei dos Baldios, "são compartes os moradores de uma ou mais freguesias ou parte delas que, segundo os usos e costumes[72], têm direito ao uso e fruição do baldio". Nesta

---

[69] V. *infra,* neste número, *in fine.*

[70] Para referirmos as hipóteses contempladas em Portugal na citada Lei dos Baldios – v., respectivamente, os arts. 26.º, 31.º, 10.º e 35.º, e 22.º, 23.º e 37.º.

[71] V. o art. 33.º, n.º 6, da Lei dos Baldios. Esclareça-se que este artigo constitui uma disposição transitória relativa ao recenseamento dos compartes (isto é, identificação e registo dos moradores da comunidade local com direitos sobre o baldio) nos casos em que o mesmo não exista, estabelecendo prazos muito estritos para a sua elaboração que cabe, por esta ordem, às assembleias de compartes, a grupos de membros das comunidades locais e às juntas de freguesia (cf. os n.ᵒˢ 3 e 4 do referido art. 33.º).

[72] Em Portugal tem constituído doutrina geral, com expressão superlativa no n.º 1 do art. 3.º do Código Civil (que exclui o costume como fonte imediata de direito, ao estabelecer que "os usos que não forem contrários aos princípios da boa fé são juridicamente atendíveis quando a lei o determine"), a ideia segundo a qual o costume só constitui fonte de direito se e na medida em que para ele remeta a lei ou outra fonte formal de direito. Uma doutrina mais que discutível, já que, para além de ser expressão dum estatismo e dum positivismo jurídicos de todo inaceitáveis e há muito ultrapassados, afronta directamente a Constituição, já que

conformidade, remete-se para o direito consuetudinário o recorte do universo dos integrantes dessas comunidades, decidindo, nomeadamente, quem faz parte da respectiva comunidade: 1) se todos os residentes ou moradores da correspondente povoação ou lugar, ou só aqueles entre esses que se dediquem, ao menos parcialmente, à actividade agrícola, como era tradicional atentas as funções dos bens comunitários cívicos[73]; 2) se todos os residentes, independentemente do tempo de residência no lugar, ou apenas os residentes originários ou os aí residentes há um determinado prazo; e 3) se os membros da comunidade, mormente para efeitos da designação dos respectivos órgãos de gestão, são as famílias (ou fogos) ou os indivíduos[74].

---

esta, por um lado, não delegou no legislador ordinário qualquer competência para estabelecer uma lista, e muito menos um lista fechada, das fontes de direito que exclua o costume e, por outro, admite o costume como fonte de direito, inclusivamente o costume constitucional (excluído naturalmente o costume *contra constitutionem*) como foi reconhecido pelo próprio Tribunal Constitucional a propósito da constitucionalidade das derramas municipais (Acórdão n.° 57/95). Por isso, é constitucionalmente ilegítima qualquer pretensão manifestada pelo direito voluntário e positivo, mormente pela lei ordinária como o Código Civil, no sentido de excluir a juridicidade às normas consuetudinárias, isto é, às normas nascidas directa e espontaneamente da comunidade social. V., sobre o problema em geral e por todos, J. Baptista Machado, *Introdução ao Direito e ao Discurso Legitimador*, Almedina, Coimbra, 1983, p. 161 e ss.

[73] V. neste sentido, embora tendo em conta a legislação anterior, Jaime Gralheiro, *ob. cit.,* p. 79 e ss.

[74] A questão tem sido discutida em Itália, a propósito da exclusão das mulheres dos órgãos sociais das comunidades cívicas, e foi mesmo posta à Corte Constitucional, à qual foi requerido a ilegitimidade constitucional do art. 7.° do Estatuto da Comunanza delle Regole d'Ampezzo (que exclui da compropriedade comunitária as mulheres), não tendo, todavia, o referido Tribunal conhecido dessa questão porque não estava em causa uma "norma com valor de lei", sendo certo que, por exigência da própria Constituição, apenas das normas com valor de lei a Corte Constitucional pode conhecer. V. esta decisão *Le Regioni*, XVII, 1989, p. 1649 e ss., acompanhada do comentário de U. Pototschnig. Sobre o problema em geral, v. P. Grossi, «Assolutismo giuridico e proprietà collettive», *cit.,* p. 742 e ss. Uma questão que, entre nós, também não tem solução legal, pois a Lei dos Baldios prescreve a igualdade dos compartes (art. 5.°, n.° 2), mas remete para os respectivos usos e costumes a definição de comparte (art. 1.°, n.° 3), e consagra a eleição democrática do órgão ou órgãos de administração dos baldios, mas só em caso de falta de usos e costumes aplicáveis (art. 11.°, n.° 2). Uma questão que não pode deixar de ter, contudo, uma resposta respeitadora da igualdade entre homens e mulheres constitucionalmente assegurada, pois o costume, como é sabido (v. *supra,* nota 72), não pode valer *contra constitutionem*.

*Alguns Perfis da Propriedade Colectiva nos Países do* Civil Law 193

Por conseguinte o carácter mais fechado ou mais aberto das comunidades titulares dos domínios cívicos está, ou pode estar, de algum modo, nas mãos das próprias comunidades. Muito embora não se possa esquecer que o seu carácter fechado, compreensível enquanto os terrenos cívicos tiveram por função basicamente a subsistência dos respectivos condóminos ou compartes, proporcionando a cada um o aproveitamento dos bens necessários ou auxiliares da economia doméstica ou da actividade agrícola (concretizados na recolha de lenhas e matos, na apascentaçao de gados, no aproveitamento de águas destinadas a irrigação dos terrenos, etc.), se torna bastante questionável face a bens colectivos objecto de uma exploração de carácter empresarial e planificada, traduzida numa actividade de produção para troca, por via de regra, monetária (concretizada, por exemplo, na exploração florestal, na exploração de pedreiras, na exploração de árvores de fruta, na criação de rebanhos, etc.)[75]. Aliás, como é fácil de ver, a dominialidade cívica, moldada que foi para aquele primeiro tipo de situações, está profundamente marcada por esse facto. Não surpreende, pois, que o legislador português tenha tido isso presente, estabelecendo, a título das finalidades dos baldios, que estes "constituem, em regra, logradouro comum, designadamente para efeitos de apascentaçao de gados, de recolha de lenhas ou de matos, de culturas e outras fruições, nomeadamente de natureza agrícola, silvícola, silvo-pastoril ou apícola"[76].

Os domínios cívicos constituem, assim, bens na titularidade de comunidades locais diferentes das que formam o substrato dos entes locais. Comunidades essas que, ao contrário destes entes, podem assumir configurações diversas. Com efeito, elas apresentam-se seja como associações sem personalidade jurídica, o que se verifica em Portugal em que as comunidades locais titulares dos baldios constituem colectividades de pessoas ou associações não personalizadas, embora dotadas de personalidade judiciária[77], seja como associações dotadas de personalidade colectiva privada, como ocorre Espanha no respeitante

---

[75] Cf. Manuel Rodrigues, *ob. cit.,* p. 111 e *ss.;* Jaime Gralheiro, *ob. cit.,* p. 86 e ss. e 96 e ss., e J. M. Coutinho de Abreu, *Da Empresarialidade. As Empresas no Direito,* Almedina, Coimbra, 1996, p. 193 e ss.

[76] Art. 3.º da Lei dos Baldios.

[77] V. o art. 21.º, alínea *h),* da Lei dos Baldios.

194 *Estudos sobre Autonomias Territoriais, Institucionais e Cívicas*

aos bens vicinais[78] e, por via de regra, em Itália, seja mesmo como pessoas colectivas públicas como chega a acontecer neste último país Uma situação que bem se compreende, se tivermos em conta o carácter meramente instrumental, e não final, da personalidade colectiva, o que torna esta utilizável em maior ou menor medida pelo direito consoante os objectivos pretendidos, nomeadamente para considerar certas realidades pessoas para determinados efeitos e não em sede geral.

## 2. *A gestão da propriedade colectiva*

Constituindo os bens colectivos em análise bens de titularidade das comunidades cívicas, compreende-se que a estas caiba, por via de regra, a sua gestão, como se verifica actualmente com os baldios em Portugal. Na verdade, toda a administração dos baldios cabe à respectiva comunidade, não havendo lugar a qualquer intervenção de natureza ordinária do Estado ou das autarquias locais. Inclusivamente não se verifica qualquer tipo de fiscalização ou tutela, preventiva ou sucessiva, sobre os actos de gestão dos bens comunitários. Uma solução decorrente do facto de o Tribunal Constitucional, através do Acórdão n.º 240/91, se ter pronunciado pela inconstitucionalidade das disposições do texto, apresentado para ser promulgado como lei dos baldios, que atribuíam aos Governadores Civis o poder de aprovação de determinados actos de administração dos baldios e, bem assim, as que atribuíam a administração provisória dos terrenos, tradicionalmente considerados baldios mas ainda não efectivamente instituídos em baldios, às juntas de freguesia em que se situavam.

---

[78] Pois, mesmo que as comunidades autónomas possam dispor sobre entes locais inferiores ao município, dotando de personalidade jurídica pública as tradicionais paróquias rurais, e o universo pessoal destas venha a coincidir com o das comunidades vicinais, como pode ocorrer na Galiza e nas Astúrias, estas jamais poderão ser absorvidas por aqueles – R. Bocanegra Slerra, «I terreni vicinali in uso comune in Spagna», *cit.,* p. 509 e ss.

[79] Como é o caso, já referido, da Comunidade de Cadore, legalmente qualificada como ente público. Quanto ao problema da titularidade dos domínios cívicos em Itália, v., por último, G. Lombardi, «I profili giuridici delle terre civiche: beni dei Comune o beni della collettività?», relatório apresentado na referida 3.ª Reunião Científica sobre o tema "Il ruolo economico e sociale dei Demani civici e delle Proprietà collettive", publicado nas referidas *Actas*, p. 13.

*Alguns Perfis da Propriedade Colectiva nos Países do* Civil Law      195

Daí que a fiscalização dos actos dos órgãos sociais dos baldios seja, na actual lei, uma autofiscalização, a cargo de uma comissão de fiscalização, "eleita pela assembleia de compartes de entre os seus membros, de preferência com conhecimentos de contabilidade"[80], com funções portanto idênticas às dos conselhos fiscais das associações e sociedades. Por isso, toda a heterofiscalização cabe aos tribunais comuns, aos quais compete conhecer também da legalidade das deliberações dos órgãos sociais dos baldios[81].

Por conseguinte, não há assim qualquer possibilidade da mencionada intervenção, a não ser a que decorre para as juntas de freguesia seja da utilização precária dos baldios em caso de abandono não inferior a 3 anos judicialmente declarado, seja a consubstanciada no poder para requererem a expropriação dos baldios por abandono não inferior a 10 anos judicialmente declarado[82]. Fora dessas hipóteses, a intervenção da Administração estadual ou das juntas de freguesia só pode ocorrer se e na medida em que os órgãos sociais dos baldios nelas deleguem poderes de gestão, nos termos do art. 22.º da Lei dos Baldios[85]. Por conseguinte a administração dos baldios cabe aos órgãos sociais dessas comunidades, que são os órgãos previstos na lei: a assembleia de compartes (órgão deliberativo), de que fazem parte todos os compartes; o conselho directivo (órgão executivo) formado por três, cinco ou sete membros, eleitos pela assembleia de compartes de entre os seus membros pelo sistema de lista completa; e a comissão de fiscalização (órgão de controlo) constituída por cinco membros, eleitos pela assembleia de entre os seus membros, de preferência com conhecimentos de contabilidade. Órgãos estes que deliberam por maioria simples ou, em casos excepcionais, por maioria de 2/3[84].

---

[80] Art. 24.º, n.º 1, da Lei dos Baldios.

[81] V. o art. 32.º da Lei dos Baldios, preceito que provocou uma alteração neste domínio, pois na legislação anterior essa competência cabia à jurisdição administrativa. Cf., porém, o que dizemos *infra,* nota 97.

[82] V., respectivamente, os arts. 33.º, 27.º e 26.º, n.º 6, da Lei dos Baldios.

[83] Uma delegação necessária sobretudo em sede de aproveitamento florestal dos baldios, submetidos no sistema anterior ao regime florestal e à gestão da Direcção Geral das Florestas.

[84] Quanto aos órgãos sociais dos baldios, v. os arts. 14.º a 25.º da Lei dos Baldios. No respeitante à referida maioria qualificada, ela é exigida pelo art. 15.º, n.º 1, alíneas *j), l)* e *p),*

Idêntico ao que ocorre em Portugal se passam as coisas em Espanha, cujos *comunales* de uso comum – os chamados terrenos ou montes vicinais[85] – são da titularidade da respectiva comunidade para a gestão dos quais dispõe de órgãos próprios: a assembleia geral, a junta de comunidade e o presidente da junta, deliberando os referidos órgãos colegiais por maioria simples ou qualificada[86].

Também em Itália a gestão dos domínios cívicos se entende que é da competência das correspondentes comunidades e não dos entes locais, não se lhe aplicando assim o regime legal dos usos cívicos de 1927, mas as correspondentes normas estatutárias e consuetudinárias.

Uma tão ampla autonomia de gestão por parte das comunidades cívicas não se verifica, porém, em França, em que, como já referimos, há fundamentalmente uma gestão partilhada entre a comuna e respectiva comunidade cívica.

A este propósito, é de acrescentar que da mencionada autonomia de gestão dos domínios cívicos, face à intervenção da Administração estadual ou autárquica, não pode concluir-se por uma total ausência de vinculações, pois estas podem resultar da lei, como ocorre em Portugal, em que a Lei dos Baldios subordina a gestão destes à regra de elaboração de planos de utilização. Planos que, por razoes de uma adequada coordenação das políticas económica, social, de ordenamento do território e ambiental, devem ser elaborados em cooperação com as entidades administrativas que superintendem no ordenamento do território e na defesa do ambiente e subordinados aos critérios de coordenação e valia sócio-económica e ambiental, a nível local, regional e nacional[87].

---

e n.º 2, da Lei para as deliberações relativas à alienação, extinção, cessão da exploração dos baldios e à delegação de poderes concernentes à sua administração. Preceito este que, todavia, parece não se aplicar relativamente à extinção dos baldios, uma vez que o art. 26.º, alínea *a)*, da Lei requer a unanimidade dos compartes em assembleia com a presença de um mínimo de 2/3 dos seus membros.

[85] Pois os outros, tendo uma titularidade compartida, cabe à respectiva corporação local os poderes de administração e conservação – cf. *supra*, I, *in fine*.

[86] Cf. N. Barxa Álvarez, *ob. cit.*, p. 188, e R. Bocanegra Slerra, «I terreni vicinali in uso comune in Spagna», *cit.*, p. 504.

[87] V. arts. 6.º, n.º 2, e 7.º, n.º 1, da Lei dos Baldios.

## IV. O regime jurídico da propriedade colectiva

Visto o lado subjectivo da dominialidade cívica, façamos agora uma referência, muito rápida, ao seu lado objectivo ou regime jurídico. A um tal propósito, vejamos, num primeiro momento, as fontes da disciplina jurídica dos domínios cívicos, num segundo momento, alguns dos aspectos mais marcantes dessa disciplina e, por fim, destacando e autonomizando justamente um destes aspectos, façamos uma alusão ao regime fiscal das comunidades cívicas.

### 1. *As fontes da sua disciplina jurídica*

A respeito destas vamos limitar-nos a fazer uma breve alusão à sua base constitucional e ao relevo do direito consuetudinário. Pois bem, como já por mais de uma vez referimos, os domínios colectivos tendem actualmente a estar previstos na própria constituição, o que implica para os mesmos uma garantia que os põe a salvo do próprio legislador ordinário. Isto é muito claro na Constituição Portuguesa, em que o art. 82.º, n.º 4, alínea *b),* garante, dentro do sector cooperativo e social de propriedade dos meios de produção, o subsector dos "meios de produção comunitários, possuídos e geridos por comunidades locais", o qual é constituído fundamentalmente pelos baldios, e na Constituição Espanhola, cujo art. 132.º, n.º 1, remete para a lei o regime jurídico dos *comunales,* devendo o mesmo inspirar-se nos princípios da inalienabilidade, imprescritibilidade e impenhorabilidade[88].

Em Portugal é mesmo de levantar a questão de saber se a existência dos baldios, enquanto expressão fundamental dos bens comunitários, não se impõe, de algum modo, ao próprio legislador da revisão constitucional, enquanto possa derivar do art. 288.º, alínea *f),* da Constituição, que estabelece, como limite material da revisão constitucional, que as leis de revisão respeitem "a coexistência do sector público, do sector privado e do sector cooperativo e social de propriedade dos meios de produção". Ou seja, não está de todo excluído que deste preceito não resulte a salvaguarda duma expressão

---

[88] V. *supra,* notas 10 e 12.

mínima para cada um dos subsectores que constitucionalmente integram o sector cooperativo e social. Aliás, o importante papel desempenhado pelos baldios na elaboração, desenvolvimento e vicissitudes, por que passou o preceito constitucional dos sectores de propriedade[89], vai, em nossa opinião, claramente no sentido de a sua salvaguarda se impor mesmo ao legislador da revisão constitucional.

Também em Itália, embora de uma forma indirecta, há quem entenda que os bens comunitários em análise têm suporte constitucional. Nesse sentido se vem pronunciando reiteradamente o Professor G. LOMBARDI, que procura ancorar na Constituição as comunidades cívicas, reportando-as às "formações sociais" do art. 2.º, aos "entes" a favor dos quais, ao lado do Estado e dos privados, assegura o art. 42.º o direito de propriedade, aos "outros entes locais" referidos nos arts. 118.º e 130.º, entes estes que, com base num entendimento amplo das "autonomias locais" mencionadas no art. 5.º, não se reconduziriam assim apenas às regiões, províncias e comunas[90].

Porém, um dos traços mais salientes em sede das fontes da disciplina jurídica dos domínios cívicos, é, certamente, o relevo que nelas tem o direito consuetudinário. O que não surpreende, se tivermos em conta que se trata de instituições pré-estaduais cuja sobrevivência se ficou, de algum modo, a dever à resistência contra a sua extinção protagonizada pelo Estado liberal e, portanto, à manutenção da sua disciplina jurídica autóctone de natureza basicamente costumeira.

Não se pense, todavia, que a autonomia das comunidades cívicas está estritamente dependente do relevo que nelas tem o direito consuetudinário. Pois essa autonomia pode estar devidamente acautelada, seja por a ausência de uma estrita disciplina legal originar sobretudo uma autonormação voluntária, como pode ocorrer, em Itália, seja porque a disciplina legal correspondente, ainda que muito desenvolvida e completa, é de natureza autonomista, como se verifica em Portugal e Espanha. Com efeito, tanto num caso como no outro, o costume pode acabar por desempenhar um papel modesto, bem mais modesto do que aquele que, *prima facie,* parece ter.

---

[89] Traduzido nas diversas versões por que o mesmo passou – v. *supra,* nota 10.

[90] V. «Momento istituzionale e momento individuale nelle evoluzione delle proprietà collettive...», *cit.,* p 176 e *ss.,* e «I profili giuridici delle terre civiche: beni del Comune o beni della collettività?», *cit.,* esp. p. 15 e ss.

*Alguns Perfis da Propriedade Colectiva nos Países do* Civil Law       199

Isto mesmo é visível em Portugal, onde a Lei dos Baldios, não obstante as numerosas remissões para os costumes[91], atribui, ao fim e ao cabo, fraco relevo ao direito consuetudinário[92]. Paradigmático na expressão deste paradoxo é o preceituado nos n.[os] 1 e 2 do art. 11.º da referida Lei, que prescrevem: "1 – Os baldios são administrados, por direito próprio, pelos respectivos compartes, nos termos dos usos e costumes aplicáveis ou, na falta deles, através de órgão ou órgãos democraticamente eleitos", e "2 – As comunidades locais organizam-se, para o exercício dos actos de representação, disposição, gestão e fiscalização relativos aos correspondentes baldios, através de uma assembleia de compartes, um conselho directivo e uma comissão de fiscalização", sendo certo que a composição, competência e funcionamento destes órgãos se encontram estritamente disciplinados nessa Lei (arts. 12.º a 25.º)[93]. Disposições que facilmente nos levam a concluir que a organização e funcionamento das comunidades locais, no que respeita à administração e gestão dos baldios, decorre, quanto aos aspectos mais importantes, fundamentalmente da lei. O que nos permite, designadamente, questionar se um tal regime de administração e gestão dos baldios, tão homogéneo, estrito, e pormenorizadamente disciplinado pelo direito estadual, não constitui uma manifestação de excessivo paternalismo do Estado face a essas comunidades cívicas, em nome de cuja autonomia a mencionada Lei dos Baldios foi, afinal de contas, elaborada.

---

[91] Cf. os arts. 1.º, n.º 2 (que remete para os usos e costumes o critério de quem é comparte – v. *supra,* III, 1), 5.º, n.º 2 (que remete para os usos e costumes a disciplina do uso e fruição dos baldios na falta de deliberações dos órgãos competentes e sem prejuízo do disposto nos artigos seguintes), 6.º, n.º 1 (nos termos do qual o costume pode obstar a que o uso e fruição dos baldios obedeça a planos de utilização), 11.º, n.º 1 (v. a sua reprodução, a seguir, no texto), 15.º, n.º 1, alíneas *o)* e *q)* (que convocam os usos e costumes, respectivamente, para ancorar a defesa em juízo dos direitos dos baldios, e para suporte de outras competências da assembleia de compartes para além das enumeradas nesse preceito), 18.º, n.º 1 (que remete para os usos e costumes os termos da convocação da assembleia de compartes), e 33.º, n.[os] 2 e 6 (que convocam as práticas e regras consuetudinárias no respeitante à elaboração do recenseamento dos compartes).

[92] Em consonância, aliás, com o entendimento doutrinal e legal prevalecente relativo ao relevo do costume nas fontes do direito – v., porém, *supra,* nota 72.

[93] Cf. *supra,* III, 2.

200     *Estudos sobre Autonomias Territoriais, Institucionais e Cívicas*

Uma interrogação que, ainda assim, não obsta à validade geral da ideia de que o relevo do direito consuetudinário no sector da dominialidade cívica é, sem dúvida, bem mais marcante e significativo do que em qualquer outro domínio normativo contemporâneo.

## 2. *Referência a alguns aspectos do seu regime*

Vejamos agora alguns aspectos do regime jurídico dos bens comunitários cívicos. Um regime fundamentalmente regido pelo direito privado, no qual sobressaiem, porém, quer as importantes limitações impostas à sua disposição, em virtude da sua função ou destino, quer as exigências relativas à sua utilização decorrentes de uma política nacional em matéria económico-social, de ordenamento do território e do ambiente. Donde derivam diversas consequências, algumas das quais já afloradas.

Em primeiro lugar, como já dissemos, os (verdadeiros) bens comunitários cívicos são da titularidade e gestão de comunidades locais próprias, diferentes portanto dos entes, corporações, colectividades ou autarquias locais. Comunidades locais que estão, por via de regra, subordinadas a um regime jurídico-privado, e que nem sempre são dotadas de personalidade jurídica (geral)[94].

Daí deriva a autonomia de gestão face à Administração estadual ou autárquica. Designadamente, entre nós e ao que supomos em Espanha, não há aqui lugar para qualquer relação do tipo da que se materializa na tutela administrativa, não sendo assim de admitir quaisquer actos ou procedimentos administrativos, seja de controlo, *a priori* ou *a posteriori,* da legalidade dos actos dos órgãos sociais das comunidades cívicas, seja de recuperação de bens abusivamente usurpados ou ocupados ou de remoção de obstáculos levantados à titularidade ou gestão de tais bens. Nesta sede, bem podemos dizer que as comunidades locais titulares dos bens cívicos estão, face às administrações públicas, numa posição idêntica à que têm as entidades titulares de bens do sector cooperativo ou titulares de bens privados[95].

---

[94] V. *supra,* III, 2, *in fine.*

[95] Como, de resto, se disse em sede de discussão parlamentar da actual Lei dos Baldios – v. *Diário da Assembleia da República,* I Série, de 1 de Julho de 1992, p. 2701.

Nesta conformidade, esses bens comunitários constituem-se, desenvolvem-se e extinguem-se com total autonomia face ao Estado e às autarquias locais[96].

Por outro lado e em consequência, não havendo lugar à edição de actos administrativos, compreende-se que o contencioso relativo aos domínios cívicos caiba, por regra, aos tribunais judiciais e não aos tribunais administrativos[97]. Aqueles cabe por conseguinte o julgamento não apenas dos litígios relativos aos terrenos comunitários, como os concernentes ao domínio, delimitação, utilização, ocupação ou apropriação, etc., mas também a impugnação dos actos dos órgãos sociais das respectivas comunidades[98]. É esta a solução da actual Lei dos Baldios (que assim alterou a legislação anterior, em que as deliberações daqueles órgãos eram impugnáveis perante os tribunais administrativos de círculo[99]), e da Lei espanhola sobre bens vicinais[100].

Não assim em Itália em que, como expressão do vector objectivo dos domínios cívicos, é justamente apontada a tutela administrativa a que estão sujeitos, segundo a qual certas autoridades, hoje as regionais, têm o poder de editar actos administrativos para recuperar os bens que tenham sido objecto de ocupação ou usurpação abusivas, ou para remover obstáculos que contra eles tenham sido levantados[101].

Por seu turno, no concernente às limitações de disposição dos bens colectivos em análise, decorrentes da sua função, refere-se, em geral, a tal respeito, que os mesmos se encontram fora do comércio jurídico, sendo inalienáveis, imprescretíveis e impenhoráveis e, por

---

[96] V., para Portugal, GOMES CANOTILHO/VLTAL MOREIRA, *Constituição da República Portuguesa Anotada*, cit., anot. VIII ao art. 82.º.

[97] Uma solução que tem, ao que julgamos, por fundamento a tradicional má vontade face à jurisdição administrativa. Um argumento que actualmente não colhe, pois os tribunais administrativos, para além de estarem plenamente jurisdicionalizados, têm presentemente, por exigência constitucional do art. 268.º, n.ºs 4 e 5, da Constituição, de assegurar uma tutela jurisdicional efectiva, mesmo no sector dos meios impugnatórios contra actos adminstrativos e regulamentos. V., neste sentido e por todos, J. C. VLEIRA DE ANDRADE, *A Justiça Administrativa. (Lições)*, Almedina, Coimbra, 1998, p. 35 e ss.

[98] V. o art. 32.º, n.º 1, da Lei dos Baldios.

[99] Mais uma expressão da desestatizaçao de que falámos *supra*, nota 61.

[100] Cf. R. BOCANEGRA SLERRA, *ob. ult. cit.*, p. 504, e N. BARXA ÁLVAREZ, *ob. cit.*, p. 188.

[101] V., neste sentido, V. C. IRELLI, «"Proprietà collettive" e "usi civici"...», *cit*, p. 54. Cf. também A. PALERMO, *ob. cit.*, p. 235 e ss., e Maria A. LORIZIO, *ob. cit.*, p. 10 e ss.

## 202  *Estudos sobre Autonomias Territoriais, Institucionais e Cívicas*

conseguinte, nulos os actos ou negócios jurídicos que os tenham por objecto e não estejam expressamente previstos na lei. Nesse sentido dispõe o art. 4.º, n.º 1, da actual Lei dos Baldios: "os actos ou negócios jurídicos de apropriação ou apossamento, tendo por objecto terrenos baldios, bem como a sua posterior transmissão, são nulos, nos termos gerais de direito, excepto nos casos expressamente pre-vistos nesta lei"[102]. Há, assim, um dever de conservação dos actuais bens comunitários, que apenas comporta algumas excepções legais.

Continuando a ter em conta a lei portuguesa, podemos dizer que de duas ordens são as excepções ao dever de manutenção dos actuais bens cívicos: de um lado, as exigidas pela salvaguarda de outros interesses e impostas à generalidade dos bens, nomeadamente aos da propriedade privada; de outro lado, as que se prendem com a perda da própria função dos baldios e que têm a ver com o seu abandono. Quanto às primeiras, são de referir, seja as clássicas, como a expro-priação por utilidade pública dos baldios, que tem aliás a especifi-dade de a correspondente indemnização tomar em conta também "não só o grau de utilização efectiva do baldio como as vantagens propiciadas à comunidade local pela afectação do terreno aos fins da expropriação"[103], ou as servidões a constituir nos termos gerais de direito[104], seja a alienação onerosa por razões de interesse local ligados à necessidade de expansão da respectiva área urbana ou à instalação de unidades industriais, infra-estruturas ou outros empreendimentos (v. o art. 31.º).

Por sua vez, no concernente ao abandono, duas medidas podem ser tomadas consoante a duração deste: a expropriação por abandono

---

[102] Anteriormente prescrevia o art. 2.º do Decreto-Lei n.º 39/76: "os terrenos baldios encontram-se fora do comércio jurídico, não podendo, no todo ou em parte, ser objecto de apropriação privada por qualquer forma ou título, incluída a usucapião". Quanto a este aspecto, v. para Espanha e Itália, respectivamente, R. Bocanegra Sierra, *ob. ult. cit.,* p. 501 e ss., e V. C. Irelli, *ob.* e *loc. ult. cits.*

[103] Art. 29, n.º 5, da Lei dos Baldios.

[104] Como dispõe agora claramente o art. 30.º da Lei dos Baldios, na redacção da recente Lei n.º 89/97, de 30 de Julho. Lei esta que também alterou o art. 39.º daquela Lei, permitindo a acessão industrial imobiliária relativa a construções efectuadas nos baldios, antes da entrada em vigor da Lei dos Baldios, em termos mais favoráveis do que os do direito em geral (art. 1340.º do Código Civil), pois admite-a mesmo quando o valor do terreno baldio é superior ao das referidas construções.

*Alguns Perfis da Propriedade Colectiva nos Países do* Civil Law     203

injustificado, declarado judicialmente, "a pedido da junta ou juntas de freguesia em cuja área o baldio se situe, quando este tenha deixado de ser objecto de actos significativos de domínio, gestão e fruição durante um período não inferior a 10 anos"; ou a sua utilização precária pela junta ou juntas de freguesia onde o mesmo se localize se verificar um abandono superior a três anos[105]. A este respeito é de acrescentar que, nos casos de extinção dos baldios, seja por abandono, seja por deliberação da assembleia dos compartes, adoptada por unanimidade dos compartes com a presença de um mínimo de 2/3 dos respectivos membros[106], os baldios passam a integrar o domínio privado da freguesia ou freguesias em que os mesmos se localizam[107].

Finalmente, no respeitante às exigências impostas à utilização dos domínios cívicos derivadas de uma política nacional em matéria económico-social, de ordenamento do território e ambiental, é de assinalar que as mesmas são satisfeitas, nos termos da Lei dos Baldios, através dos planos de utilização a que o uso e fruição desses bens, por via de regra, estão sujeitos. Planos que limitam a utilização dos bens comunitários de diversos modos, já que "devem ser elaborados em estreita cooperação com as entidades administrativas que superintendem no ordenamento do território e na defesa do ambiente" (art. 6.º, n.º 2), e estão sujeitos "a critérios de coordenação e valia sócio-económica, a nível local, regional e nacional" (art. 7.º, n.º 1)[108].

### 3. *Alusão ao seu regime fiscal*

E quanto ao regime fiscal dos baldios, como é? Pagam as comunidades cívicas que os possuem e gerem imposto sobre o rendimento,

---

[105] V., respectivamente, o art. 29.º, n.º 6, e 27.º da Lei dos Baldios.

[106] Art. 26.º, alínea *a),* da Lei dos Baldios. Cf. *supra,* nota 84.

[107] Art. 28.º, alínea *a),* da Lei dos Baldios.

[108] Em sede de planos de utilização dos baldios é de acrescentar que a Lei, por razões mormente de dimensão ou de economias de escala na aquisição e utilização de equipamentos, prevê a gestão conjunta de grupos de baldios, a adopção de formas continuadas de cooperação com serviços públicos especializados, ou a própria cessão de exploração dos baldios a estes serviços, nomeadamente para efeitos de exploração florestal, e impõe à Administração Pública a elaboração de projectos de planos-tipo – v. os arts. 7.º, n.º 2, 8.º, 9.º e 10.º da Lei dos Baldios.

## 204    *Estudos sobre Autonomias Territoriais, Institucionais e Cívicas*

impostos sobre o património e constituem ou não sujeitos de IVA? Vamos procurar responder a estas questões separando dois períodos: o correspondente ao sistema fiscal anterior e o relativo ao sistema fiscal actual. Quanto ao primeiro período, há que distinguir ainda entre o que aconteceu antes da restituição dos baldios aos povos, operada em 1976, e depois desta data.

Antes, porém, de tentarmos responder especificamente à pergunta nos termos formulados, devemos, desde já, adiantar que os baldios, bem como as comunidades titulares deles, não têm sido nem são objecto de qualquer tributação. Uma solução que, de um ponto de vista histórico, bem se compreende, já que, constituindo os baldios, pela sua própria natureza, bens fora do comércio jurídico e reconduzindo-se os impostos, até à instauração à do Estado moderno, fundamentalmente à tributação da transmissão de bens através das célebres sisas *(acises, excises,* etc.)[109], não se vê como os mesmos pudessem ser tradicionalmente objecto de impostos.

Começando pelo período correspondente ao sistema fiscal anterior, é de perguntar se os baldios pagavam contribuição predial ou imposto sobre a indústria agrícola e, bem assim, o correspondente imposto complementar, pelo eventual rendimento que proporcionassem, se estavam sujeitos ao imposto sobre sucessões ou doações, ao imposto de sisa e ao imposto de selo se e na medida em que as respectivas comunidades pudessem adquirir bens sujeitos a tais impostos e, ainda, se as referidas comunidades consituíam sujeitos passivos do imposto de transacções. Ora, relativamente a uma tal matéria, é de começar por esclarecer que este problema em rigor apenas era de colocar a partir dos Decretos-Lei n.º 39/76 e 40/76, que restituíram os baldios aos povos, imputando-os assim a comunidades diversas das que constituíam os substractos pessoais das autarquias locais, uma vez que, antes dessa restituição e apesar da diversidade da sua qualificação, sempre se poderia dizer que os baldios pertenciam a estes entes políticos. Com efeito, não obstante os baldios terem chegado a ser considerados bens comuns ou bens de propriedade

---

[109] Das quais entre nós se mantém, como única sobrevivente, a sisa sobre bens imóveis, uma vez que as sisas sobre bens móveis foram extintas, por entravarem o comércio, pelo Decreto de 19 de Abril de 1832, de Mouzinho da Silveira.

*Alguns Perfis da Propriedade Colectiva nos Países do* Civil Law       205

comunal, bens portanto cuja titularidade pertencia a comunidades diversas das suporte das autarquias locais[110], o certo é que a soma de poderes de administração de que as autarquias dispunham sobre os baldios levam a concluir que tais bens, ao menos para efeitos fiscais, pertenciam às autarquias locais.

Pois bem, enquanto bens das autarquias locais, os baldios estavam automaticamente arredados da tributação. Fosse porque as autarquias locais estavam contempladas com uma isenção de natureza subjectiva – assim no respeitante à contribuição predial, ao imposto sobre a indústria agrícola, ao imposto complementar, à sisa e ao imposto sobre as sucessões e doações e ao imposto de selo, como constava, respectivamente, dos arts. 7.º, n.º 2.º, e 318.º, n.º 2.º, do Código da Contribuição Predial e do Imposto sobre a Indústria Agrícola, do art. 85.º, n.º 2.º, do Código do Imposto Complementar, do art. 13.º, n.º 2.º, do Código da Sisa e do Imposto sobre Sucessões e Doações, e da verba II do Capítulo anexo à Tabela Geral do Imposto de Selo[111]. Fosse porque as autarquias locais não integravam o âmbito da incidência subjectiva do imposto – assim no concernente ao imposto de transacções que, nos termos dos arts. 3.º do respectivo Código, incidia sobre os sujeitos que tivessem a qualidade de produtores ou grossistas, uma qualidade que, como claramente resultava dos §§ 1.º e 2.º do mencionado artigo, as autarquias locais não tinham nem podiam ter.

Em relação à contribuição predial, é de acrescentar que os baldios eram excluídos da respectiva incidência objectiva com base no argumento de que os mesmos não integravam o conceito de prédio, sendo certo que só os bens integrantes deste conceito caíam na mencionada zona de incidência. Ora, para efeitos da contribuição predial,

---

[110] Isto para quem visse nos bens comuns o referido dualismo entre a titularidade e a administração ou gestão, uma ideia, ao que parece, não partilhada por todos os autores, havendo quem os concebesse como um *tertium genus* de bens das autarquias locais, bens que assim não se reconduziam nem ao seu domínio público nem ao seu domínio privado.

[111] Naturalmente que o resultado não se alteraria se, em vez da técnica dos benefícios fiscais na modalidade de isenções, o legislador tivesse optado pela técnica das exclusões tributárias *stricto sensu* – v. sobre esta distinção os nossos *Contratos Fiscais. (Reflexões acerca da sua Admissibilidade)*, n.º 5 da série *Stvdia Ivridica*, Coimbra Editora, Coimbra, 1994, p. 123 e ss., e *O Dever Fundamental de Pagar Impostos. Contributo para a compreensão do estado fiscal contemporâneo*, Almedina, Coimbra, 1998, p. 632 e ss.

prédio era, nos termos do corpo do art. 4.º do Código da Contribuição Predial e do Imposto sobre a Indústrias Agrícola, "toda a fracção de território abrangendo as plantações, edifícios e construções de qualquer natureza nela incorporados, ou assentes com carácter de permanência, desde que faça parte do património de uma pessoa singular ou colectiva, e, em circunstâncias normais, seja susceptível de rendimento". Um conceito que reúne deste modo três requisitos: o requisito de estrutura física que implica que prédio seja uma "fracção de território", o requisito de patrimonialidade que exige que tal estrutura faça "parte do património de uma pessoa singular ou colectiva", e o requisito de rendibilidade fiscal que requer que tal realidade física seja, "em circunstâncias normais, susceptível de rendimento". O que leva a excluir dum tal conceito os baldios por constituírem bens a que falta o requisito da patrimonialidade por os mesmos estarem fora do comércio jurídico privado[112].

E a partir da referida restituição dos baldios aos povos, operada pelos Decretos-Lei n.º 39/76 e 40/76, como passaram a entender-se as coisas em matéria de tributação dos baldios?[113] Pelo que nos é dado saber, os baldios continuaram, como no período anterior, a não ser objecto de qualquer tributação. Com efeito, nem a lei tributária foi objecto de qualquer modificação que tivesse em conta esta nova qualificação dos baldios, nem na doutrina houve qualquer reflexão que considerasse a nova situação. De resto, no sentido de que as coisas não se terão alterado no domínio fiscal, continuando os baldios, designadamente, a não integrarem o conceito de prédio, pode invocar-se o art. 2.º do Decreto-Lei n.º 39/76, em que se consagrava a total indisponibilidade dos baldios, prescrevendo que "os terrenos baldios encontram-se fora do comércio jurídico, não podendo, no todo ou em parte, ser objecto de apropriação privada por qualquer forma ou título, incluída a usucapião".

---

[112] Cf. Nuno SÁ GOMES, «Os conceitos fiscais de prédio», *Ciência e Técnica Fiscal,* n.º 101/1967, p. 7-119, e 102/1967, p. 69-171, especialmente este último número, p. 79 e ss. e 100 e ss.

[113] Uma pergunta que, a seu modo, valia igualmente para o período anterior a 1967, na medida em que os baldios fossem considerados bens comuns da titularidade das comunidades cívicas, muito embora não disponhamos de qualquer indicação de que algum autor tenha proposto ou defendido a sua tributação.

Alguns Perfis da Propriedade Colectiva nos Países do Civil Law        207

E o que acabamos de dizer para o período que vai de 1976 a 1986/89, parece valer no respeitante ao sistema fiscal actual. Nomeadamente o argumento da não patrimonialidade dos baldios, válido face à contribuição predial, aplica-se, por identidade de razão, à contribuição autárquica, um imposto que, embora incidente sobre o património e não sobre o rendimento, substituiu, no essencial, aquela contribuição. Na verdade, o conceito de prédio constante do art. 2.º do Código da Contribuição Autárquica – "toda a fracção de território, abrangendo as águas, plantações, edifícios e construções de qualquer natureza nela incorporados ou assentes com carácter de permanência, desde que faça parte do património de uma pessoa singular ou colectiva e, em circunstâncias normais, tenha valor económico" – é, para o que agora interessa, em tudo idêntico ao referido há pouco constante do Código da Contribuição Predial e do Imposto sobre a Indústria Agrícola.

Uma questão que poderia levantar-se aqui é a de saber se os baldios, na medida em que sejam objecto de exploração de carácter empresarial e proporcionem rendimentos, excedentes monetários portanto, não caiem na incidência do IRC ou, na medida em que tais excedentes venham a ser distribuídos pelos compartes, não originam uma situação de incidência do IRS, bem como, se e na medida em que tais comunidades cívicas realizem transacções objectivamente tributáveis em IVA, não se configuram como sujeitos passivos deste imposto. Uma pergunta que, todavia, não comporta senão uma resposta negativa, já que tais situações não encontram suporte adequado nas normas de incidência, respectivamente, do CIRC, do CIRS e do CIVA. Uma questão que, assim, apenas poderá comportar uma resposta positiva *de iure condendo,* uma resposta que, a nosso ver, não deixa, em alguma medida, de se justificar ou até de se impor, dadas as exigências dos princípios constitucionais da igualdade fiscal e da capacidade contributiva.

Problema diferente do que vimos tratando é o dos impostos a pagar pelos adquirentes ou utilizadores de bens integrantes dos baldios se e na medida em que tais bens possam ser alienados ou cedidos a título oneroso ou gratuito. Uma situação que agora, ao contrário do que se verificava no regime anterior[114], pode ocorrer nos termos dos

---

[114] Pois, em conformidade com o art. 2.º do Decreto-Lei n.º 39/76, os baldios constituíam bens totalmente indisponíveis.

# 208 — Estudos sobre Autonomias Territoriais, Institucionais e Cívicas

arts. 4.º, 31.º e 35.º da Lei dos Baldios[115]. Ora, neste caso, os adquirentes ou utilizadores pagarão, em princípio, os impostos correspondentes, ou seja, o imposto municipal de sisa se a aquisição for a título oneroso ou o imposto sobre sucessões e doações se a aquisição for a título gratuito, e bem assim o imposto de selo. Isto a menos que os adquirentes ou utilizadores desses bens sejam objecto de isenções subjectivas ou que, de outro modo, esses bens sejam objecto de isenções objectivas. É o que se verifica, por exemplo, em relação ao imposto de selo, em que, nos termos das verbas XVI e XXVI do Capítulo anexo à Tabela Geral do Imposto de Selo, se isentam, respectivamente, "os processos e actos de alienação de baldios" e "os primeiros contratos de alienação, aforamento e arrendamento de baldios e terrenos incultos".

---

[115] Relativos, respectivamente, à "apropriação ou apossamento", à "alienação por razões de interesse local" e aos "arrendamentos e cessões de exploração transitórios".

# BIBLIOGRAFIA

ABREU, J. M. Coutinho, *Da Empresarialidade. As Empresas no Direito*, Almedina, Coimbra, 1998.

ALARÇÃO, Rui de – *Discurso da tomada de posse do Reitor, in* Discursos (tomada de posse do Reitor), Coimbra, 1986.

ALEJANDRO NIETO – *Autonomia Política y Autonomia Universitaria*, Revista del Departamiento de Derecho Político, 5 (1980).
– *La nueva regulación de los bienes comunales*, «Revista de Estudios de la Administración local y Autonomica», 233, 1987.

ALVES, M. Brandão – *Descentralização e Desconcentração: Algumas Incidências a Nível do Planeamento*, «Estudos de Economia», II (Jan.-Março de 1982).

AMARAL, Freitas do – *Direito Administrativo e Ciência da Administração*, II (pol.), U.C.P., Lisboa, 1978-79.
– *Curso de Direito Administrativo*, vol. I, Coimbra, 1986.
– *Direito Administrativo*, (pol.), vol. II, U.C.P., Lisboa, 1978/79. – *Conceito e Natureza do Recurso Hierárquico*, Coimbra, 1981.
– *Direito Administrativo*, (pol.), vol. II, Lisboa, 1983/84.
– *Anotações aos Acórdãos do Conselho Ultramarino de 11-V-67 e 3-VIII-69, in* «O Direito», ano 102.

ANDRADE, Vieira de – *Estudo e Projecto de Revisão Constitucional*, Coimbra, 1981 (vide, MELO, Barbosa de, e COSTA, Cardoso da).
– *Os Direitos Fundamentais na Constituição Portuguesa de 1976*, Coimbra, 1983.
– *Autonomia Regulamentar e Reserva de Lei (Algumas Reflexões Acerca da Admissibilidade de Regulamentos das Autarquias em Matéria de Direitos Liberdades e Garantias)*, sep. do n.º esp. do B.F.D. – «Estudos em Homenagem ao Doutor Afonso Rodrigues Queiró», 1987.
– *Grupos de Interesses, Pluralismo e Unidade Política*, B.F.D., XX Supl., 1973.
– *O Ordenamento Jurídico-Administrativo Português, in* «Contencioso Administrativo», Braga, 1986.

ANTÓNIO REPOSO – *La reforma del Govierno Locale nella Reppublica Democrática Tedesca*, «Riv. Trimm. di Diritto Pubblico», 1978.
– *Lições de Finanças Públicas*, 3.ª ed., Coimbra, 1989.

BACHOF, Otto – *Verwaltungsrecht*, I, München, 1976 *(vide* WOLLF, H.).

BADURA, Peter – *Das normative Ermessen beim Erlab von Rechtsverordnungen und Satzungen, in* «Gedächtmisschrift für Wolfang Martens» (ed. de Peters ELMER e INGO VON MÜNCH), Berlin-NewYork, 1987.

BAÑO LEON, J. M. – *La Igualidad como Derecho Público Subjectivo*, «Revista de Aministración Pública», 114 (1987).

## 210 Estudos sobre Autonomias Territoriais, Institucionais e Cívicas

BARATA, J. F. Nunes – *A Devolução de Poderes às Instituições Autónomas não Territoriais*, Coimbra, 1959.

BARTOLOMEI, M. – *Autoamministrazione*, «Enc. del Diritto», IV, 1959.

BASTOS, H. Teixeira – *Autonomia Universitária*, Coimbra, 1920.

BARXA ÁLVAREZ, N. – *Montes vizinhais, ou baldios, na Galiza*, «Scientia Juridica», XXXVI, 1987.

BECKER, E. – *Selbstverwaltung*, «Staatslexikon (Recht Wirtschaft und Geselschraft)», VII, 1982.

BERMEJO GIRONÉS, J. I. – *Bienes municipales*, Nueva Enciclopedia Jurídica, tomo III, Barcelona, 1951.

BIAGINI, C. – *L'Autonomia degli Enti Locali Territoriali nell'Attuale Fase di Realizzazione dell'Ordinamento Regionali*, Foro Amministrativo, 1979, I.

BOCANEGRA SIERRA, R. – *Nueva Configuración de la Tutela sobre las Corporaciones Locales*, Documentación Administrativa, 182 (Abril-Junho de 1979).

– *Sobre algunos aspectos de la desafectación de comunales*, «Revista de Administración Pública», 100-102/III, 1983.

– *I terreni vicinali in uso comune in spagna*, in MARTIN, Candido de, *Comunità di Villagio e proprietà Collettive in Itália e in Europa*, Giunta del Veneto, Cedam, Padova, 1990.

BONOMI, C. – *Le Forme di Organizzazione per la Collaborazione fra gli Enti Locali in Gran Bretagna*, «Riv. Trim. di Diritto Pubblico», 1978.

BORSI, U. – *Le Funzione del Comune Italiano*, in «Trattato di Diritto Amministrativo di ORLANDO», II, 2.ª parte.

BUSCEMA, S. – *Trattato di Contabilità Pubblica*, Vol. II, Milano, 1981.

CACCIAVILLANI, I. – *La proprietà collettiva nella mantagna veneta*, in MARTIN, Candido de, *Comunità di Villagio e proprietà Collettive in Itália e in Europa*, Giunta del Veneto, Cedam, Padova, 1990.

CAETANO, Marcello – *Manual de Direito Administrativo*, Vol. I, 10.ª ed., e vol. I, 9.ª ed., Coimbra, 1973.

– *As Constituições Portuguesas*, 5.ª ed., Lisboa, 1981.

– *Manual de Direito Administrativo*, 7.ª ed., Coimbra, 1965.

CALASSO, F. – *Autonomia (Storia)*, «Enc. del Diritto», IV, 1959.

CAMMARANO, Guido – *Saggio sulla Publicità dei Beni Pubblici*, Cedam, Padova, 1972.

CAMPBELL, P. – *Affleunce, Academic Autonomy and Government*, Political Studies, 23 (1975).

CANOTILHO, J. J. Gomes – *As constituições*, em JOSÉ MATOSO (Dir.), *História de Portugal*, Vol. V - *O Liberalismo (1807-1890)*, Lisboa, 1993.

– *Constituição da República Portuguesa Anotada*, 1.ª ed., 1978, (vide MOREIRA, Vital).

– *Constituição da República Portuguesa Anotada*, 2.ª ed., Coimbra, 1.º vol. (1984) e 2.º vol. (1985) (vide MOREIRA, Vital).

– *Constituição da República Portuguesa Anotada*, 3.ª ed., Coimbra, 1993, (vide MOREIRA, Vital).

– *Direito Constitucional*, 4.ª ed., Coimbra, 1986.

– *Direito Constitucional*, 2.ª ed, II vol., Coimbra, 1981.

– *Constituição Dirigente e Vinculação do Legislador*, Coimbra, 1982.

CARDINAL, Paulo – *O sistema político de Macau na Lei Básica – separação e supremacia do executivo face ao legislativo*, «Revista de Administração Pública de Macau», n.º 19/20, Abril de 1993.

CASADO OLLEDO, G. – *El Sistema Impositivo de las Comunidades Autónomas,* Granada, 1981.
CASCAJO CASTRO, José L. – *El Recurso de Amparo,* Madrid 1985 *(vide* SENDRA, Vicente Gimeno).
CASSESE, S. – *Autarchia,* «Enc. del Diritto», IV, 1959.
CERVATI, G. – *Profili stotico giuridici dei demani collettivi e degli usi civici,* in MARTIN, Candido de, *Comunità di Villagio e proprietà Collettive in Itália e in Europa,* Giunta del Veneto, Cedam, Padova, 1990.
CHORÃO, Bigote – *Autonomia,* «Dicionário Jurídico de Administração Pública», I, Coimbra, 1965.
CLAVERO ARÉVALO, M. F. – *Existen Regulamentos Autónomos em el Derecho Espanol?,* «Rev. de Administración Pública», 62 (Maio-Agosto de 1970).
COLLODO, Silvana – *Profilo storico della Magnifica Comunità di Fiemme,* in «La Magnifica Comunità di Fiemme dal Mille al Duemila», Atti del convegno di Cavalese, Trentino, 1988.
CORREALE, Giulio – *Autonomia Universitária,* Foro Amministrativo, 1977, I. – *L'Autonomia Universitária,* Camerino, 1979.
CORREIA, Alves – *Do Ombudsman ao Provedor de Justiça,* sep. do n.º esp. do B.F.D. – «Estudos em Homenagem ao Prof. Doutor Teixeira Ribeiro», vol. IV, 1979.
– *As Associações de Municípios,* Coimbra, C.E.F.A., 1981.
– *As Formas Jurídicas de Cooperação Intramunicipal,* sep. do n.º esp. do B.F.D. – «Estudos em Homenagem ao Prof. Doutor Afonso Queiró», 1987.
CORREIA, Ferrer – *Sobre o Problema das Autonomias Universitárias,* Coimbra, 1981.
CORREIA, Sérvulo – *Noções de Direito Administrativo,* Lisboa, 1982.
– *Legalidade e Autonomia Contratual nos Contratos Administrativos,* Coimbra, 1987.
CORTE-REAL, C. Pamplona – *Curso de Direito Fiscal,* I vol., Lisboa, 1982.
COSTA, Cardoso da – *Estudos e Projecto de Revisão Constitucional,* Coimbra, 1981 (vide MELO, Barbosa de, e ANDADRE, Vieira de).
– *A Elaboração da Lei do Tribunal Constitucional,* in «A Feitura das Leis», Vol. I, INA, 1986.
– *A Justiça Constitucional em Portugal,* sep. do n.º esp. do B.F.D. – «Estudos em Homenagem ao Prof. Doutor Afonso Queiró», 1987.
CRUZ, Braga da – *Origem e Evolução da Universidade,* Lisboa, 1964.
DE MARCO, Ignazio – *Breve Note in Tema di Governo degli Enti Locali,* «Foro Amministrativo», 1977.
DEL CROS, Xavier – *Le Controle de Legalité des Actes Administratifs des Autorités Communales, Départementales et Regionales,* «Études et Documents – Conseil d'État», 1987.
DELEITO DOMINGO – *Tribunales Constitucionales – Organización y Funcionamiento,* Madrid, 1980 (vide GONZALEZ, Nicolás).
DESIDERI, C. – *Potere pubblico e forme tradizionali di proprietà collettiva,* «Rivista Trimestrale di Diritto Pubblico», 1971.
DIAS, Figueiredo – *Responsabilidade Médica em Portugal,* B.M.J., n.º 323 (Janeiro de 1984) (vide MONTEIRO, Sinde).
*Domaine (Le) de la Loi et du Reglement* (Actas do Colóquio realizado a 2 e 3 de Dezembro de 1977 em Aix-en-Provence). P.U.F., Aix-Marseille, 1978.
EISENMANN, Charles – *Centralization et Decentralization. Esquise d'une Théorie Generale,* Paris, 1941.

212  *Estudos sobre Autonomias Territoriais, Institucionais e Cívicas*

ELIAS TEJADA – *Autonomia*, «Nueva Enciclopedia Jurídica», III, 1951.

ESCUDERO MARQUEZ – *Il Nuevo Regimen Local Espanol (Estúdio Sistemático de la Lei 2/1985 de 2 de Abril, Reguladora de las Bases del Regimen Local)*, Barcelona, 1985 (vide GARCIA, Piedad, e PENDAS GARCIA, Benigno).

FAVOREAU, Louis – *Les Reglements Autonomes Existent-ils?* in Pouvoir-Mélanges offerts a G. BURDEAU, Paris, 1974.

FERNANDES, José Pedro, *Domínio público. Mito e realidade*, «Revista de Direito e Estudos Sociais», XX, 1973.

– *Propriedade pública*, «Dicionário Jurídico da Administração Pública», IV, 1991.

FERREIRA, Amâncio – *As Regiões Autónomas na Constituição Portuguesa*, Coimbra, 1980.

FERREIRA, E. Paz – *Da Dívida Pública e as Garantias dos Credores do Estado*, Coimbra, 1995.

FLOGAITIS, S. – *La Notion de Decentralization en France, en Allemagne et en Italie*, Paris, 1979.

FOIS, S. – *Legalità (Principi di)*, «Ene. del Diritto», XXIII.

FORSTHOFF, E. – *Droit Administratif Allemand*, Bruxelas, 1989.

FORTI, Ugo – *I Controlli delle Amministrazione Communale*, in «Trattato di Diritto Amministrativo di ORLANDO», II, 2.ª parte.

FRANCO, Sousa – *Finanças Públicas e Direito Financeiro*, Coimbra, 1987.

FULCINITI, L. – *I Beni d'Uso Civico*, Cedam, Padova, 1990.

– *Interessi pubblici ed utilizzazione dei demani civici tra la legge statale e legislazine regionale*, in MARTIN, Candido de, *Comunità di Villagio e proprietà Collettive in Itália e in Europa*, Giunta del Veneto, Cedam, Padova, 1990.

GALEOTTI, Serio – *Osservazione sulla 'Legge Regionale' come Specie della 'Legge' in Senso Tecnico*, «Riv. Trimm. di Diritto Pubblico», 1957.

GARCIA DE ENTERRIA, Eduardo – *Las formas comunitarias de propriedad florestal y su posible proyección futura*, «Anuario de Derecho Civil», 1987.

– *Legislación Delegada, Potestad Reglamentaria y Control Judicial*, Madrid, 1972.

GARCIA-TREVIJANO y FOS, José António, *Titularidad e afectación demanaialen el ordenamiento español*, in «Sudi in Memoriam di Guido Zanobini», vol. I, Milano, 1965.

GARRIDO FALLA – *Tratado de Derecho Administrativo*, vol. I, 8.ª ed., Madrid 1982.

GIANNINI, M. S. – *Autonomia (Saggio sui Concetti di Autonomia)*, «Riv. Trimm. di Diritto Pubblico», 1951.

– *Autonomia Pubblica*, «Ene. dei Diritto», IV, 1959.

– *Leggi Regionali e Regolamenti degli Ente Territoriali*, «Studi in Onore di Lanciotto Rossi», 1954.

– *Diritto Amministrativo*, I, Milão, 1970.

– *Il Riasseto dei Poteri Locali*, «Riv. Tiimm. di Diritto Pubblico», 1971.

– *I Beni Pubbliche*, Dispenze delle Lezioni del Corso di Diritto Amministrativo 1962-63, Roma.

GILBERT, Albert, *Le Problème Agraire Portuguais au Tmps des Premières Cortes Liberales*, PUF, Paris, 1968.

GIMENO SENDRA, Vicente – *El Recurso de Amparo*, Madrid, 1985 *(vide* CASTRO, José L. Cascajo).

GIOVENCO, Luigi – *L'Ordinamento Comunale*, 7.ª ed., Milão, 1974.

GIROLA, Carlo – *Teoria del Decentramento Amministrativo*, Turim, 1929.

# Bibliografia

213

GOMES, J. Ferreira – *Novos Estudos de História e Pedagogia,* Coimbra, 1986.
– *Os Estatutos da Universidade (Oração de Sapiencia proferida em* 11-11-1986), *in* Discursos (Abertura Solene das Aulas na Universidade de Coimbra), 1987.

GOMES, Nuno de SÁ – *Curso de Direito Fiscal,* (pol.), Lisboa, 1980.
– *Os conceitos fiscais de prédio,* «Ciência e Técnica Fiscal», 101 e 102, 1967.

GORLERO, M. Pedrazza, *Poteri territoriali e sovranità,* in PIETRO NERVI (Acura di), «Il Ruolo Economico e Sociale dei Demani Civici e delle Proprietà Collettive. Le Terre Civiche: dove, per che, per che cosa», Atti della III Reunione Scientifica, Trento 13-14 novembre 1977, Cedam, Padova, 1999.

GRALHEIRO, Jaime, *Comentário à(s) Lei(s) dos Baldios,* Coimbra, 1990.

GRAZIER, F. – *L'Autonomie des Universités depuis* 1978, Études et Documents, 31 (1979/80) (vide ROBERT, J.).

GROSSI, P. – *Il Dominio e le Cose. Percezioni Medievali e Moderne dei Diritti Reali,* Giufrè, Milano, 1992.
– *Assolutismo giuridico e proprietà collettive,* in IDEM, *Il Dominio e le Cose. Percezioni Medievali e Moderne dei Diritti Reali,* cit.
– *"Un Altro Modo di Possedere" – l'emersione di forme alternative di proprietà alla coscienza giuridica postunitaria,* Giufrè, Milano, 1977.

GROSSO, Giuseppe – *Note sull'Autonomia Locale,* «Studi in Memoriam di Cario Esposito», I, 1972.

GUEDES, A. Marques – *Regulamento,* «Enc. Verbo», XVI.
– *A Concessão,* Coimbra, 1954.

GUICONNET, P., – *Comunità di villaggio e proprietà collettiva in Francia,* in MARTIN, Candido de, *Comunità di Villagio e proprietà Collettive in Itália e in Europa,* Giunta del Veneto, Cedam, Padova, 1990.

GUMERSINDO TRUJILLO – *Constitución Espanola,* Edición Comentada del Centro de Estudios Constitucionales, 1979.

GUSTAPANE, E. – *'Autarchia'. Profilo Storico di un Termine Giuridico in Disuso,* «Riv. Trimm. di Diritto Pubblico», 1980.

HILL, Dilys M. – *Democratic Theory and Local Government,* Londres, 1974.

IACCARINO, C. M. – *Comune (Diritto Vigente),* «Enc. del Diritto», VIII.

IRELLI, V. C., *Organismi di gestione di proprietà comunitarie nella realtà italiana: profili pubblicistici,* in MARTIN, Candido de, *Comunità di Villagio e Proprietà Collettive in Itália e in Europa,* Giunta del Veneto, Cedam, Padova, 1990.
– *Proprietà Pubblica e Diritti Collettivi,* Cedam, Padova, 1983.
– *"Proprietà Collettive" e "Usi Civici" nel sistema vigente, tra diritto comune e disciplina speciale della Comunità del'Arco Alpino (com particolare riferimento alla Comunità diFiemme),* in «La Magnifica Comunità di Fiemme dal Mille al Duemila». Atti del convegno di Cavalese, Trentino, 1988.

ITÁLIA, Vitorio – *Autonomia del Comune e delle Province nell'Ordinamento Regionali,* «Riv. Trimm. di Diritto Pubblico», 1975.

JESCH, D. – *Ley y Administación* (Trad. espanhola de M. HEREDERO), Madrid, 1978.

JUNTA DE COLONIZAÇÃO INTERNA – *O Reconhecimento dos Baldios do Continente,* tomo I, Lisboa, 1939.

JUSTO, A. Santos – *Direito Privado Romano* – III (*Direitos Reais*), n.º 26 da série *Studia Juridica,* Coimbra, 1997.

# 214 Estudos sobre Autonomias Territoriais, Institucionais e Cívicas

KARPEN, U. – *Wissenschaftsfreiheit und Hochschulfinanzierung*, Berlin, 1983.

KIMMINICH, Otto – *Wissenschaft*, in VON MUNCH, *Besonderes Verwaltungsrecht*, 5.ª ed., 1979.

KROESCHELLI, K. – *Zur Lehre vom "germanischen Eigentumsbegriff"*, «Rechtshistorische Studien Hans Thieme zum 70. Geburtstag zugeeignet von seinen Schüllern», Köln, 1977.

KROMER, Michael – *Sachenrecht des Öffentliches Rechts*, Duncker & Humboldt, Berlin, 1985.

LARANJO, José Frederico – *Princípios e Instituições de Direito Administrativo*, Coimbra, 1888.

LAUBADÈRE, André de – *Traité de Droit Administratif*, Tome I, 8.ª ed., Paris, 1980.

LEAL, A. Silva – *Os Grupos Sociais e as Organizações na Constituição de 1976 – Rotura com o Corporativismo*, «Estudos sobre a Constituição», III, Lisboa, 1979.

LIMA, A. P. Pires de – *A Tutela Administrativa nas Autarquias Locais*, 2.ª ed., Coimbra, 1968.

– *Autarquia Local*, «Dicionário Jurídico da Administração Pública», I.

LINDE PANIAGUA, E. – *La Autonomia Universitária*, Revista de Administración Publica, 84 (Sept./Dicie. de 1977).

LOMBARDI, G. – *Momento istituzionale e momento indiiividuale nella evoluzione delle propprietà collettive*, in «La Magnifica Comunità di Fiemme dal Mille al Duemila», Atti del convegno di Cavalese, Trentino, 1988.

LORIZIO, Maria A. – *Usi civici*, «Enciclopedia Giuridica Treccani», XXXII, 1994.

LOURENÇO, João – *Contributo para uma Análise do Conceito de Descentralização*, Direito Administrativo, 4 (Julho/Agosto de 1980).

– *As Regiões Administrativas: Perspectivas e Problemas*, Direito Administrativo, 8/9 (Março/Outubro de 1981).

MACHADO, Baptista – *Participação e Descentralização. Democratização e Neutralidade na Constituição de 1976*, Coimbra, 1982.

– *Administração do Estado e Sociedade – Exercícios de Reflexão*, Caderno II, (pol.), U.C.P., Porto, 1980.

– *Introdução ao Direito e ao Discurso Legitimador*, Almedina, Coimbra, 1983.

MARCHI, Teodosio – *Gli Uffici Locali dell'Amministrazione Generale dello Stato*, in «Tratatto di Diritto Amministrativo di ORLANDO», II, 1.ª parte.

MARILLIA, G.-D. – *La nouvelle section de commune*, «Revue Française de Droit Administratif», 2(1), janv.-fev., 1986.

MARTIN, Candido de – *Comunità di Villagio e Proprietà Collettive in Itália e in Europa*, Giunta del Veneto, Cedam, Padova, 1990.

MARTIN MATEO, R. – *Manual de Derecho Autonómico*, Madrid, 1984.

– *La Garantia Constitucional de las Autonomias Locales*, «Rev. de Estúdios de la Vida Local», 1980.

MARTIN QUERALT, Juan / LOZANO SERRANO, Carmelo / CASADO OLLERO, Gabriel / TEJERICO LÓPEZ, José M. – *Curso de Derecho Financiero y Tributário*, 6.ª ed. Tecnos, Madrid, 1998.

MARTINEZ, Soares – *Manual de Direito Fiscal*, Coimbra, 1983.

MARTINS, Ives Gandra, *O Estado do Futuro*, Editora Pioneira, São Paulo, 1998.

MAYER, O., *Derecho Administrativo Alemán*, Tomo III – *El Derecho Público de las Cosas*, Buenos Aires, 1982.

MELO, Barbosa de – *Democracia e Utopia (Reflexões)*, Porto, 1980.

– *Estudo e Projecto de Revisão Constitucional*, Coimbra, 1981 (vide COSTA, Cardoso de e ANDRADE, Vieira de).

*Bibliografia* 215

– *Direito Administrativo* II. *(A protecção jurisdicional do cidadão perante a administração pública)*, (pol.), Coimbra, 1987.

– *Estudo e Projecto de Revisão Constitucional*, Coimbra, 1981 (vide COSTA, Cardoso da, e ANDRADE, Vieira de). – *Democracia e Utopia (Reflexões)*, Porto, 1980.

MINUCCI, Giotto – *Le vicende del popolo di Montepescali per reacquisire, dopo 400 anni, l'autonomia amministrativa sulle terre dei demanio civico*, in PIETRO NERVI (Acura di), «Il Ruolo Economico e Sociale dei Demani Civici e delle Proprietà Collettive. Le Terre Civiche: dove, per che, per che cosa», Atti della III Reunione Scientifica, Trento 13-14 novembre 1977, Cedam, Padova, 1999.

– *Statuti del Comune di Montepescali*, «Quaderni degli Usi Civici e dei Demani Collettivi», Regione Toscana, 2, 1995.

MIRANDA, Jorge – *Decreto*, «Dicionário Jurídico da Administração Pública», III, Coimbra, 1972.

– *Autonomia Legislativa Regional e Interesse Específico das Regiões Autónomas*, «Estudos sobre a Constituição», I, Lisboa, 1977.

– O *conceito de Poder Local*, «Estudos sobre a Constituição», I, Lisboa, 1977.

– *A Constituição de* 1976. *Fromação, Estrutura e Princípios Fundamentais*, Lisboa, 1978.

– *As Associações Públicas no Direito Português*, Lisboa, 1985.

– *Manual de Direito Constitucional*, Tomo III – *Estrutura Constitucional do Estado*, 4.ª ed., Coimbra Editora, 1998.

MORAIS, C. Blanco – *A Invalidade das Regulamentos Estaduais em Fundamentos de uma Impugnação Contenciosa*, Sep. da «Revista Jurídica».

MOREIRA, Adriano – *Comentários sobre a Autonomia Universitária*, Democracia e Liberdade, 22 (Fevereiro /Março de 1982).

MOREIRA, Vital – *As Regiões, a Autonomia Municipal e a Unidade do Estado*, «Poder Local», n.º 3 (Set.-Outubro de 1977).

– *Constituição da República Anotada*, 1.ª ed., 1978, Coimbra (vide CANOTILHO, Gomes).

– *Constituição da República Portuguesa Anotada*, 2.ª ed., Coimbra, 1.º vol. (1984) e 2.º vol. (1985) (vide CANOTILHO, Gomes).

– *Constituição da República Anotada*, 3.ª ed., Coimbra, 1993 (vide CANOTILHO, Gomes).

MORILLO-VELARDE PÉREZ, José Ignacio, *Dominio Público*, Madrid, 1992.

MÜNCH, Ingo von – *Verwaltung und Verwaltungsrecht*, in H.-V. ERICHSEN e W. MARTENS (Eds.), *Allgemeines Verwaltungsrecht*, 7.ª ed., Berlin-New York, 1986, pp. 1-58.

– *Besonderes Verwaltungsrecht*, 5.ª ed., 1979.

NABAIS, J. Casalta – *Contencioso Administrativo*, (pol.), C.E.F.A., 1983.

– *Direito Administrativo* I, (pol.), C.E.F.A., 1984/85.

– *Considerações sobre a Autonomia Financeira das Universidades Portuguesas*, sep. do n.º esp. do B.F.D. – «Estudos em Homenagem ao Prof. Doutor Ferrer Correia», Coimbra, 1987.

– *Algumas reflexões críticas sobre os direitos fundamentais*, in Ab Uno Ad Omnes – 75 Anos da Coimbra Editora, 1998.

– *Contratos Fiscais (Reflexões acercada sua Admissibilidade)*, n.º 5 da série *Studia Juridica*, Coimbra, 1994.

– O *Dever Fundmental de Pagar Impostos. Contributo para a compreensão constitucional do estado fiscal contemporâneo*, Almedina, Coimbra, 1998.

216     *Estudos sobre Autonomias Territoriais, Institucionais e Cívicas*

NETO, Victor – *O Estado e a Igreja*, em JOSÉ MATOSO (Dir.), «História de Portugal», Vol. V – *O Liberalismo (1807-1890)*, Lisboa, 1993.

NEVES, Castanheira – *A Revolução e o Direito*, Lisboa, 1976.

– O *Instituto dos «Assentos» e a Função Jurídica dos Supremos Tribunais*, Coimbra, 1983.

NICOLÁS GONZALEZ – *Tribunales Constitucionales – Organización y Funcionamiento*, Madrid, 1980 (v. DELEITO DOMINGO).

OLIVEIRA, A. Cândido de – *Os Conceitos de Descentralização e de Semi-Descentralização Administrativa segundo Charles Eisenmann*, Scientica Juridica, XXXV, (Janeiro/Março de 1985).

OLIVEIRA, Eduardo R. Arantes e – *Das Universidades de Mestres e Discípulos*, Democracia e Liberdade, 22 (Fevereiro/Março de 1982).

OLIVEIRA, Jorge Costa, *A continuidade do ordenamento jurídico de Macau*, «Revista de Administração Pública de Macau», n.º 19/20, Abril de 1993.

OLIVEIRA, M. Esteves de – *Direito Adminstrativo*, Coimbra, 1980.

– *Anotação ao Ac. do S.T.A.* (1.ª *Sec.) de* 5-11-1981, in «Direito Administrativo», n.º 10 (Nov.-Dezembro de 1981).

OLIVER ARAÚJO, Joan – *El Recurso de Amparo*, Palma de Mallorca, 1986.

OSSENBÜHL, F. – *Die Quellen des Verwaltungsrecht*, in H.-V. ERICHSEN e W. MARTENS (Eds.), *Allgemeins Verwaltungsrecht*, 7.ª ed., Berlin-New York, 1986 pp. 59-131.

PALADIN, L. – *Diritto Regionale*, 4.ª ed., Padova, 1985.

PALERMO, A., *Usi civici*, , «Novissimo Digesto Italiano», XX, 1975.

PAPIER, Haus Jürgen, *Recht der öffentlichen Sachen*, 2ª ed., de Gruyter , Berlin, New York, 1984.

PAULICK, H. – *Lehrbuch des Allgemaines Steurrechts*, 3.ª ed., Koln. Berlin. Bonn--München, 1977.

PAUPÉRIO, A. Machado – *O Conceito Polémico de Soberania*, Rio de Janeiro, 1958.

PENDAS GARCIA, Benigno – *El Nuevo Regimen Local Espanol (Estúdio Sistemático de la Lei 2/1985 de 2 de Abril, Reguladora de las Bases del regimen Local)*, Barcelona, 1985 (*vide* GARCIA, Piedade, e MARQUEZ, Escudero).

PENEDA, José A. Silva – *Descentralização*, Polis, II.

PEREIRA, A. Gonçalves – *Do Regulamento Admnistrativo*, Lisboa, 1973.

PETRONIO, U., *Usi civici*, «Enciclopedia del diritto», XLV, 1992.

PIEDAD GARCIA – *El Nuevo Regimen Local Español (Estúdio Sistemático de la Lei 2/1985 de 2 de Abril, Reguladora de las Bases del Regimen Local)*, Barcelona, 1985 (v. MARQUEZ, Escudero, e PENDAS GARCIA, Benigno).

PINTO, Maria da Glória Ferreira – *Considerações sobre a Reclamação Prévia ao Recurso Contencioso*, sep. da C.T.F., 1983.

– *Princípio da Igualdade. Fórmula Vazia ou Fórmula «Carregada de Sentido»*, sep. do n.º 358 do «B.M.J.», Lisboa, 1987.

PIRES, Francisco Lucas – *Introdução ao Direito Constitucional Europeu*, Almedina, Coimbra, 1997.

– *Introdução à Ciência Política*, Porto, 1998.

– *Autonomia e Soberania*, Coimbra, 1973.

POLITI, G. – *La discontinuità tra il fenomeno comunitario europeo del tardo medievo e la realtà delle comunità rurali montane*, in PIETRO NERVI (Acura di), «Il Ruolo Economico e Sociale dei Demani Civici e delle Proprietà Collettive. Le Terre Civiche: dove, per che, per che cosa», Atti della III Reunione Scientifica, Trento 13-14 novembre 1977, Cedam, Padova, 1999.

# Bibliografia

PUGLIATTI, Salvatore – *Autonomia Privata,* «Enc. del Diritto», IV, 1959.

QUEIRÓ, Afonso – *Descentralização,* in Dicionário Jurídico da Administração Pública, Vol. III.

– *Lições de Direito Administrativo,* (pol.), Coimbra, 1976.

– *Teoria dos Regulamentos,* Revista de Direito e Estudos Sociais, ano XXVII.

– *Lições de Direito Administrativo,* I, (pol.), Coimbra, 1959.

– *Desconcentração,* «Dicionário Jurídico da Administração Pública», III, Coimbra, 1972.

– *A Descentralização Administrativa «Sub Specie Iuris»,* Coimbra, 1974.

– *Nota sobre o Contencioso de Normas Administrativas,* «Revista de Direito e Estudos Sociais», ano I.

QUEIRÓ, José Gabriel – *Autarquia Local,* Polis, I.

RAPOSO, João – *Sobre o Contencioso dos Regulamentos Administrativos,* Lisboa, 1987, em vias de publicação.

REGOURD, S. – *L'Acte de Tutelle en Droit Administratif Français,* Paris, 1982.

REINHARDT, R. – *Gedanken iiber Verhältnis von Universitat und Demokratie,* Festgabe fúr Heinrich Herrfardt zum 70. Geburtstag, 1981.

RIBEIRO, Aquilino, *Quando os Lobos Uivam,* Lisboa, 1958.

RIBEIRO, Teixeira – *Lições de Finanças Públicas,* 2.ª ed., Coimbra, 1984.

RIDLEY, F. – *L'Admnistration d'une Université Britanique,* Revue Française d'Administration Publique, 14 (Avril/Juin, 1980).

RIGGIO, Vito – *L'Utilizzazione degli Uffici degli Enti Locali nella Politica di Decentramento,* «Il Foro Amministrativo», 1973, II.

RJVERO, Jean – *Droit Administratif,* 8.ª ed., Paris, 1977.

ROBERT, J. – *L'Autonomie des Universités depuis* 1978, Études et Documents, 31 (1979/80) (vide, GRAZIER, R).

RODRIGUES. Manuel, *Os Baldios,* Coimbra, 1990.

RODRIGUES MORO, N. – *La Autonomia de los Entes Territoriales Locales en la Constitución Espanola de 27 de Deciembre de* 1978, «Rev. de Estúdios de la Vida Local», n.º 213 (Jan. Março de 1982).

ROMANO, Santi – *Autonomia* (1945), «Frammenti di un Dizionario Giuridico», Milão (rei. de 1983).

– *Il Comune,* in «Trattato di Diritto Amminisrarivo di ORLANDO», II, 1.ª parte.

ROMAGNOLI, E. – *Regole dell'arco alpino,* «Novissimo Digesto Italiano». Appendice, vol. IV, 1986.

– *Le comunioni familiari montane. Natura privata e interesse pubblico,* in MARTIN, Candido de, *Comunità di Villagio e proprietà Collettive in Itália e in Europa,* Giunta del Veneto, Cedam, Padova, 1990.

ROTBERG, Konrad Frhr. von – *Rommunalrecht,* Evangelisches Staatslexikon, 3.ª ed., I vol., 1987.

SÁ, Almeno de – *Administração do Estado, Administração Local e Princípio da Igualdade no Âmbito do Estatuto do Funcionário,* sep. do n.º esp. do B.F.D. – «Estudos em Homenagem ao Prof. Doutor António de Arruda Ferrer Correia», 1985.

SANCHEZ DIAZ, J. L. – *Competencia y Autonomia Municipal,* «Rev. de Estúdios de la Vida Local», 1980.

SANCHEZ MORÓN, Miguel – *Los Bienes Públicos (Regimen Jurídico),* Tecnos, Madrid, 1997.

SANDULLI, A. – *Manuale di Diritto Ammnistrativo,* 14.ª ed., Nápoles, 1984.

– *L'Attivitá Normativa della Pubhlica Amministrazione,* Nápoles, 1972.

– *Legge. Forza di Legge. Valori di Legge,* «Riv. Trimm. di Diritto Publico», 1957.

218 *Estudos sobre Autonomias Territoriais, Institucionais e Cívicas*

– *Goviemo e Amministrazione*, «Studi in Memoriam di Cario Esposito», I, 1972.
– *Manuale di Diritto Amministrativo*, 14.ª ed., Nápoles, 1984.
Santoro-Passarelli, F. – *Autonomia Colettiva*, «Enc. del Diritto», IV, 1959.
Sautel, G. – *Vocabulaire et Exercice du Pouvoir Administratif: aux Origines du Terme «Deconcentration»*, Melanges offerts a G. Burdeau, Paris, 1977.
Schick, Walter – *Autonomie*, Evangälisches Staatslexikon, 3.ª ed., I vol., 1987.
Schick, Walter – *Autonomie*, Evangälischestaatslexikon, 2.ª ed., 1975.
Schmidt-Eichstaedt, Gerd – *Verwaltungsermessens und politische Entcheidung der Gemeinde*, in «Kommunde Seltsverwaltung in der Gegenwart – festschrift fur Richard Seeger», Stuttgart, 1987.
Sepe, Onorato – *Note sulla Natura Giuridica delle Universitd Statili*, Studi in memória di G. Zanobini, II, 1965.
Serrão, Veríssimo – *A História das Universidades*, Porto, 1983.
Siedentopf – *L'Administration des Universités en Republique Fédérale d'Alemagne*, Revue Française d'Administration Publique, 14 (Avril/Juin, 1980).
Silva, António Martins da – *A desamortização*, em José Matoso (Dir.), «História de Portugal», Vol. V - *O Liberalismo (1807-1890)*, Lisboa, 1993.
Soares, Rogério – *Interesse Público, Legalidade e Mérito*, Coimbra, 1955.
– *Direito Público e Sociedade Técnica*, Coimbra, 1969.
– *Sobre os baldios*, «Revista de Direito e Estudos Sociais», XVI, 1967.
– *A Propósito de um Projecto Legislativo: o Chamado Código de Processo Adminstrativo Gracioso*, «R.L.J.», ano 115.º, ano 116.º e ano 117.º.
– *Direito Administrativo*, (pol.), Coimbra, 1977-78.
Stern, Klaus – *Das Staatsrecht der Bundesrepublik Deutschland*, I, München, 1977.
Stock, M. – *Wissenschajtsfreiheit*, Evangälischesstaatslexikon, 2.ª ed., 1975.
– *Hochschule (II Hochschulrecht)*, Evangälischesstaatlexikon, 2.ª ed., 1975.
Tácito, Caio – *Conceito de Autarquia*, «Revista de Direito Administrativo» 1968 (4).
Teixeira, Brás – *Princípios de Direito Fiscal*, Coimbra, 1979.
Tipke, Klaus – *Stenrrecht*, 6.ª ed., Köln, 1978.
Treves, Giuseppino – *Autarquia, Antigoverno, Autonomia*, «Riv. Trimm. di Diritto Pubblico», 1957.
Trifone, R. – *Gli Usi Civici*, Giufrè, Milano, 1963
Vallina Velarde, V. – *Consideraciones sobre la Autonomia Local en el Estado Autonomico*, «Revista de Estúdios de Ia Vida Social», n.º 213 (Jun.-Mar. de 1982).
Velozo, Francisco José, *Baldios marinhos e exploração silvo-pastoril em comum*, «Scientia Juridica, III, 1953.
Vedel, G. – *Autonomie et Participation: Bilan de la Loi d'Orientation*, Revue Française d'Administration Publique, 14 (Avril/Juin, 1980).
Vilar Palasi – *Apuentes de Derecho Administrativo*, Madrid, 1974.
Weijam, Lou – *A Lei Básica – garantia importante dos direitos e liberdades dos residentes de Macau*, «Revista de Administração Pública de Macau», n.º 19/20, Abril de 1993.
Weiyun, Xiao – *A estrutura política da lei Básica da Região Administrativa Especial de Macau*, «Revista de Administração Pública de Macau*, nº 19/20, Abril de 1993.
Widtman, Julius – *Kommunde Selbstverwaltung*, Evangälisches Staatslexikon, 2.ª ed., 1975.
Wolff, H. – *Verwaltungsrecht*, I, München, 1976, (*vide* Bachof, O.).
Xavier, Alberto – *Manual de Direito Fiscal*, Lisboa, 1974.

ZANOBINI, Guido – *Caratteri Particolari dell'Autonomia,* «Studio di Diritto Pubblico», per O. Ranelletti, II, 1931.

– *Autonomia Pubblica e Privata,* Studi per F. Carneluti, IV, 1950.

– *Corso di Diritto Amministrativo,* I, 8.ª ed., Milão, 1958.

ZIPPELIUS, R. – *Teoria Geral do Estado,* 2.ª ed., Fundação Calouste Gulbenkian, Lisboa, 1984.

# ÍNDICE

Nota prévia .................................................................................................... 5

**Região Administrativa Especial de Macau: Federalismo ou Regionalismo?** .... 7

   1. O quadro constitucional constante da Lei Básica ............................................ 8
   2. A Região Administrativa Especial de Macau e o federalismo e/ou regionalismo ..... 11
      2.1. O federalismo e o regionalismo .............................................. 12
      2.2. A integração da Região Administrativa Especial de Macau na República
         Popular da China ............................................................ 17

**A Autonomia Local (Alguns aspectos gerais)** ...................................................... 23

I. O conceito de autonomia ................................................................................ 25
   1. A palavra autonomia: etimologia, sentido filosófico e sentido jurídico .......... 25
   2. A autonomia normativa .............................................................. 29
      2.1. A autonomia soberana? ........................................................ 29
      2.2. Os níveis da autonomia normativa ......................................... 30
      2.3. A autonomia normativa regional ............................................. 32
      2.4. A autonomia normativa local (remissão) ................................. 40
      2.5. A autonomia normativa institucional ...................................... 40
      2.6. A autonomia estatutária componente de autonomia normativa? .............. 41
   3. A autonomia organizatória ......................................................... 45
      3.1. Sentido e utilidade do conceito ............................................. 45
      3.2. Algumas das suas manifestações ........................................... 46
   4. Autonomia pública e privada ....................................................... 50
II. A autonomia local ....................................................................................... 53
   1. Um excurso prévio: autarquia e autonomia local .................................. 54
      1.1. Origens da noção de autarquia .............................................. 54
      1.2. A dupla noção de autarquia .................................................. 55
      1.3. A proposta de «selfgovernment» de GNEIST ............................. 56
      1.4. O esvaziamento da noção de autarquia ................................... 59
      1.5. O retorno à noção originária de autarquia ............................... 60
   2. O princípio da autonomia local ................................................... 63
   3. A autonomia local e a administração pública .................................... 70
      3.1. A autonomia local e a administração estadual ......................... 70
         3.1.1. Âmbito e formas da administração estadual ...................... 70
         3.1.2. A autonomia local face à administração estadual .............. 75

## 222 *Estudos sobre Autonomias Territoriais, Institucionais e Cívicas*

| | |
|---|---|
| 3.2. A autonomia local e a administração regional ........................................ | 80 |
| 3.3. A autonomia local e a administração institucional ................................ | 85 |
| 4. Os vectores da autonomia local ...................................................................... | 87 |
|    4.1. A autonomia normativa ...................................................................... | 88 |
|    4.2. A autonomia política .......................................................................... | 90 |
|    4.3. A auto-administração ......................................................................... | 92 |
|    4.4. A «autonomia» administrativa ........................................................... | 94 |
|    4.5. A autonomia financeira ...................................................................... | 95 |
| 5. As garantias da autonomia local .................................................................... | 102 |

**Considerações sobre a autonomia financeira das universidades portuguesas** ....    113

| | |
|---|---|
| Introdução ............................................................................................................ | 113 |
| 1. Considerações gerais sobre a autonomia ...................................................... | 115 |
|    1.1. O significado da autonomia ............................................................... | 115 |
|    1.2. O princípio constitucional da descentralização administrativa ................ | 120 |
|    1.3. Os diversos aspectos da autonomia administrativa ............................ | 124 |
| 2. A autonomia universitária ............................................................................. | 131 |
|    2.1. O conceito de autonomia universitária ............................................. | 132 |
|    2.2. A autonomia universitária no quadro constitucional ........................ | 138 |
|    2.3. O actual estado de concretização da autonomia das universidades | |
|        portuguesas ...................................................................................... | 145 |
| 3. A autonomia financeira das universidades portuguesas ............................. | 148 |
|    3.1. O conceito de autonomia financeira ................................................. | 148 |
|    3.2. A actual autonomia financeira das universidades portuguesas ............... | 150 |
|    3.3. Algumas ideias relativas a autonomia financeira das universidades | |
|        portuguesas «de iure condendo» ..................................................... | 157 |

**Alguns perfis da propriedade colectiva nos países do *civil law*** ........................    167

| | |
|---|---|
| I.   Introdução: a sobrevivência da propriedade colectiva ................................... | 167 |
| II.  Ideia sobre a sua evolução ............................................................................ | 175 |
|    1. As origens .................................................................................................. | 175 |
|    2. O propósito da sua eliminação no Estado liberal ..................................... | 179 |
|    3. A actual redescoberta da dominialidade cívica ........................................ | 183 |
| III. A estrutura da propriedade colectiva ............................................................ | 186 |
|    1. A titularidade da propriedade colectiva .................................................. | 186 |
|    2. A gestão da propriedade colectiva ........................................................... | 194 |
| IV. O regime jurídico da propriedade colectiva .................................................. | 197 |
|    1. As fontes da sua disciplina jurídica ........................................................ | 197 |
|    2. Referência a alguns aspectos do seu regime .......................................... | 200 |
|    3. Alusão ao seu regime fiscal .................................................................... | 203 |

| | |
|---|---|
| Bibliografia .......................................................................................................... | 209 |